Musikpädagogik als Ausbildung

ZWISCHENTEXTE

1

Dietmar Ströbel

Musikpädagogik als Ausbildung

Sieben persönliche Markierungen

2001

Ströbel, Dietmar:
Musikpädagogik als Ausbildung: Sieben persönliche Markierungen /
Dietmar Ströbel. - 2001
(Zwischentexte; Bd. 1)
ISBN 3-8311-2097-8

Konzeption Zwischentexte:	Prof. Dr. Dietmar Ströbel, Hochschule Vechta
Satz und Layout:	Der Autor
Notensatz	Tino Trubel

© Die Texte sind Eigentum des Autors

ISBN 3-8311-2097-8

Herstellung: Books on Demand GmbH

Inhalt

Lehren und Studieren
Eine Einführung
7

I
Musikpädagogik als Ausbildung
17

II
Musikgeschichte als konsequenter Gedankengang
31

III
Zum Analysieren – Erörterung und Beispiel
Die Arie der Pamina aus Mozarts Oper „Die Zauberflöte"
55

IV
Musikunterrichten-Lernen oder Musikpädagoge-Werden?
Über einen „Studienbereich Berufspraxis" in der Musiklehrerausbildung
83

V
Einige Stichpunkte zu einer Konzeption
101

VI
**Der fächerübergreifende Arbeitszusammenhang
als „Instrument" der Musik-Vermittlung – eine didaktische Skizze**
131

VII
Ein Stück Praxis ...
Singenmachen als Liedmachen
145

... und ein Stück Theorie
Zu einigen Problemen hochschulischen künstlerischen Lernens
Nachwort
191

Lehren und Studieren
Eine Einführung

Ausbildung kann man kaum darstellen; man muß sie betreiben. Doch nicht ohne Basis, nicht ohne Konzept, nicht ohne Orientierungen, zusammengefaßt: nicht ohne ein immer wieder neu herzustellendes Selbstverständnis.

Herzustellen ist dieses von den an Ausbildung Teilhabenden; und herzustellen ist es in jenen und für jene Tätigkeiten, durch die diese an Ausbildung teilhaben, im und für das Lehren, vor allem aber im und für das Studieren.

Über diese Tätigkeiten ist hier im Zusammenhang von Musikpädagogik zu reden. Aber, indem *ich* darüber rede, indem ich also über *meine* Vorstellung davon rede, was jemand vermeintlich tut, wenn er Musikpädagogik studiert, versuche ich implizit jenen, die studieren wollen, verstehen zu geben, wie ich mein Lehren auffasse und wie sie dieses möglicherweise für sich verstehen können.

Doch geht dies – siehe oben – kaum abstrakt. Deshalb frage ich konkret: worum geht es, wenn man Musikpädagogik studiert?[1]

Natürlich geht es *auch* um Musik.
Mit Musik gehen wir heute selbstverständlich um. Musik wird in Läden angeboten, man produziert, verkauft und kauft sie, man nimmt sie mit nach Hause. Musik als „Werk" oder „Titel" erscheint uns wie ein allen handhabbarer Gegenstand, gleich einem Bild oder einer Dichtung. Doch damit Musik wirklich existiert, muß sie erklingen, muß sie jeweils „erzeugt" werden: Es muß gesungen und/oder (instrumental) gespielt werden. Und damit Musik *für uns* Wirklichkeit wird, muß sie von uns *als solche* wahrgenommen werden. Musik ist Erklingende(s); und als solche(s) ist sie immer wesentlich menschliche Tätigkeit, *ist* sie Singen und Spielen, *ist* sie Hören, wie vermittelt auch immer.

Aber auch dies ist uns im Ansatz zumindest vertraut. Denn Musik tritt scheinbar unvermittelt als erklingende in unser Bewußtsein (und oft genug, z. B. im Jeansshop, gerade in unser Unterbewußtsein). Musik *ist* heute Hören; und auch *Hören* ist eine Tätigkeit; aber es ist eine, die wir kaum alleine ausführen. Stets erscheint sie (wie Singen und Spielen auch) verknüpft in Situationen; und in der Regel hat das jeweils Erklingende, hat damit eigentlich unser Hören mit der je-

---

[1] Die folgenden vier Kapitelchen entstammen (m)einer Studieninformation für das Lehramtsstudium Musik, erstellt ca. 1994.

weiligen Situation als einer unsrigen zu tun; es ist Teil von ihr, auf sie bezogen, für sie und in ihr gestaltet oder veranstaltet. In solchen Situationen aber realisieren wir uns; in ihnen verwirklichen wir uns durch unser Tätigsein, also implizit auch durch unser Hören, also durch Musik.

Natürlich ist nicht alles, was erklingt, auch Musik.[1] Das ist nicht polemisch gemeint, sondern verweist auf die Tatsache, daß Musik, die uns unter den Künsten als diejenige erscheint, die der unmittelbaren lautlichen Bekundung des Menschen am nächsten steht, von Menschen für Situationen (als Gestalt oder als Tätigkeit) Entworfenes darstellt, dem wir grundsätzlich Sinn und im einzelnen Bedeutsamkeit zuzumessen bereit sind. Solche „Fähigkeit" des Klingenden, für Situationen scheinbar selbst bedeutsam zu werden, setzt eine durch Theorie reflektierte und geordnete Materialität und Geformtheit voraus. Nicht ‚der [einzelne] Ton macht die Musik'; Musik besteht als In-Beziehung-Setzen von Tönen auf der Grundlage einer vom Menschen gedachten Tonordnung, die das physiologische Ereignis „Laut" bzw. das physikalische Ereignis „Ton" mit einer *musikalischen* Bedeutung ausstattet, deren sich das Gestalten bedient. Ähnlich „transformiert" auch das Gestalten mit Tönen selbst Kategorien des akustischen Erscheinens – denken wir nur an „laut" und „leise", „dicht" und „locker" oder „lang" und „kurz" – in ein System spezifisch *musikalischer* Gestaltungsweisen. Musik im europäischen Sinn besteht aus einer Praxis und aus einem auf diese bezogenen Bedenken (Theorie). Solches Bedenken reicht von jenem der puren Materialität bis zu Vorstellungen davon, was wir eigentlich tun, wenn wir Musik „machen". Doch treten Praxis und Theorie so ineinander verschränkt auf, daß Theorie durch Praxis selbst definiert erscheint. Dies ist der Grund, warum wir musikalisch tätig sein können, ohne im einzelnen recht zu wissen, was wir tun: Wir haben (ähnlich wie beim Spracherwerb) nicht nur „Wortschatz" und „Grammatik", sondern auch den situativen Sinn und die entsprechende Gestaltung unseres musikalischen Tätigseins mit unserer Sozialisation als dessen Teil selbst aufgenommen.

Damit soll Musik nicht im voraus als eine Sprache bzw. als sprachähnlich bestimmt sein; im Gegenteil. Nach *meinem* Verständnis stellt Musik (und Kunst im weitesten Sinn überhaupt) keine genuin kommunikative, sondern – und darüber wird auch in den folgenden „Markierungen" implizit zu reden sein – eine situative Entäußerung des Menschen dar. In ihr (als Tätigkeit) bringt sich der Mensch als der, der er ist bzw. zu sein sich vorstellt, in seinen Lebenskontexten

---

[1] Dieser Satz dürfte *so* hier nicht stehen, wenn wir die Prämisse, Musik sei Tätigkeit, ernstnehmen. Anderseits können wir uns dem historisch gewachsenen gegenständlichen Reden über Musik in der Öffentlichkeit nicht vollständig entziehen. Musik als (heute) Quasi-Gegenstand zu „betrachten", stellt nicht nur eine nützliche Hilfskonstruktion des Bewußtseins dar, mit deren Hilfe (scheinbar) objektive Aussagen über Musik intersubjektiv austauschbar werden; sondern solche Vorstellung entspricht auch einer Tendenz zur Objektivierung innerhalb der geschichtlichen Entwicklung von Musik in Europa.
Zum folgenden vgl. die Artikel „Musik" in den Lexika: H. H. Eggebrecht (Hrsg.), *Riemann Musik Lexikon, Sachteil* ... , Mainz 1967 (H. H. Eggebrecht); und M. Honegger u. G. Massenkeil, *Das große Lexikon der Musik* ... , Bd. 5, Freiburg 1981 (R. Cadenbach).

zur Geltung. Daß dies in der Regel vor und neben und unter den anderen geschieht, berechtigt nicht dazu, Musik als Mitteilung an diese aufzufassen. Zwar ist nicht ausgeschlossen, daß musikalischen Bildungen Bedeutung zuzumessen möglich erscheint, ganz im sprachähnlichen Verständnis; doch ist es nicht primärer Zweck des Hörens, solche Bedeutung zu dechiffrieren, Musik also als sie selbst zu verstehen. Die Funktionalität gestaltet sich gewissermaßen umgekehrt: Bedeutsamkeit des musikalisch Gestalteten dient dem Sinn des Tätigseins als einem jeweils eigenen; dieser ist situativ festgelegt, nicht kommunikativ; und er ist subjektiv zu erstellen.

Musik als künstlerische Gestaltung des Erklingenden wie eines eigenen situativen Tätigseins gleichsam in durch Theorie reflektiertem („geistfähigem") Material steht dem Menschen also nicht als eine objektive Gegebenheit gegenüber. Zum einen ist das Erklingende Teil einer Situation; und an ihr (und nicht an der Musik) haben wir teil. Zum andern ereignet es sich als eigenes Tätigsein in der Zeit; es ist an Erfahrung gebunden. Aber anders als z. B. bei der Sprache ist die Bedeutsamkeit einer Musik nicht zeichenhaft festgelegt. Zwar dokumentiert sich ein implizierter situativer Kontext in der singbaren, spielbaren und hörbaren Konstellation der materiellen Momente einer Musik; doch wird sie im Tätigsein selbst durch uns immer wieder neu und situationsbezogen „produziert".

Musik kann Sinn überhaupt nur entfalten in und als *eigene* Tätigkeit. Mit welcher Absicht, mit welcher Intensität, mit welcher Lust und mit welchem Ernst wir jedoch singen, spielen oder hören, das bestimmen wir selbst. Und es wird umso befriedigender gelingen, je geeigneter die Angebote sind, die das Erklingende selbst macht, und je mehr wir durch sog. musikalische Bildung auf sie einzugehen in der Lage sind. Doch die Angebote, die sollten wir selbst auswählen und beurteilen können und nicht ökonomischen Interessen überlassen. Hier bekommt Musiklernen zentrale Bedeutung: Noch nie stand tendenziell allen Menschen tendenziell alle Musik als ein *eigenes* Tätigsein offen – welche Herausforderung, sie als Chance für ein selbstbestimmtes sinnerfülltes Leben zu nutzen!

Solche Chance, sie könnte ein starkes Argument für MUSIK als ein Schulfach abgeben, gleichzeitig aber über deren damit implizierte mögliche Aufgabe die zu erwerbende Qualifikation des Lehrers mitbestimmen. Denn: Ist ein Lehrer denkbar, der solche Möglichkeit glaubhaft vermittelte, ohne sie für sich zu nutzen?

Daß es ein Schulfach MUSIK gibt, erscheint nicht selbstverständlich; Singen, (instrumentales) Spielen und Musikhören gehören (scheinbar) weder zu den sog. lebensnotwendigen Grundtechniken noch bilden sie bei den allermeisten Menschen eine Grundlage ihres beruflichen Fortkommens. Musik gilt heute als Freizeitbeschäftigung. Betrachten wir aber Schule als wesentlichen Teil einer Erziehung zu einem selbstbestimmten Leben in dieser Welt, dann kommt Musik zweifach ins Spiel: Zum einen bildet sie einen selbstverständlichen Teil dieser

Welt, in der wir leben; zum anderen stellt sie als jeweilige persönliche Tätigkeit eine Möglichkeit tendenziell erfüllten eigenen Lebens dar.

Herkömmlicherweise zielt MUSIK als Schulfach auf eine allgemeine *musikalische Bildung*, die den Menschen in die Lage versetzen soll, gemäß seinen persönlichen Bedingungen am sog. Musikleben aktiv teilzunehmen. Solche Bildung gründet in der bürgerlichen Lebensauffassung, wie sie (als Folge von Aufklärung) im 18./19. Jahrhundert entstanden ist, im 20. Jahrhundert sich verallgemeinert hat und nach dem Zweiten Weltkrieg nochmals rekonstruktiv die Gesellschaft kennzeichnete. Sie bezieht sich eindeutig auf die sog. E-Musik, auf Musik als Kunst und künstlerische Tätigkeit.

Seit Ende der 60-er Jahre ist solches Selbstverständnis aber unsicher geworden. Einerseits bedeutet gerade für Jugendliche seither Musik vor allem sog. U-Musik, mit allen Spielarten der sog. Rock- und Popmusik. Zum anderen sind sich Musikpädagogen seitdem nicht mehr so sicher, mit welchen Zielen, Inhalten und Verfahren sie auf die Dominanz der „kommerziellen" Musik der Massenmedien reagieren sollen: Musikunterricht kennzeichnet heute eine offene Pluralität von möglichen Ansätzen. Wer MUSIK als Fach für das Lehramt heute an einer Hochschule studieren will, muß deshalb bereit sein, sich in die Problematik seines Selbstverständnisses einzulassen, um sich eine eigene konzeptionelle Position in diesem argumentativ aufzubauen. Er muß zuerst einmal ein Bewußtsein davon entwickeln, was *er* warum will.

Diese Möglichkeit soll Studieren ihm eröffnen.

Traditionell tritt Studium dem Studierenden als Anforderung entgegen, an Lehrveranstaltungen in drei Studienbereichen teilzunehmen, in den Studienbereichen

- MUSIKPRAXIS,
- MUSIKWISSENSCHAFT,
- MUSIKDIDAKTIK.[1]

Die künstlerisch-praktische Ausbildung im Studienbereich MUSIKPRAXIS erscheint als Vermittlung der für eine Lehrtätigkeit im Fach MUSIK unabdingbaren musikalischen Fertigkeiten, Fähigkeiten und Erfahrungen.

Im *instrumentalen und/oder vokalen Hauptfach (Einzelunterricht)* erweitert der Studierende seine persönlichen künstlerischen Fertigkeiten. Die Felder *Schulbezogenes Musizieren, Ensemblemusikpraxis (Einstudieren und Leiten), Apparative/Multimediale Musikpraxis (produktive Arbeit im Tonstudio)* und *Musikalische Produktion/Gruppenimprovisation/Bearbeitung als Angewandte Musiktheorie* eröffnen ihm zusätzliche Anwendungsbereiche im Zusammenhang von *Arbeitsgemeinschaften*.

---

[1] Die Ausführungen dieses Kapitelchens orientieren sich, vermittelt über die z. Zt. gültige Studienordnung der Hochschule Vechta, an einer „Musterstudienordnung" der Studienreformkommissionen im Lande Niedersachsen vom 11. 5. 1983.

Das Studiengebiet *Musiktheorie*, bestehend aus Kursen in *Harmonielehre, Gehörbildung* und einer *begrifflichen Grundbildung*, bildet eine Klammer zwischen den Studienbereichen MUSIKPRAXIS und MUSIKWISSENSCHAFT.

Der Studienbereich MUSIKWISSENSCHAFT führt zu einem Verstehen von Musik u. a. als Medium der Interaktion und Selbsterfahrung, als historisches und ästhetisches Phänomen sowie als soziale und psychische Tatsache. Im Rahmen der sog. *Historischen Musikwissenschaft* setzt er sich mit Musik als Tätigkeit und „Werk" im Zusammenhang der *Geschichte der Musik* auseinander. Im Rahmen der sog. *Systematischen Musikwissenschaft* beschäftigt er sich mit den physikalischen (→ *Akustik)*, den humanen (→ *Physiologie, Musikpsychologie*) und den gesellschaftlichen Voraussetzungen (→ *Musiksoziologie*) der Musik. In der *Musikästhetik* sowie in der Untersuchung aktuellen Musiklebens mit den Schwerpunkten *Musik in den Massenmedien* und *Musikalische Sozialisation* überschneiden sich die Arbeitsgebiete auch mit der Musikpädagogik. Der Studienbereich vermittelt über musikgeschichtliches Wissen und über Einsichten in die Struktur des heutigen Musiklebens hinaus Kenntnisse über altersspezifische psychische und soziale Bedingungen musikalischen Tätigseins. Er führt ein in die Methoden entsprechender Erkenntnisgewinnung.

Der Studienbereich MUSIKDIDAKTIK vermittelt die Fähigkeit, Musik zu „vermitteln". Zu solcher Fähigkeit gehört, daß der Lehrer u. a. auf Schüler angemessen eingehen kann, mit ihnen Musik machen und über Musik reden kann, Verständnis für Musik fördern und Musik in fächerübergreifende Zusammenhänge einbinden kann. Aber zu solcher Fähigkeit gehört auch, einen entsprechenden Musikunterricht über die kritische Reflexion von didaktischen Modellen, Lehrplänen und Richtlinien, Lehrwerken und Arbeitsmitteln zu planen und zu organisieren. Solcher Fähigkeit dienen die Studienfelder *Theorien und Geschichte der Musikpädagogik* und *Musikdidaktik*.

Die hiermit angedeutete Darstellung der Studienbereiche gehorcht einem tradierten Muster; sie mag der ersten Orientierung darüber dienlich sein, „was" auf einen zukommt. Aber sie erweckt den Eindruck, als genüge es, dies alles beigebracht zu bekommen: Indem man Stück für Stück dieses oder jenes Wissen, diese oder jene Fähigkeit und/oder Fertigkeit erwirbt, wird man Musiklehrer?

Hier fehlt wohl das Wesentliche, vor allem aus der Perspektive der Studierenden selbst: So die Antwort auf die Frage, wie dies alles zusammenpassen könnte zu *einer* Qualifikation; oder besser, die Antwort auf die Frage: Was geht all das *mich* als Studierenden letztlich an?

Machen wir uns klar: Das Studienfach Musik ist nicht nur ein umfangreiches, sondern auch ein überaus heterogenes Fach. Während im Studienbereich MUSIKPRAXIS Musik als Bereich eigener enger künstlerischer und sozialer *Betätigung* erscheint, bildet sie im Studienbereich MUSIKWISSENSCHAFT den *Gegenstand* distanzierter und vergleichsweise wissenschaftlicher Auseinandersetzung, um im Studienbereich MUSIKDIDAKTIK schließlich selbst als durch Tätigsein *zu erwerbender Gegenstand* bzw. als Vermittlung eines Tätigseins *als Singen, Spielen und Hören des anderen* aufzutreten.

Während die Studienbereiche je wechselnde Verhältnisse des Studierenden zu ihnen fordern, tendieren diese dazu, sich (in Orientierung an entsprechenden Künsten und Wissenschaften) selbstgesetzlich abzuschließen. Eine wesentliche Aufgabe des Lehrens wie des Studierens besteht deshalb nicht nur darin, die Studienbereiche so zu organisieren, daß sie miteinander in Verbindung gesetzt werden (können), auch nicht allein darin, den eigentlichen Gegenstand des Studiums, nämlich MENSCH UND MUSIK, als das die Studienbereiche Verbindende jeweils herauszuheben. Nein, die wesentliche Aufgabe beider erfüllt sich erst darin, wenn durch das Bemühen ein Ausbau eines *eigenen* vieldimensionalen Verhältnisses des Studierenden zu diesem Gegenstand sich ereignet, der den Studierenden als Subjekt nicht unberührt läßt. (Um dies kenntlich zu machen, bezeichne ich das Studienfach auch oft ganz allgemein als MUSIKPÄDAGOGIK im umfassenden Sinn.)

Zum so-formulierten Selbstverständnis des Studiums tragen alle Studienbereiche Spezifisches bei.

Im Studienbereich MUSIKPRAXIS geht es (meiner Vorstellung nach) darum, als Studierender selbst eine eigene intensive, tätige Beziehung zu Musik herzustellen, selbst ein singender, ein spielender und ein hörender Mensch zu werden. Nicht allein die technische Vermittlung ist sein Ziel, sondern das Hineinwachsen in und das Sich-Identifizieren mit Musik. Musik als eigenes Singen, Spielen und Hören soll ein Bereich des Könnens, aber auch der persönlichen Erfahrung und schließlich der eigenen Identität werden. Gleichzeitig ist das künstlerische Lernen in den Arbeitsgemeinschaften auf die Realisation von Musik in Zusammenarbeit und Solidarität[1] mit anderen ausgerichtet: auf das Miteinander-Singen, -Spielen und -Hören, auf das Anleiten, auf das Erstellen und Herrichten von Musik für sich und andere sowie auf die Erstellung mittels technischer Medien.

Im Studienbereich MUSIKWISSENSCHAFT geht es (meiner Vorstellung nach) darum, die Beziehungen zwischen Menschen und Musiken darzulegen und zu verstehen. Dabei fragt die sog. *Historische Musikwissenschaft* – sie formuliert ihre Aussagen auf der Grundlage der Analyse von Musik – danach, warum welche Menschen für welche und in welchen Situationen für und mit welchen anderen Menschen auf welche Weise „Musik" machten und machen. Die sog. *Systematische Musikwissenschaft* dagegen – sie gründet ihre Aussagen auf empirischen Forschungsmethoden – fragt nach den menschlichen Bedingungen solchen Machens, nach den psychischen und sozialen Voraussetzungen einer Musikalität und eines beobachtbaren musikalischen Verhaltens. Während die eine Wissenschaft also Musik als eine von Menschen für Menschen „gemachte" in ihrem ge-

---

[1] Beachte: Der Begriff der „Solidarität" steht hier durchaus als Antithese zu dem seit den 80-er Jahren in manchen Rahmenrichtlinien „Musik" wieder hoffähigen „Gemeinschafts"-Begriff. Er meint das aktive Sich-Einsetzen dafür und Behilflichsein dazu, daß (auch) andere ihre Interessen verwirklichen können ...

schichtlichen Wandel darstellen will, verdeutlicht die andere den Menschen als einen für und zur Musik geeigneten. Im Verstehen dessen, was sich heute aktuell als „Musik" (= Musikleben) ereignet, kommen beide zusammen; und sie kommen vor allem darin zusammen, daß der Studierende auch sich selbst als musikalischen und musikalisch Tätigen zu verstehen beginnt.

Im Studienbereich MUSIKDIDAKTIK – ich selbst bezeichne ihn als einen *Studienbereich Berufspraxis* – geht es (meiner Vorstellung nach) darum, die eigene Fähigkeit aufzubauen, andere Menschen zu musikalisieren, sie also singen, spielen und hören zu machen – und dies fortschreitend weiter, tiefer, selbstbestimmter. Dafür sind einerseits Einsichten in die Vorgänge und Bedingungen musikalischen Lernens unerläßlich. Dieses Feld bezeichnet eine MUSIKPÄDAGOGIK im engeren Sinne. Zum anderen aber sind ganz konkret Fähigkeiten im konzeptionellen Denken und Mitentscheiden, im Erfassen und Analysieren institutionalisierter musikunterrichtlicher Wirklichkeit und im Planen und Realisieren eigenen Musikunterrichts zu erwerben. Selbstverständlich schlägt sich letzteres auch in konkreten Unterrichtsfeldern nieder.

Was nun soll dabei herauskommen? Der Zusammenhang zwischen den Studienfeldern, nicht zuletzt im Akt des Studierens von und in den Studierenden hergestellt, stellt sich am Ende des Studiums möglicherweise so dar:

> *‚Ich' als zukünftige/r LehrerIn habe eine Vorstellung von (m)einem zukünftigen Musikunterricht, eine Vorstellung davon, warum und wie ich andere Menschen zu singenden, spielenden und vor allem hörenden Menschen „machen" will (→ Konzeption). Ich weiß aber auch um die institutionellen (→ Schule) und systematischen (→ Lernen) Bedingungen, meine Vorstellung zu verwirklichen. Schließlich kenne und beherrsche ich Grundfertigkeiten, diese Vorstellung als Musikunterricht zu planen, zu realisieren und zu evaluieren. Vorstellung und Realisation können aber nur glaubwürdig gelingen, wenn ich selbst ein Singender, Spielender, Hörender bin. Gleichzeitig setzen die didaktischen Entscheidungen beständig eine Einsichtsfähigkeit in die voraus, die singen, spielen und hören, sowie in das, „was" man singt, spielt und hört, in Menschen und Musiken also, unter besonderer Berücksichtigung des aktuellen Musiklebens ebenso wie der aktuellen Lebenswelt der Kinder und Jugendlichen, beide aber auch aus ihrer geschichtlichen Bedingtheit. Solche Einsichtsfähigkeit wird umso wirkungs- und verständnisvoller sein, je mehr es mir dabei gelingt, meine eigene Erfahrung als (ehemals und beständig) Lernender und als selbst Singender, Spielender und Hörender zu durchschauen und für das Lernen anderer fruchtbar zu machen.*

Studieren des Faches Musik kann den, der studiert, nicht unberührt lassen. Es bedeutet: Jemand zu werden, der selbst mit Musik lebt, der dies in einer reflektierten Weise zu tun sich angewöhnt und der daraus die Legitimation und die Möglichkeiten ableitet, anderen dazu zu verhelfen, mit Musik zu leben.

Solcher Zusammenhang als Ziel des Studierens wäre mit dem Herstellen einer eigenen musikpädagogischen Position allein nur unzureichend charakterisiert;

besser wäre er bezeichnet mit einer auf den anderen Menschen bezogenen Denk- und Handlungsfähigkeit, die, gerade weil sie inhaltlich dem einzelnen Studierenden relativ offen bleiben muß, den Lehrenden in besonderer Weise auffordert, inhaltliche Angebote zu unterbreiten, die den o. a. Zusammenhang des Studierens herstellen helfen.

In den Blick gerät damit *Lehren* als zentrale Tätigkeit von Ausbildung. Dieses besteht gerade nicht nur und primär darin, den Studierenden „etwas" mitzuteilen. *Seine* zentrale Frage ist die, *warum* ihm was und wie im Hinblick auf die *eine (und) eigene* Qualifikation zu vermitteln wäre. Zu vermitteln ist damit das spezifische *Lernen* der Studierenden selbst. Lehren hieße, andere lernen, besser: studieren zu machen; im Tertiärbereich: andere *sich*, aus der herzustellenden Einsicht in die Gründe, eine berufsbezogene Denk- und Handlungsfähigkeit anlegen, aufbauen, optimieren zu machen. Solche Prozesse beziehen das Arbeiten an sich selbst, die selbstreflexive Arbeit ein: Ich (als Studierender) verändere mich aus der wachsenden Einsicht in meine notwendige Qualifizierung durch immer selbständigere und immer weitergehend interessegeleitete Auseinandersetzung mit den Angeboten von Kunst, Wissenschaft und (Schul-) Praxis, vermittelt durch ein entsprechendes „Konzept" des Lehrenden zu solcher Auseinandersetzung.

Für ein solches Konzept, für ein entsprechendes Vorgehen, bieten die folgenden sieben Texte erste und ausgewählte Orientierungen an. Sie stecken *Markierungen* in jenem Feld MUSIKPÄDAGOGIK ab, das wir miteinander bearbeiten. Freilich, das Feld, das stecke *ich* ab, es ist durch *meine* Vorstellungen von ihm bestimmt; und es ist notwendigerweise *unvollständig*; es bezeichnet nur dessen (neben anderen Lehrenden) von mir zu vertretende Teile.

Entsprechend handeln die Texte zunächst von mir: Sie stellen mich als Lehrenden vor. Als sie selbst aber wenden sie sich gleichzeitig an „meine" Studierenden des Lehramtes Musik. Denn sie bezeichnen fokusartig, ob per Einleitung, per Zusammenfassung oder als beispielhafte Skizze, wesentliche Momente ihres Studierens.[1]

Lehre, die letztlich eine auf das eigene berufliche Handeln bezogene lebenslange Fähigkeit vermitteln soll, sich aus- und d. h. weiterzubilden, gründet so auf dem Bemühen des Lehrenden, Ausbildung als eine universitäre (im Fach MUSIK) zu entwickeln und zu realisieren. Sie setzt an der *impliziten* Konstruktion jener beruflichen Wirklichkeit als Vorstellung an, von der sie die Qualifikationen der Auszubildenden ableitet, und sie bedenkt die beständig sich verändernden Voraussetzungen und den Weg und die möglichen Verfahren der Auszubildenden, sich zu qualifizieren. Solchermaßen ist sie gezwungen, die Erfordernisse

---

[1] Nebenbei bemerkt: Indem das Buch Ausbildung unter den Bedingungen dieses Faches vorzeigt, dient es auch der Kommunikation zwischen den Lehrenden meines Faches, der künstlerischen Fächer insgesamt sowie jener Lehreinheiten, die Ausbildung als ihre zentrale Aufgabe betreiben. Da die Thematisierung von Ausbildung auch heute noch keineswegs selbstverständlich erscheint, hilft die vorliegende Textsammlung möglicherweise auch der Konstitution eines Ausbildungsbewußtseins, über die Hochschule, an der ich lehre, hinaus.

Lehren und Studieren - Eine Einführung

ihrer Lehre gerade gegenüber Wissenschaften beständig in Frage zu stellen und beständig als vor-läufig neu zu beantworten.

Solche Lehre als Ausbildung zu entwickeln, stellt selbst ein Arbeitsvorhaben dar; dieses wird u. a. in seiner begrifflichen Widersprüchlichkeit deutlich:

> *Musikpädagogik-Studieren zu konzeptionieren und zu realisieren, als partielles interessegeleitetes Teilhaben an u. a.* musikbezogenen Wissenschaften *in einem* künstlerischen *Fach zum Erwerb einer* berufspraktischen *Kompetenz, welche selbst sich an Menschen* richtet *(diese u. a. singen, instrumental spielen und hören zu machen) und welche darum auf eine eigene und eigenartige* ästhetische Praxis *angewiesen ist.*

Das entsprechende Bemühen, das die folgenden Texte in Ausschnitten demnach mitdokumentieren, ist darauf gerichtet,
– das eigene Selbstverständnis immer wieder neu herzustellen;
– dieses in Bereichen der Lehre als ein spezifisch musikpädagogisch orientiertes Umgehen mit Musik als (z. B.) Geschichte und Beschreiben von Musik zu realisieren;
– den Weg des Qualifizierens in Bezug auf Berufspraxis aufzuhellen, zu „kartografieren";
– dazu gleichwohl Stichpunkte zu einer möglichen persönlichen Konzeption vorzuschlagen, welche selbst sich nicht als eine Didaktik aufdrängen;
– schließlich eine ästhetische Praxis des Musikpädagogen vorzuzeigen, um diese als eine altruistische anzuregen.

Texte, die Ausbildung als vermittelte Arbeit an sich selbst gleichsam punktuell an- bzw. festzuhalten versuchen, stellen weder wissenschaftliche Erkenntnis zur beliebigen Verfügung, noch Materialien für die Praxis zur beliebigen Anwendung dar. Obwohl sie mit dem ‚Nachdenken über', das implizit auch eigene Erkenntnis festhält, sowie mit dem Beispiel für das eigene Handeln gleichwohl von beiden etwas mittransportieren, richten sie sich an den einzelnen, fordern auf, das Denken und Handeln in der Praxis als „eigenen" Akt erst herzustellen.

Für das Bemühen in solchem unendlichen und randlosen Feld, das ich gleichwohl nur als (m)eine Vorstellung von ihm vorschlagen kann, bilden die folgenden sieben Texte *Markierungen*, die auch den Anspruch der Studierenden andeutend befriedigen, zu erfahren, wie jener Ausbildung denkt und Studieren zu organisieren gedenkt, der ihnen als Lehrender gegenübertritt.

I
Musikpädagogik als Ausbildung

Vier Forderungen an mich und andere

Sich zur Disposition stellen:
Um die Studienreform der 70-er Jahre herum konnte man zwei wesentliche Einsichten darüber gewinnen, wie Lehrerausbildung nicht funktionieren kann. Damals wurde die eine Ausbildung durch Ausgebildete und d. h. Ausbildung als Reproduktion eines einmal Gelernten, als „Lehre von", als Vermittlung eines einmal für sich selbst in einstiger Praxis als brauchbar Erfahrenen, als Regel- und Rezeptwerk vom „richtigen" Erfüllen obrigkeitlich gesetzter Aufgaben ... , die Anfang der 70-er Jahre in den konkurrierenden Vorstellungen von „der" (Musik-) Didaktik sich überhöhte, partiell resp. tendenziell ersetzt durch die andere Ausbildung durch Wissenschaftler und d. h. durch Ausbildung per Vermittlung angeblich wesentlicher Erkenntnisse im Zusammenhang parzellierten Spezialwissens. Solche Ausbildung hat die Schulfächer gegen das Interesse der Betroffenen für Wissenschaft funktionalisiert: Nicht nur *in* ihnen zu vermitteln ist, was Wissenschaft als dem Menschen mögliches und darum „offensichtlich" notwendiges Erkenntniswissen ermittelt (→ „Verstehen" von Musik), sondern berufliche Praxis insgesamt tendiert(e) zur Funktion wissenschaftlichen Erkenntnisfortschritts.[1]

In kritischer Haltung zu einerseits einer fraglosen Lehrerausbildung der Lehrerbildungsanstalten und zu anderseits einer fachegoistischen und letztlich verantwortungslosen Lehrerausbildung der Universitäten gehe ich seitdem nicht mehr davon aus, im Dienste von Lehrerausbildung jene Musikwissenschaft guten Gewissens *als sie selbst* weiter betreiben zu können, über die ich mich einst qualifiziert habe. Stattdessen hat sich (mein) Arbeiten an dem zu orientieren, was das eigene Nachdenken über die für die entsprechende gesellschaftliche Praxis

---

[1] Von der Diskussion um die mathematikdidaktische Habilitationsarbeit Hans Werner Heymanns an der Universität Bielefeld ist (mir) vor allem das Erschrecken über die Unfähigkeit der Mathematik-*Wissenschaftler* haften geblieben, ein pädagogisches (und d. h. von den nicht durch eine Fachwissenschaft definierten Interessen des Subjekt ausgehendes) Denken als möglich und legitim überhaupt anzunehmen; vgl. u. a. die Stellungnahmen in der Frankfurter Rundschau vom 28. 12. 1995. Das Aneinandervorbeidenken erinnerte mich unmittelbar an die Adorno-Kontroverse in der deutschen Musikerziehung der 50-er Jahre; nur daß heute die sog. Wissenschaftsorientierung die Rolle der Musischen Bildung von damals eingenommen hat.

notwendige Qualifikation der eigentlich Betroffenen (hier: der zukünftigen Musik-Lehrer) mir an Einsichten und damit auch an *Forderungen an* dieses Arbeiten ermittelt.

Aus solchem *Sich-zur-Disposition-Stellen* resultiert eine eigene Art des Arbeitens, die in herkömmlicher (z. B. Musik-)Wissenschaft als sozialem System weder sich „durchzusetzen" vermag, noch es darauf anlegen darf, im Wissenschaftszirkus eine überlieferte Rolle zu spielen; sie würde ihren Zweck, dem Tätigsein des Ausbildens zu dienen, gefährlich unterlaufen. Mein Arbeitsgebiet nenne ich deshalb MUSIKPÄDAGOGIK. Sie betreibe ich als eine Ausbildung.[1]

Auch wenn es mir nicht ganz gelingt: Im folgenden bemühe ich mich den Begriff *Ausbildung* als eine Art Kontrast zum Begriff *Wissenschaft* zu verwenden (vgl. u.). Unter *Ausbildung* verstehe ich stets eine (noch zu definierende) spezifisch *universitäre*, die sich nicht nur von universitärer *Wissenschaft*, sondern (vielleicht und vielleicht immer weniger) auch von der Ausbildung der Fachhochschulen absetzt. Ein wesentliches Kriterium für die Unterscheidung von letzterer könnte (meiner Ansicht nach) darin bestehen, per Ausbildung im Studierenden nicht die Probleme einer zukünftigen Praxis vorauslösen zu wollen, stattdessen die Betroffenen so auszustatten, daß sie ihre Probleme im Kontext ihrer Praxis selbst lösen, ja daß sie also Lösungskonzepte selbst entwickeln und umsetzen. Solches hochschulische (im Sinne von universitäre) Ausbildungsverständnis läßt z. B. die Frage der sog. Praxisanteile im Studium als relativ marginal erscheinen.

Ausbildung als eigenen gesellschaftlichen Bereich wahrnehmen:
Ausbildung betrachte ich als einen gesellschaftlicher Bereich per se, für die Reproduktion der Gesellschaft ebenso wesentlich wie Wissenschaft, aber charakteristisch unterschieden von ihr.

Unter Ausbildung verstehe ich ein Sich-Bemühen um den Aufbau und die permanente kritische Veränderung jener Gewißheiten bei sich und anderen, aus denen berufliches Tätigsein (als Herstellen gesellschaftlicher Wirklichkeit) sich notwendigerweise rekrutiert.

Beide, Wissenschaft und Ausbildung, erscheinen vielfältig verflochten; und sie haben (in meinem Verständnis) mit Forschen und Lehren zu tun. Doch unterscheiden sie sich in einer prinzipiellen „Tendenz": Während Wissenschaft sich durch/als Forschung konstituiert, als in deren Dienst sich Lehre vor allem dort verstehen muß, wo es ihr darum geht, Wissenschaftler hervorzubringen, konstituiert sich Ausbildung (bezogen auf eine per se nicht-wissenschaftliche Berufspraxis) durch/als Lehre, in deren Dienst Forschung steht (die dann notwendig eine „andere" ist ...). Letztere betrachte ich als für Ausbildung dort konstitutiv,

---

[1] Anzumerken wäre der Versuch, eine Musikpädagogik selbst als *Wissenschaft* zu bestimmen, meines Wissens zuerst 1970 durch Sigrid Abel-Struth (*Materialien zur Entwicklung einer MP als Wissenschaft*, Mainz), der in den 80-er Jahren auch die Musikdidaktiker nicht ruhen ließ, endlich auch sich als „Wissenschaftler" zu generieren; vgl. Reinhard Schneider, *Didaktik der Musik. Anmerkungen zum gegenwärtigen Diskussionsstand*, in: Helms/Hopf/Valentin, *Handbuch der Schulmusik*, Regensburg (3. Aufl.) 1985, S. 95 ff.

wo sie, wie im Tertiärbereich, auf eine tendenziell selbstverantwortete Berufspraxis zielt.

Ich trenne die Begriffe „Wissenschaft" und „Forschung" ebenso, wie die Begriffe „Ausbildung" und „Lehre". Während „Forschen" und „Lehren" Tätigkeiten bezeichnen, verstehe ich „Wissenschaft" und „Ausbildung" als kategorisierende Rahmenbegriffe, die das Selbstverständnis der Tätigen vor allem aus der Zugehörigkeit zu entsprechenden sozialen Systemen bezeichnen, welche (Zugehörigkeit) die Inhaltlichkeit des Tätigseins weitgehend mitbestimmt.[1] Hinzuzufügen wäre als ein drittes soziales System, dem sich Hochschullehrer selbstverständlich angehörig fühlen (müßten), das der „Information"; ihm zuzurechnen ist die Tätigkeit des Formulierens bzw. „Schreibens".

Lehramtsstudium aus einer Ausbildung heraus betreiben, bedeutet, ausbildungsbezogenes Lernen durch Lehre zu organisieren: Ausbildung in Form von Studium ist nicht etwas, was Betroffene zu erfahren (= zu „erleiden") haben, sondern was – durchaus parallel einem wissenschaftsbezogenen Lernen – von Anfang an durch ein Sich-Ausbilden in selbstreflexiver Teilhabe am Nachdenken über den eigenen Ausbildungssinn und -prozeß bestimmt ist. Ziel ist (auch) eine als eigenartig zu beschreibende lebenslange Verfügung über sich zum Zwecke der Veränderung der Gewißheiten, aus denen das eigene Handeln sich rekrutiert.

In einer Lehre, die sich im Bewußtsein davon organisiert, was mit/in dem geschieht/geschehen soll, dem berufsbezogene Handlungsfähigkeit (nicht aber -fertigkeit) zu vermitteln ist, und die sich bemüht, den Betroffenen in abgestufter Weise an solchem Prozeß zu beteiligen, liegt ein weiteres wesentliches Kriterium eines universitären Ausbildungsbegriffs.

Profilierung im Bereich der Ausbildung suchen:
Für das Wirksamwerden eines solchen Ausbildungsverständnisses sehe ich dort besondere Chancen, wo der Studienprozeß noch auf eine Begegnung zwischen Menschen sich gründen kann; und es scheint mir dort besonders aussichtsreich, wo die Ressourcen und die strukturellen Bedingungen (etwa an sog. „Kleinen Hochschulen" mit einem überproportionalen Anteil an Berufsausbildung) den persönlichen Interessen an wissenschaftlicher Profilierung letztlich weniger Aussicht einräumen.

An einer „Kleinen Hochschule" arbeiten, das heißt z. B. für eine musikalische Analyse als Grundlage (musik-)wissenschaftlichen Arbeitens weder eine Ge-

---

[1] Im oft genug unreflektierten (bzw. nicht zuletzt durch Statusdenken mitbegründeten) Selbstverständnis vieler Kollegen – dabei selbstzufrieden auf die gesetzlichen Vorgaben verweisend, zur Wissenschaft verpflichtet zu sein – dürfte die Vorstellung vorherrschen, Wissenschaftler zu *sein* und Ausbildung zu *machen*. So wird Ausbildung als tendenziell identisch mit Lehre begriffen und konsequenterweise höchstens (wenn überhaupt) didaktisch befragt (vgl. die öffentliche Diskussion über universitäre Lehre).
Selbstverständlich ist die eigene Zugehörigkeit zu einer Ausbildung ebenso interpretations-bedürftig wie die zu einer Wissenschaft, um aus ihr die Anlässe für das eigene Arbeiten abzuleiten. Doch scheinen mir die Gefahren im Bereich Wissenschaft, dem System der „Öffentlichkeit von vornherein" zu unterliegen (und d. h. in der Entscheidung über die eigene Forschung nicht zuletzt von der angestrebten Rolle im Wissenschaftsbereich abzuhängen), weitaus größer.

samtausgabe (z. B. Mozarts) noch die Standardliteratur (z. B. Mozart-Jahrbuch) noch die wichtigen musikwissenschaftlichen Zeitschriften (z. B. aus dem anglo-amerikanischen Bereich) zur Verfügung zu haben; daran wird sich auch in Zukunft (an meiner Hochschule) kaum etwas ändern.

An einer „Kleinen Hochschule" arbeiten, das kann aber auch heißen: Hier wird (z. B. Musik-)Ausbildung als ein eigenartiger gesellschaftlicher Bereich gedacht, erprobt, entwickelt und strukturell organisiert(!), in jenem fachübergreifenden Selbstverständnis, wie es nur aus der begrenzten Größe des Hochschulstandortes resultieren kann. Die verhinderte Spezialisierung fördert integratives Arbeiten; ein umfassendes Ausbildungskonzept fördert die Verantwortlichkeit für das berufsbezogene Umgehen mit Erkenntnis, nicht nur für deren Abliefern bei den Betroffenen.

Wenn die Bedeutsamkeit eines Hochschullehrers (als Ausbilder) *innerhalb* der Hochschule nicht (ausschließlich oder primär) von seinen Leistungen im System seiner Wissenschaft *außerhalb* der Hochschule sich bemißt, wenn demnach das öffentliche Renommee einer Hochschule nicht (einzig) aus ihrem schriftlichen *Output*, sondern (vor allem) aus ihrem *Input* in berufsbezogene Studiengänge resultiert, aus denen sie sich eh mehr und mehr politisch legitimiert, dann wird es auch möglich sein, Studierende für ein Engagement in ihre Ausbildung zu interessieren, statt sie aus einem falschen Egoismus für die sog. wissenschaftlichen Interessen ihrer Hochschullehrer zu funktionalisieren (so, als sei ihr Examen umso „mehr wert", je wissenschaftlich renommierter ihr Prüfer sei).

Ich glaube nicht, daß es noch notwendig ist, daß (jede) Hochschule sich (einzig) durch Teilhabe an Wissenschaft und durch eine entsprechende Forschung auszuweisen hat. Wissenschaftliche Forschung wird heute erfolgreich in industriell und öffentlich geförderten Instituten organisiert. Letzteren sind umgekehrt Universitäten eher Klötze am Bein; und die Teilhabe von Studierenden in der postgradualen Ausbildung zu Wissenschaftlern, die können diese selbst organisieren.

Der „gute" Hochschullehrer (für einen berufsbezogen ausbildenden Studiengang), das ist nicht von sich aus der mit dem „besten" wissenschaftlichen Renommee, sondern jener, der das wirksamste Konzept zur Ausbildung vorweist und argumentativ weiterentwickelt – und der über die strukturellen Mittel verfügt, es umzusetzen. Ein Herausreden auf die staatlichen Vorgaben einer Prüfungsverordnung, das die Un-Verantwortlichkeit für die Folgen des eigenen Handelns dokumentiert, wiederholt nur das Dilemma der Lehrerausbildung und Lehrerrolle der sechziger Jahre, nun auf der Ebene der Hochschullehrer.

Ein Ausbildungsklima schaffen helfen:
Ausbildung als Chance begreifen, erfordert demnach zuerst ein *Ausbildungsbewußtsein* zu schaffen; notwendig dazu sind:
- eine eigene Gesprächskultur in der Hochschule zu etablieren, die damit beginnt, z. B. einen (Arbeits-)Bericht Ausbildung vorzulegen, in welchem die Weiterentwicklung von Studiengängen im Innern (einschl. der Veränderung

von Strukturen und Inhalten), hausinterne Arbeiten dazu (die auch für andere interessant sein könnten) und schließlich Veröffentlichungen zu verzeichnen wären;
- gerade auch ausbildungsbezogene (statt nur wissenschaftsbezogene) Forschung zu initiieren und zu fördern, z. B. durch hausinterne und regionale Publikationsorgane, und damit
- eine „Ausstellungskultur" zu etablieren, die Ausbildung auch explizit(!) zuerst denen bekannt macht, an die sie sich richtet, sowie (untereinander) denen, die sie betreiben[1];
- das Wegrationalisieren von Mittelbaustellen gerade dort, wo angeblich „nur" Ausbildung geschieht, als gesamtgesellschaftlichen Unsinn zu erkennen und nicht nur der Personalintensität von Ausbildung wegen, sondern gerade zur Vorbereitung *der* Zukunftsaufgabe Ausbildung rückgängig zu machen;
- Dienstleistungen der Organisationseinheiten verstärkt Ausbildung zur Verfügung zu stellen, statt sie (wie bisher) relativ einseitig der individuellen wissenschaftlichen Profilierung einzelner vorzuhalten;
- Ausbildung (als eine solche) dann auch über die Hochschule hinaus (z. B. in Fort- und Weiterbildungsangeboten) wirksam werden zu lassen.

Öffentlichkeit ist im Bereich Ausbildung ebenso notwendig wie im Bereich Wissenschaft. Aber sie stellt sich (meiner Vorstellung nach) als eine von „innen" nach „außen" dar. Sie wird sowohl erst jenseits der Effektivität in Lehre hergestellt, wie sie auch erst als eine hochschulinterne und danach als eine interessierte bzw. allgemeine sich aufbaut.

Doch wie den selbstreproduzierenden Circulus durchbrechen, wenn Hochschulen als Ausbildungsinstitutionen doch stets von solchen Mitgliedern wissenschaftlicher Kommissionen evaluiert werden, die ihre Rolle ihrer Karriere im System Wissenschaft verdanken, finanziert durch die Allgemeinheit über die einzig wissenschaftsbezogene Universität? Vorläufig bleibt da nur das persönliche Engagement.

Zu (m)einem Ausbildungsverständnis – Zehn Thesen

1.

Unter Ausbildung verstehe ich einen zusammenfassenden und verallgemeinernden Begriff für alle Bemühungen/Arbeiten um die Konzeption und Realisation von berufsbezogenen Studienprozessen, als Wahrnehmung eines zu beschreibenden Interesses eines anderen. Konzeption und Realisation sind beständig

---

[1] Eine solche Ausstellungskultur ist in den künstlerischen Studienbereichen der Studiengänge „Kunst" und „Musik" für die Studienbereiche der künstlerischen Praxis wohl z. T. etabliert; einzubeziehen wären aber gerade die vergleichsweise wissenschaftlichen und berufspraktischen Studienbereiche.

wahrzunehmende *Daueraufgaben*; sie sind prinzipiell unabgeschlossen; solches Bemühen fördert eigene Frage- und Problemstellungen zutage, die als/durch Forschung zu bearbeiten sind.

Entsprechende Bemühungen schlagen sich gerade auch im hochschulpolitischen Feld nieder, z. B. als Verlautbarungen über stets fortzuschreibende Personal- und Sachausstattungen eines Studienganges. Letztere stellen sich dann, vom je darzulegenden Status quo ausbildungsbezogener Position abgeleitet, notwendigerweise als umfangreicher dar, als solche, die einem allgemeinen und scheinbar fraglosen einzelnen Wissenschaftsselbstverständnis sich verdanken. Ein „Fach" als Ausbildung erweist sich gerade *intern* als arbeitsintensiv; es kann nicht von Wissenschaftlern quasi im Nebenberuf „erledigt" werden.

2.

Das Arbeiten im Bereich Ausbildung unterliegt einem eigenen Selbstverständnis. Im Gegensatz zu Wissenschaft (der es – einfach gesagt – um Erkenntnis geht, die als möglichst objektive *darzustellen* wäre) geht es Ausbildung um *Plausibilität*, die (bei sich und anderen) letztlich nur subjektiv und immer wieder neu *herzustellen* ist. Wie oben angedeutet, befindet sich Ausbildung damit gegenüber Wissenschaft in einer doppelt defensiven Position. Einerseits: Ihre „Vorläufigkeit" ist unmittelbar sichtbar; ihre Arbeiten stellen sich als „unfertig" dar, denn Ausbildung kann (und will) in der Bearbeitung ihrer Fragen nicht auch noch eine gesamte Bezugswissenschaft „aufnehmen"; sie ist zu einem wesentlichen Teil nicht unmittelbar dokumentierbar; sie realisiert sich „zuerst" in der Tätigkeit Lehre, nicht primär in Schriftlichkeit. Anderseits findet sie sich in beständiger Konkurrenz zu einem Ausstatten mittels Pseudogewißheiten vermittelnden „Lehren von" resp. Regeln und Rezepten zur Bewältigung beruflicher Situation.[1]

Zentral betrifft Plausibilität die Frage des „warum": Warum unterrichte *ich*, der zukünftige Musiklehrer, ein Fach Musik in der Schule. Diese *Frage* ist durch Studium herzustellen, herzustellen durch Teilhabe der Studierenden am *Nachdenken des Lehrenden* darüber, wie sie warum womit auszubilden seien, sowie an der Konstruktion entsprechender Lösungswege. Und es ist die Fähigkeit zu erarbeiten, diese Frage sich lebenslang aus der eigenen Ästhetischen Praxis, aus dem Bewußtsein von Musik und vom Menschen als musikalischen zu stellen und zu beantworten.[2] Erst als Folge solcher Fragestellung und entsprechend stets „vorläufiger" Beantwortung erhalten alle anderen zu vermittelnden Kenntnisse und Fähigkeiten Sinn und Relevanz für den Einzelnen.

---

[1] Vgl. These 4 in den 13 Thesen von Ekkehart Krippendorf, dokumentiert in der *Frankfurter Rundschau* vom 25. 1. 96, S. 6. Im Gegensatz zu Krippendorf, dem es um die *Wiederherstellung* eines Universitäts- und Wissenschafts-Bewußtseins geht, plädiere ich hier für eine *Weiterentwicklung* der Hochschule, die *explizit* auf mehreren „Füßen" stehend sich versteht, welche als WISSENSCHAFT, AUSBILDUNG und INFORMATION miteinander kommunizieren.

[2] Selbstverständlich hat Ausbildung hierfür auch eigene, *standort-spezifische* Vorschläge zu machen.

Musikpädagogik als Ausbildung

Deshalb ist Hochschule als ein Ort der Ausbildung explizit erst herzustellen, als ein Ort, an welchem die Lernenden selbst die Verantwortung zu übernehmen beginnen für das, was sie (aus der wachsenden Wahrnehmung eines Interesses anderer) sind und werden. Lehre allein reicht hierfür nicht; hinzukommen muß eine diskursive Öffentlichkeit, die Studierende in/an der Diskussion über ihre Ausbildung auch ausdrücklich anspricht und teilhaben läßt.

3.

Ausbildung kennt, wie Wissenschaft, ein „Nachdenken über": nicht nur über das eigene Selbstverständnis, sondern auch über Vorgehen, Teilziele, Prozeßstrukturen ... Solches Nachdenken kann und muß sich vor allem in der Vorstellung von Studium als Prozeß und vom (Musik-)Lernen im Tertiärbereich niederschlagen.

Anders als Wissenschaft, die das subjektive Moment in Gegenstand, Methode und Ergebnis auszuschalten sich bemüht und die in der Regel auch die Fragen außer acht läßt, an wen sie sich eigentlich richtet, wem sie nützt und warum, welche Folgen sie für wen hat, nicht zu reden von der in der Regel fehlenden Analyse der sie je initiierenden Interessen, anders als Wissenschaft also hat Ausbildung gerade hier ihren Schwerpunkt im Selbstverständnis. Sie hat sich selbst beständig gegenüber Adressaten zu definieren, zu legitimieren, in ihren Zielen und Verfahren zu beschreiben und zu begründen. Dies tut sie jedoch *im Zuge der Realisation ihrer Maßnahmen*, einerseits aus dem Weiterdenken ihrer „eigenen" (= des Ausbilders) Perspektive sowie möglicherweise anderseits aus einer Evaluation heraus.

Typisches Kennzeichen: Eine Einführung in das Studium findet in einem „Fach" als Ausbildung keinen Platz im Studienplan, und dies mit Recht. Denn deren Intention wird dort sinnvoller von allen Lehrveranstaltungen selbst wahrgenommen, besonders von studienbereichseröffnenden, wo jede Lehrveranstaltung sich als Ernstfall der Einführung in das Studieren als lernendes Umgehen mit sich selbst in einem definierten Sachzusammenhang und auf einem bestimmten Selbständigkeitsniveau versteht.

4.

Wenn Ausbildung beständig kritisch (auch als eigene) weiterzudenken ist, wenn sie gleichzeitig sich primär in Lehre konstituiert, die sich eben notwendigerweise als eine beständig sich verändernde darstellt – streng genommen kann, gem. dem Ausbildungsverständnis, keine Lehrveranstaltung der anderen gleichen[1] –, dann dokumentiert sie sich möglicherweise auch in Bekundungen schriftlicher Art, deren Zweck zuerst einmal darin besteht, den Studienprozeß herstellen zu helfen. Dabei erscheinen solche Materialien umso brauchbarer, je enger sie der aktuellen

---

[1] Jede Veranstaltung stellt einen eigenen neuen Ausbildungsfall dar, damit einen Forschritt in der Konzeption und ein Anders in den humanen Bedingungen. Auch ein Wissenschaftler wird einen bestimmten Prozeß zur Erkenntnisgewinnung nur einmal veröffentlichen.

und örtlichen Situation der Betroffenen angepaßt sind.[1] Bezogen auf den pädagogischen Prozeß als einer Begegnung von Menschen sind sie in ihrer Funktion benennbar, z. B. als Vorbereiten, Vorzeigen, Begleiten, Vertiefen, Nacharbeiten, Dokumentieren usf.

Da Lehre in Ausbildung stets auch Reaktion auf die aktuelle Studiensituation der Studierenden darstellt, kann ich mir solche Texte nur als *Texte in Arbeit* vorstellen. Hier haben die heutigen technischen Möglichkeiten ihre Funktion: Es ist immer wieder neu zu entscheiden, welche Texte für welche (aktuelle) Studiensituation herzustellen sind resp. zu welcher je aktualisierten Fassung aus der Computerspeicherung bearbeitet werden. Dies schließt nicht aus, sie auch anderen als Möglichkeiten eigenen „Nachdenkens über" zur Verfügung zu stellen; dies schließt aber eben gleichzeitig ihr Mißverstehen als Ergebnis „wissenschaftlicher" Arbeit ein.

5.

Das Verhältnis zur Wissenschaft ist notwendigerweise dem Moment der wahrgenommenen Verantwortung für andere untergeordnet. Der pädagogische Prozeß ist auch nicht primär darauf aus, Ergebnisse von wissenschaftlicher Forschung zu vermitteln, sondern darauf, eine dem Subjekt begründet und logisch erscheinende eigene „Vorstellung von" aufzurichten resp. in praxi zu verändern (= zu verbessern).

Selbstverständlich vermittelt auch ausbildungsbezogene Lehre Ergebnisse wissenschaftlicher Forschung: Die Herstellung von Plausibilität hat sich durchaus und kritisch der Erkenntnis von Wissenschaft zu bedienen. Gesagt ist nur: Die Vermittlung von Erkenntnis ist nicht ihr *eigentlicher* Sinn: weder erschöpft sie sich darin, noch ist sie auf eine Gesamtheit aus. Im Konfliktfall steht der Plausibilität der Vorzug zu.[2]

Betrachten wir berufliche Wirklichkeit als eine durch das eigene Handeln herzustellende, so ergibt sich aus der zu vermittelnden „Vorstellung von" die wesentliche Arbeits- oder Forschungsaufgabe von Ausbildung: *die Konzeptionierung,*

---

[1] Man kann sich dieses Problem, daß (salopp gesagt) Materialien zum Studium umso unbrauchbarer werden, je mehr Allgemeingültigkeit (zum Zwecke ihrer Veröffentlichung, der überregionalen Profilierung ihrer Autoren, der Verkaufbarkeit usf.) sie anstreben, recht gut an der *Materialien*-Reihe *Workshop Schulpädagogik* des Otto Maier Verlags vergegenwärtigen. Ursprünglich für ein schulpädagogisches Grundstudium im Zusammenhang mit tutorengestützten(!) Seminaren der PH Freiburg entworfen, genügten sie dem, was innerhalb des gesetzten Rahmens gem. Ort im Studium (→ Grundstudium) und Zeit (→ Tutoren- und Seminarsitzungen sind zeitlich begrenzt!) vermittelbar schien. Mit ihrer Veröffentlichung wurden sie zur „Literatur", die den (wissenschaftsorientierten) Kriterien der objektiven Stimmigkeit und vor allem der Vollständigkeit zu genügen hatten. Damit gingen den Texten wie der Reihe selbst die Übersichtlichkeit und der Charakter des Arbeitsmaterials z. T. verloren.

[2] Den prinzipiellen Konfliktfall kann man sich etwa mit der Frage verdeutlichen, ob sich für das Kind in seinem Heranwachsen nicht jene existenziale Situation zwingend einstellt, in der es (uns und vor-läufig) richtiger erscheint, ihm eine Schöpfungs*geschichte* im Sinne von Moses I zu vermitteln statt einer wissenschaftlich stimmigen Evolutions*theorie*. Entschieden wird solche Frage nicht als Glaubensfrage, sondern durch Interesse für und Zuwendung an das Subjekt und durch entwicklungspsychologische Einsicht.

d. h. das Entwerfen von Möglichkeiten der Herstellung einer Wirklichkeit als einer „besseren" Wirklichkeit.[1] Ausbildung hat mögliche Handlungsperspektiven zu entwerfen, vorzuschlagen, diskussionsfähig zu halten.

6.

Die begründete Konstruktion einer zukünftigen Wirklichkeit als zentrale Forschungsaufgabe von Ausbildung in einem eigenen, zu begründenden und zu formulierenden Interesse hat umgekehrt notwendig auch Folgen für die Inhaltlichkeit ihrer Lehre. Sie muß
- Studium als Prozeß der Entwicklung und Differenzierung der Vorstellung vom eigenen beruflichen Handeln *in Gesamtheit* betreiben, einschließlich (soweit in Hochschule möglich) der Vermittlung von Kenntnissen und Fertigkeiten zu ihrer Realisation;
- dazu die Trennung von Fachwissenschaft und Fachdidaktik tendenziell aufheben,
- und dazu schließlich auch ihre „Fachwissenschaften" kritisch gegen die Zumutungen der Universitätswissenschaften aus dem eigenen Interesse heraus formulieren und betreiben.

Allgemeine Kriterien für ein auf Musikpädagogik als Ausbildung bezogenes, herkömmliches „fachwissenschaftliches" Arbeiten können sein:

- für den Prozeß *tauglich*,
  → Es läßt sich zeigen, daß der kunstwerkorientierte Musikbegriff, wie er historische Musikwissenschaft bestimmt, sich für Musikpädagogik (als Ausbildung) als relativ untauglich erweist; denn er verweist das Subjekt von vornherein in eine Reaktionsposition: Das Handeln des Menschen bestimmt sich ihm gegenüber vom gesellschaftlich vermittelten unbefragten Wert einer Sache und ist der Selbst- und Mitbestimmung im Prinzip entzogen. Musikpädagogik als Ausbildung hätte hier einen tätigkeitsorientierten Musikbegriff entgegenzustellen: Musik *ist* menschliche Tätigkeit; diese ist zu entfalten, auch auf ein selbstbestimmtes Umgehen mit jenen Hervorbringungen, die wir Kunst nennen ...

- für den Prozeß *erforderlich*
  → Schon in meiner Studienzeit herrschte die Überzeugung, daß eine „Musikgeschichte im Überblick", wie sie letztmals Jaques Handschin 1948 veröffentlicht hatte, nicht mehr schreibbar sei: Kein Forscher könne, angesichts der Spezialisierung der Detailforschungen, einen solchen „objektiven" Überblick noch herstellen. Musikpädagogik jedoch *muß* ihn herstellen; sie tut dies aber als eine vorläufige „Vorstellung von" im betroffenen Subjekt, unter Wahr-

---

[1] Daß solches Bemühen Erkenntnis entsprechender Forschung entsprechender Wissenschaften einbezieht, versteht sich von selbst ... ; vgl. o. Doch auch hier gilt: Ausbildung erschöpft sich nicht in der Funktion, Erkenntnis als Ergebnis von Wissenschaft „anzuwenden"!

nehmung eines musikpädagogischen Interesses und d. h. unter Zugrundelegung eines musikpädagogisch tauglichen Musikbegriffs ...
- und für den Prozeß *ausreichend*.

→ Entsprechend dem Angedeuteten, scheint es einsichtig, daß auch eine einzelne Analyse, die unter dem von Wissenschaft heute vorgestelltem Material methodischer und inhaltlicher Art eh zusammenbrechen müßte, darauf aus sein muß, ein Werk dem *eigenen Tätigsein* in einem Situationskontext und der eigenen „Vorstellung von" zu erschließen; dazu ist erst einmal kaum die Zurkenntnisnahme einer bisherigen Forschungstradition notwendig; anderseits sind gerade Positionen aus dieser geeignet, als jenes Material zu dienen, an welchem die kritische Arbeit zu solchem Erschließen fruchtbar ansetzen kann.

7.

Natürlich ist heute nicht zu übersehen, daß die Formulierung einer ausbildungsbezogenen Fachwissenschaft „Musik" sich keinesfalls nur mit dem Anlegen eines Bewußtseins von „Musik als einer menschlichen" begnügen kann; als *zweite Hälfte* hinzukommen muß ein Bewußtsein vom „Menschen als musikalischen". Damit tangiert sie aber nicht nur die herkömmliche inhaltliche Beziehung zwischen den erziehungs- und sozialwissenschaftlichen und den fachlichen Studienkompartimenten, sondern auch das quantitative Verhältnis beider, das in einer standortbezogenen Neuorganisation der (Musik-)Lehrerausbildung neu festgelegt werden sollte.

Denn als die auch heute noch übliche Lehrerausbildung strukturiert wurde, gab es kaum ernsthafte Arbeiten z. B. über das Musiklernen. Seit den 70-er Jahren aber hat sich eine *Systematische Musikwissenschaft* etabliert, seit den 80-ern mit deutlichem Schwerpunkt in der Musikpsychologie; über Musiklernen existiert eine ernstzunehmende Forschung, vor allem aus dem anglo-amerikanischen Raum. Auch für die Musikdidaktik gilt (mit Einschränkung) eine entsprechende Tendenz. Deshalb: Welchen (immer wieder neu zu befragenden!) Sinn hat es im jeweiligen Moment, zukünftige *Fach*lehrer mit einer *allgemein*-psychologischen Lehre von ca. 10 Semesterwochenstunden zu konfrontieren, um im „Fach" gerade noch Zeit für ein bis zwei Semesterwochenstunden Musikpsychologie zu haben? Wie können wir eine möglichst enge Verbindung schulpädagogischer Lehre z. B. mit der *Theorie vom Musiklernen* und einer entsprechenden Didaktik herstellen? Wäre es nicht sinnvoll, das „allgemeine Bewußtsein", das sich immer weniger auf einen Kanon von Einsichten und stattdessen auf eine immer größere persönliche Einsichtsfähigkeit bezieht, durch eine Sicht aus jener (fachlichen) Perspektive *hindurch* anzulegen, in der der Studierende zuerst einmal selbst betroffen ist, um dann erst in das Allgemeine zu erweitern? Wie müssen die quantitativen Anteile im Studium, die Aufteilung zwischen erziehungs- und sozialwissenschaftlichen Anteilen und solchen fachlicher Art, demnach verändert werden? Solche Fragen – so meine ich – können nur von Ausbildern gelöst werden (→ „sich zur

Disposition stellen"), kaum aber von Wissenschaftlern, die von der Neubewertung „ihrer" Fächer existentiell sich betroffen fühlen.

8.

Studienprozesse als ausbildungsorientierte Prozesse zu organisieren ist an ein *Ausbildungsklima* gebunden, an (noch zu bestimmende) Ausbildungsbedingungen, konkret an Hochschule als einen Handlungs- und Lebensraum, in dem Studierende lernen können, sich selbst als Handelnde einzubringen. Hochschule ausbildungsrelevant zu organisieren und zu strukturieren[1], stellt ein weiteres, bisher kaum bedachtes Problem von Ausbildung dar. Dieses ist nicht allein und nicht primär in jener Ebene der sog. Hochschuldidaktik lösbar, die bisher offenbar als einzige Ausbildung problematisierende Ebene breiter im Bewußtsein existiert, wenn auch schon die überlegte Konstruktion von Lehrveranstaltungen bereits viel zur Lösung beizutragen vermag. Entscheidendes leistet die Entwicklung einer *institutionellen „Größe"*, der sich Studierende zugehörig fühlen und die gleichzeitig in ihrer Verfaßtheit (einschl. des Einsatzes finanzieller Mittel!) nicht einseitig auf das Forschungsinteresse von Lehrenden ausgerichtet ist.

Aufzugreifen ist (gemäß den derzeitigen gesetzlichen Vorlagen) der Begriff des *Seminars*.[2] Im Rahmen einer solchen Institutionalisierung sind soweit wie möglich alle in der Lehreinheit zu beteiligen, vor allem die Studierenden als ernsthaft angenommene „Partner" des Ausbildungsprozesses. Das Rückgrat der Kommunikation zwischen Lehrenden und Studierenden ist auch organisatorisch durch ein offenes System von Arbeitsvorhaben, Kursen und Tagungen sowie durch ein System unterschiedlicher Lern-Anlässe und -Formen umzusetzen. Dazu schiene eine Einteilung des Studienjahres in mehrere (u. U. methodisch wechselnde) Arbeitsphasen (z. B. im Rahmen einer Trimestergliederung) geeigneter als die heutige Semestereinteilung mit den für Ausbildung relativ unproduktiven vorlesungsfreien Zeiten.

9.

Daß das Eingebundensein in den Studiengang Musik besonders anfällig macht für die Probleme von Ausbildung, sollte nicht allein auf eine Sonderstellung dieses künstlerischen Faches mit seinem Nebeneinander von künstlerischer Praxis und Fachwissenschaft abgeschoben werden. Anderseits offenbart sich die Relevanz eines Handlungsraumes (zugegeben) im Besonderen bei der Organisation *künstlerischen Lernens*, in einem Fach, in welchem der künstlerische Studienbereich *dann* auch noch explizit mit einem differenzierten wissenschaftlichen Studienbereich

---

[1] ... d. h. gleichsam *gegen* die gemäß den gesetzlichen Vorlagen nahezu einzige Perspektive der Organisation in wissenschaftsorientierten Forschungsinstituten mit obrigkeitlicher Verfaßtheit ...
[2] Ich könnte mir ein „Seminar Musik" oder ein „Seminar für ausbildungsbezogene Lehre und Forschung in der Musikpädagogik" vorstellen; ähnliches gilt sicher für die Kunstpädagogik.

konfrontiert ist, deren beide zusammen mit einem didaktischen letztlich *eine* Qualifikation ergeben sollen ...

Gerade der künstlerische Studienbereich bietet Chancen, Studierende an ihrer Ausbildung in besonderer Weise als Mitverantwortliche zu beteiligen; und dies in zweifacher Weise. Zum einen vermitteln entsprechende Organisationsformen, wie z. B. Arbeitsgemeinschaften, hochschulöffentliche Veranstaltungen „Treffpunkt Musik", eine Konzertreihe „Zeit für Musik" und die damit kooperierende Veranstaltungsfolge „Konzert in der Schule" (KIDS), die Möglichkeit, das eigene Arbeiten selbst in die Gestaltung eines Musiklebens einzubringen. Zum anderen kann fachwissenschaftliche Lehre bei entsprechender inhaltlicher Ausrichtung von Studierenden ganz konkret als die für die pädagogische Qualifikation notwendige reflexive und selbstreflexive Dimensionierung eigenen musikbezogenen In-der-Welt-Seins rezipiert werden. Ähnliches gilt für den Studienbereich Berufspraxis.

Doch wie, wenn solches musikbezogene In-der-Welt-Sein gar nicht vorauszusetzen ist? Interessenten für ein Lehramt Musik bewerben sich im ländlichen Raum heute mehrheitlich zum Studium, ohne je in einer Oper gewesen zu sein; ihre Erfahrungen mit Konzert begrenzen sich auf Veranstaltungen der Schule und der Musikschule. Ihre U-Musik-Erfahrung ist fast ausschließlich medial bestimmt; ihre Medienerfahrungen aber beziehen Ernste Musik gar nicht mit ein. Ernste Musik des 20. Jahrhunderts ist ihnen etwas Abzuwehrendes: Sie haben nie für sich selbst entdeckt und erfahren, daß ein Sich-Einlassen mit Ernster Musik einen in ein neues Verhältnis zu sich und zur Welt erheben kann. Zwar nehmen sie zur Kenntnis, was es an Ernster Musik gibt, worüber man etwas wissen kann; aber es geht sie nicht eigentlich existentiell etwas an. Hier hat Ausbildung anzusetzen; sie hat den Studierenden die Musik des eigenen Jahrhunderts als eine für ihn notwendige entdecken zu lassen; erst dann kann Information über sie sich an etwas richten. Doch bedarf es dazu der besonderen Studienorganisation, bis hin zu entsprechenden Räumlichkeiten, in denen man im Hören sich erfahren kann.

10.

Forschung im Dienste ausbildungsbezogener Lehre hat letztlich stets den Vermittlungsrahmen im Sinn. Gleichwohl bedeutet Konzentration auf Ausbildung keinen individuellen(!) Forschungs- und keinen unbedingten Wissenschaftsverzicht. Doch konstituiert eine Forschung im Dienste von Ausbildung „Wissenschaft" (wenn schon, dann)
– als eine notwendig *humane*, anthropologisch akzentuierte.
– Diese erscheint stets resp. zuerst *implizit*;
– und sie schließt das sie hervorbringende *Subjekt* ein.

Ein Ausbilder kann es sich (eigentlich) nicht leisten, (nur) einen Themenbereich in Spezialisierung über Jahre aus der abstrakten Perspektive einer Wissenschaft zu verfolgen. Stets ist er an zahlreichen Stellen in den Ausbildungsprozeß involviert, sich für ihn als ganzen (mit-)verantwortlich fühlend. Entsprechende Texte zu diesem erreichen erst mit einiger Zeit ein Niveau, das sie über die einzelne Situation hinaus rezipierbar und damit (z. B. für ungeregelte Fort- und Weiterbildung) brauchbar erscheinen läßt. Gleichzeitig muß er hinnehmen, daß Forschungstexte aus dem Zusammenhang Ausbildung keinen „Markt" besitzen. Weder wollen sie den wissenschaftlichen Standards unterliegen, noch wollen sie sich als sog. Praktikerliteratur „verkaufen".

Ausbildung betreiben, setzt (angesichts heute üblicher und wohl auch nicht ersetzbarer „wissenschaftlicher" Sozialisation) aber eher ein kritisches Sich-Absetzen von „gängiger" Wissenschaft voraus; es gilt, den systemimmanenten *Egoismus* von Wissenschaft durch ein *altruistisches* Bewußtsein zu „brechen". Ein solcher Prozeß ist ein lebensgeschichtlicher Vorgang, hervorgerufen möglicherweise durch Erfahrungen mit dem Wissenschaftsbetrieb einerseits und ausbildungsbezogener Lehre anderseits.[1] Als solcher kann er von denen, die Ausbildung aus ihrer Rolle und Perspektive als Wissenschaftler betreiben, nicht nachvollzogen werden. Deswegen erscheint es wenig aussichtsreich, Ausbildung (im hier vorgestellten Verständnis) zu *dekretieren*. Zu akzeptieren ist vielmehr ein Spielraum zwischen den „Extremen" eines wissenschaftlichen Selbstverständnisses und jener Position, die hier aufgezeigt wird.

*

Beim Formulieren des Textes kommt mir der Gedanke für jenes Verständnis von Ausbildung (in Kontrast zu Wissenschaft), wie ich es mir hier gerade skizziere, nach Vorbildern zu suchen. Befrage ich meine persönliche und fachliche Erfahrung, dann drängt sich mir die Erinnerung an *Helmuth Hopf* in den Vordergrund. Dem Andenken an diesen großen Musikpädagogen und durchaus auch Altruisten sei dieser Text deshalb gewidmet.

(I/1996)

---

[1] Warum – so kann man sich irgendwann fragen – soll mir die relativ anonyme Sozietät „*Wissenschaft*" als Adressat meines Arbeitens wichtiger sein, als jene, in der ich täglich real involviert bin?

II
Musikgeschichte
als konsequenter Gedankengang*⁾

Worum es uns im Zusammenhang eines musikpädagogischen Studiums geht: Musikgeschichte zu verstehen, ohne daß wir noch jene Musik (in allem) zur Kenntnis genommen hätten, von der Musikgeschichte handelt, – um aus diesem Verstehen ein Leben lang jener Musik eben prinzipiell nicht mehr fremd gegenüberzustehen, sondern sich einen selbstverständlichen Zugang zu ihr zu eröffnen.

Das Wesentliche im folgenden besteht im Versuch, das, was sich uns via Literatur als „die Musikgeschichte" darstellt, dadurch in einer persönlichen Weise zu verstehen, daß wir es in einem durchdenken. Die Konsequenz des Gedankengangs und das damit Durchdachte beleuchten sich in spezifischer Art. Denn einerseits gehe ich davon aus, daß europäische Musik in einem beständigen Prozeß des Lehrens und Lernens, des Vermittelns, Sich-Aneignens und Neuinterpretierens des Angeeigneten letztlich folgerichtig zu dem sich entwickelte, was sie uns heute ist; solchem Prozeß innerhalb einer (idealtypisch gesehen:) Generationenfolge eignet unbedingte Konsequenz.

Anderseits nutzt der Gedankengang diese: Er bildet sie in seiner eigenen Konsequenz ab. Das Besondere an ihm erscheint freilich dann, wenn er einmal schriftlich formuliert ist, nicht mehr recht ersichtlich; denn er liest sich als bloß lineares Fortschreiten des Denkens wie der Entwicklung. Tatsächlich aber „existiert" er wesentlich als ein immer wieder Rückfragen, ist er als ein beständiges Zurückdenken (von Mozart her und von heute her) entstanden, revidiert er sich als beständig zweiseitiges Wenn-Dann.

Gerade darin sehe ich das Wesentliche des folgenden Versuchs: Nicht die Musikgeschichte darzustellen, sondern ein Denken von ihr zu protokollieren, beständig labil, offen, zum Weiterdenken gezwungen, stets unfertig, – ein beständig sich wandelnder eigener Horizont, stets vorläufig, aber nichtsdestotrotz den sich um eine einzelne Musik

---

*⁾ Der folgende Text ist als spezifisch universitäre Teilhabe an der gesellschaftlichen Aufgabe AUSBILDUNG für eine Studiensituation zukünftiger Musikpädagogen entworfen. Er wurde im Sommersemester 1997 für die Lehrveranstaltung Musikgeschichte im Überblick formuliert. Gleichzeitig stellt er einen möglichen hochschulischen Beitrag zu einer gesellschaftlichen Aufgabe INFORMATION dar. Dem Text voraus gehen Seminartermine bzw. Kapitel zum hier verwendeten Musikbegriff („Musik als Tätigkeit") und zur Gliederung des musikgeschichtlichen Horizonts. Weitere Kapitel bereiten wesentliche Abschnitte des „Gedankengangs" auf und vor; der hier formulierte Text (beginnend mit 1) möchte sich als Quintessenz vorhergehend „einführender" Erörterung verstehen. Da diese hier fehlt, versucht eine Einleitung (a bis e) wenigstens die für die Intention unumgängliche Prämissen vorweg deutlichzumachen.

Bemühenden stets orientierend dienend dafür, „worin" er sich aufhält: „in" Musikgeschichte.

Der folgende „Gedankengang" steht aber unter einigen Prämissen, die vorweg zur Kenntnis genommen werden sollten.

(a) *Er betrachtet „Musik" nicht als handhabbaren Gegenstand, sondern: Musik ist (vor allem andern)* m e n s c h l i c h e T ä t i g k e i t. *Das, was als Notentext vorliegt, verstehe ich als Dokumentation ehemaliger oder als Option zukünftiger Erstellung des Erklingenden (als Musik). (Der Zusatz „als Musik" bezeichnet das begriffliche Bewußtsein des europäischen Menschen von dem was er tut, indem er das sogeartete Erklingende erstellt.) Solche Erstellung geschieht unserem Verständnis nach vor allem als* SINGEN *und instrumentales* SPIELEN, *aber auch (und heute besonders) als* HÖREN.

(b) *Die Formulierung „als" betont, daß entsprechendes Tätigsein nicht als „Ausführung", nicht als einem Gegenstand sozusagen nachträglich Widerfahrendes mißzuverstehen ist, sondern tatsächlich den Kern des gesamten Handlungszusammenhanges von vornherein meint, den „Musik" umfaßt. Dieser ist geprägt von einer* V o r s t e l l u n g v o n *dem (eigenen) Tätigsein, wie pauschal auch immer.*

Solche bestimmende ‚Vorstellung von' (die der bewußten Verfügung über Körperorgane gleichsam vorausgeht) stellt einerseits eine Conditio humana dar; jedes Tätigsein als ein menschliches ist als solches durch sie gekennzeichnet. Und sie stellt anderseits etwas historisch sich Veränderndes dar. Sie verändert sich beständig; und sie verändert sich in unserem Kulturbereich (bis zur industriellen Revolution) auf spezifische Weise; dabei objektiviert sie sich (scheinbar). Auch wenn wir heute (gemäß einer eigentlich „falschen" Pädagogik) gewöhnt sind, Singen als eine Funktion z. B. von Lied zu betrachten[1], menschliches Tätigsein also an den quasi existierenden Gegenstand ‚Lied' anzuhängen, so scheint es mir historisch wie pädagogisch relevanter, umgekehrt zu denken. Das Singen sehe ich als die menschliche Tätigkeit, als das historisch wie pädagogisch Primäre; ein bestimmtes Lied dagegen stellt eine Funktion des Singens, eine Objektivierung eines Singens unter bestimmten gesellschaftlichen (= historischen) Bedingungen dar ...

Das gleiche gilt für sog. größere „Werke": Schützens „Weihnachtshistorie" wurde als Vorstellung von einem Singen einer Kantorei im Rahmen eines bestimmten Gottesdienstes im höfischen Kontext entworfen; (bezeichnenderweise nur zum Teil) gedruckt wurde sie nach solchem Tätigsein, als Übertragung des Entwurfs für entsprechende andere Tätige in entsprechenden Situationen.

(c) *Damit ist ein drittes Charakteristikum angesprochen: Jedes Tätigsein (als „Musik") ist nur* a u f e i n e S i t u a t i o n b e z o g e n *vorstellbar. Aus der Teilhabe an ihr gewinnt es seinen spezifischen Sinn. Solche Situation möchte ich als eine der parallelen Vollzüge definieren. Das Grundmodell europäischer Musiksituation liefert der frühmittelalterliche Gottesdienst: darin geschieht das Singen eines Introitus (z. B.) als*

---

[1] – wir glauben, in der Schule Lieder vermitteln zu sollen, was bedeutet, *sie* zu singen –

situationsbezogene Artikulation eines handlungsbezogenen Textes. Solche Artikulation wird auch von denen, die nicht-singend an der Situation beteiligt sind, gleichsam parallel (als Gebet o. ä.) mitvollzogen. Sowohl Singen als auch (neuzeitlich gesprochen:) Hören finden ihren Sinn in/aus der Teilhabe an der Situation.

(d) Die Geschichte der Musik als ‚Geschichte der Erstellung des Erklingenden (als Musik)' stellt sich als Folge epochaler Wandlungen des S e l b s t v e r s t ä n d n i s s e s dessen dar, was der Mensch tut, indem er das Erklingende erstellt. Solche Wandlung betrifft den Menschen in seinem (zeitgenössisch nicht hinterfragbaren) Selbstverständnis, also in dem, was man seine Mentalität nennt; sie ist ablesbar an der Wandlung des Tätigseins ebenso wie an der Wandlung der Vorstellung von ihm und an der Wandlung der ihm zugeordneten Situation. Sie wird ermöglicht durch die (u. a. wesentlich in der karolingischen Renaissance erstmals greifbare) Form des theoriegestützten, „verstehenden" (Lehrens und) Lernens, die die „zweite" Generation jeweils in die Lage versetzt, das Tätigsein aus seinem Verstehen heraus den eigenen Interessen anzupassen.

Die Frage nach dem eigentlichen Movens der beständigen Veränderung beantworte ich mir mit der Kraft eines das Tätigsein bestimmenden D e n k e n s a n, das, als Ergebnis des Hellenismus, das Christentum zuerst konkret als „Liebe" benennt: als Denken an Gott und an den Nächsten, das zuerst vom gottesdienstlichen Singen bearbeitet wird und das als immer selbstbestimmteres sich schließlich von einem unmittelbar christlichen Denken emanzipiert.

(e) Im Gegensatz zu einer kunstwerkorientierten Musikgeschichte, die Epochen auf der Grundlage beobachteter Gemeinsamkeiten der musikalischen Gegenstände formuliert (vgl. „Generalbaßzeitalter"), definiert eine tätigkeitsorientierte Musikgeschichte spezifische W a n d l u n g e n v o n - b i s. Solche meine ich in Abständen von je zehn Generationen (= ca. 300 Jahren) feststellen zu können. An ihren Grenzen setzen je fundamentale Uminterpretationen des vorher Erreichten die neue Entwicklung ingang. Im großen Überblick besagt diese, daß europäische Musikgeschichte ausgezeichnet ist durch das über mehrere Stufen führende Hervorbringen eines spezifisch „menschlichen" Singens (bis um 1500), durch dessen Emanzipation vom Text als Hervorbringen eines instrumentalen Spielens (bis um 1800), und schließlich durch das Hervorbringen eines spezifisch auf das Individuum bezogenen Hörens (seitdem).

*

1

Abendländische Musik ist in ihrer Grundlage *Aussprechen* (von Text). Bei solchem Aussprechen geht es nicht darum, diesen Text einem anderen mitzuteilen. Abendländische Musik ist nicht Mitteilung.

Aus orientalischen Weisen stimmlicher Aktivität möglicherweise übernommen, konstituierte es sich noch im antiken Christentum als ein spezifisch liturgisches „Aussprechen" *vorbefindlichen* Textes mit einer feierlichen Singstimme im Rahmen außergewöhnlichen Gottesdienstes, als sog. *Choral*.[1] Solcher (ersten und im Rahmen der Erhebung des Christentums zur Staatsreligion im Römischen Reich sich anbahnenden zweiten) Aneignung einer an sich fremden stimmlichen Artikulation von Text folgt möglicherweise um und nach 600 eine weitere, in der das „Aussprechen" (vielleicht nicht nur textlich) *systematisiert*, erweitert und von den besonderen Feiertagen (wie Ostern) auf das Jahr übertragen, in sich aber möglicherweise *gestrafft* wird. Sie mag begleitet gewesen sein von einer Wandlung des „Aussprechens" zu einem – modern gesprochen – Ton-für-Ton-Singen. Noch bleibt solches eigenartige Zur-akustischen-Wirklichkeit-Bringen eines per se göttlichen (weil biblischen) Textes im Rahmen einer besonderen Liturgie (an einigen herausgehobenen Kirchen und vielleicht Klöstern) eines, das immer wieder *nach festen überkommenen Formeln und tradierten Regeln in actu* entsteht. Weder ist es in seiner akustischen Komponente aufgeschrieben, noch besteht ein Bedürfnis dazu, „es" festzuhalten.

Das Zur-akustischen-Wirklichkeit-Bringen eines göttlichen, offenbarten Textes wird zum Eigenen der Situation selbst; es sondert diese ab, definiert sie zu einer Feier eigener Art.

> *Am Anfang erscheint uns unsere Musik als „Singen", und dieses als ein immer wieder neues Zur-akustischen-Wirklichkeit-Bringen eines besonderen, vorgegebenen Textes in einer objektivierten und d. h. der alltäglichen Artikulation des Menschen entzogenen Weise, als Aussprechen mit der Singstimme. Es stellt selbst die Situation Gottesdienst her und damit die Teilhabe der Singenden und Nichtsingenden an ihr.*

Das Zur-akustischen-Wirklichkeit-Bringen von Text stellt einerseits die Situation als Feier selbst her; zum anderen – und darin ist das wesentlichere Grundmoment europäischer Musiksituation zu sehen – bearbeitet es (wenn auch noch indirekt) den eigenen Vollzug derselben. Psalmtext ist im Zusammenhang Gottesdienst kein (neuzeitlich gesprochen) zu hörender Text, sondern ein selbst zu vollziehender; er ist als Gebet dazu da, mitvollzogen (statt nur aufgefaßt) zu werden. Darin können wir das *Grundmodell europäischer Musiksituation* erkennen: Musikalisches Tätigsein ist nicht auf „die Musik" bezogen, sondern stets auf einen Sinn, der dem Tätigsein aus der Teilhabe an der Situation sich zumißt. Musikalisches Tätigsein ist und ermöglicht eine besondere Form der Teilhabe an

---

[1] Mit der Bezeichnung als „Aussprechen" soll keine Genesis-Theorie solchen Singens verbunden sein; bezeichnet ist lediglich eine mögliche Vorstellung, die das Tätigsein bestimmt.

einer per se nicht-musikalischen Situation Gottesdienst (der wir möglicherweise schon hier eine spezifische Transzendenzfunktion zusprechen können).

Daß „Aussprechen" von Text stets neu in actu sich bildet, das ist (und bleibt noch längere Zeit) ein Kennzeichen des gottesdienstlichen Singens. Seinen „produktiven" Charakter ändert dieses „Aussprechen" wohl vor allem mit seiner Transferierung in und folgend Aneignung durch den transalpinen Norden (= Frankens) vom 7. bis zum 9. Jahrhundert.

Das „Aussprechen"
- wird als ganzes, also einschließlich seiner klanglichen Komponente, als ein „göttliches" interpretiert[1] (→ Fortschritt in der Objektivierung);
- wird deshalb notwendig schließlich als *feststehend* aufgefaßt und (als Folge *einzelner* Stimmbewegungen – modern gesprochen – zwischen den Tönen) notiert (→ Neumen);
- wird dabei als formelhaftes Sich-Bewegen der Stimme in einem Tonraum identifiziert (→ Wahrnehmen der akustischen Komponente als ein Sich-Bewegen in einem geordneten „Raum" aus der Konfrontation mit einer Theorie; → Tonarten).

Das „Aussprechen" selbst wird als *Gregorianischer Gesang* zur *auserwählten* Teilhabe an der Liturgie in einem eigenen Innenraum (→ z. B. Aachener Münster). Es wird zum wesentlichen Bestandteil einer eigenen *Daseins-Situation* „Gottesdienst" einer Elite (→ Kaiserhaus, herausgehobene Klöster und Bischofssitze), die sich als von Gott gekrönt und auserwählt und die die so vollzogene Situation Gottesdienst als Vorschein einer jenseitigen, himmlischen begriff. Dazu wird es zu Beginn des 9. Jahrhunderts als spezifisch römisches Singen nochmals transferiert.

Das „Aussprechen" erfährt den vielleicht entscheidenden Abschluß seiner Systematisierung und Objektivierung im 9. Jahrhundert, im transalpinen Norden Frankens. Solche betrifft jetzt auch die akustische Komponente, die mittels einer aus der Antike herrührende Theorie der Tonarten das Singen (ein-)ordnet.

2

Das Singen erfährt durch das Ordnen eine Verallgemeinerung und breitere Aneignung. Gerade das Festlegen und durch Ordnung Beherrschen des Singens eröffnet die Möglichkeit, es *in dessem Sinn* zu „verbessern". Diese schlägt sich in einer (durchaus differenzierten) Verbesserung der *Vergegenwärtigung* von Text nieder und damit im *Verdeutlichen der Teilhabe an der Situation* durch Hinzufügungen textlicher und/oder melodischer Art (→ *Tropus*). Tropieren wiederum fördert das Freisetzen und Einbringen „eigenen" Singens, das sich schließlich

---
[1] Vgl. Gregor-Legende, gem. der dieser Gesang dem Hl. Gregor gleichsam durch den „Geist" vermittelt wurde; sie ist wohl als fränkisches Produkt anzusehen.

nach der Wende zum 10. bzw. 11. Jahrhundert im Neudichten und im melodischen Neuformulieren (→ *Sequenz*) konkretisiert.[1] Die Sequenzdichtung besitzt im sog. Minnesang (der Trobadores, → Trouvères, → Minnesänger) eine weltliche Parallele, die ab der Mitte des 11. Jahrhunderts greifbar wird. Tropus und Sequenz breiten sich, ebenso wie der sog. Minnesang, im gesamten Frankenreich aus; ihnen kommt ein Schwerpunkt im Süden des heutigen Frankreich zu.

An der Grenze vom 9. zum 10. Jahrhundert geschieht aber offensichtlich eine entscheidende *Uminterpretation*. Kraft einer ins Christliche applizierten Musikanschauung (→ *musica*), gemäß der in der räumlichen Ordnung der hörbaren Töne und Klänge (= *musica instrumentalis*) die nach Maß und Zahl geordnete Idealität des Weltganzen als Schöpfung Gottes (= *musica mundana*) und des Menschen und des Menschseins (= *musica humana*) zur sinnlichen Anschauung gelangt, wird das Singen als Sich-Bewegen der Stimme in einem Tonraum aufgefaßt, der, nach Maß und Zahl von Gott geordnet, Gottes Schöpfung selbst repräsentiert. Indem der Mensch (Choral) singt, indem er Gottes Wort auf eine gleichsam „engelische" Weise ausspricht, wird seine Stimme zum Werkzeug, die Gottes herrliche Schöpfung und damit die Herrlichkeit Gottes selbst zum Erklingen bringt. Ja, mehr noch: Indem der Mensch (Choral) singt, „bewegt" er sich nach den Regeln der Schöpfung, bewegt er sich in einem Modell (Vorschein) des Himmels.

Theorie wird nicht mehr nur als ein System verstanden, das das Singen gemäß seinen melodischen Formeln ordnet; der Mensch, durch *Theorieeinsicht* in ein neues Verhältnis zu seinem Tätigsein gesetzt, beginnt sein Singen neu zu *verstehen*. Solches Verstehen zeugt die Fähigkeit zur produktiven Veränderung im Sinne einer Verbesserung der angesprochenen Vorstellung des Singens. Zur Hervorhebung des „jenseitigen" Charakters der Situation innerhalb eines spezifisch von außen geschiedenen und entspr. gestalteten Innenraumes „Kirche", beginnt man, das „Aussprechen" als ein den ‚göttlichen' Charakter hervorhebendes *mehrfaches*, dabei klanglich unterschiedenes *in einem* auszuführen, in welchem gerade seine besonderen (= solistischen) Teile als nach theologischer Einsicht gerechtfertigtes Sich-Bewegen *zweier* Stimmen gleichzeitig im Tonraum geregelt werden (→ *Organum*). Daß die solistischen (und nicht die, neuzeitlich gesprochen, chorischen) Teile „mehrstimmig" ausgeführt werden, erscheint wesentlich: Noch geht es nicht darum, das „Aussprechen" der Menschen selbst zu organisieren; diese sind nur ausführendes Organ im Dienste eines vorausgesetzt Erklingenden, einer Harmonie, die in Gottes Schöpfung permanent „klingt" (Musica mundana).[2]

---

[1] Vieles spricht dafür, daß Tropieren und Textieren der Alleluja-Jubili (-> Sequenz) schon vor der Wende zum 10. Jahrhundert „entstanden" sind. Ihre breite Verallgemeinerung erfuhren sie jedoch erst nach der Wende zum 10. bzw. 11. Jahrhundert. Tropus und Sequenz bilden so den Bereich der eigentlichen Aneignung: In ihnen schlägt sich nicht nur die Identifizierung choralartigen Singens als „eigenes" nieder, sondern folgend eben auch das Einbringen eigener Traditionen des Singens.

[2] Obwohl Musikgeschichte hier von der Entstehung der „Mehrstimmigkeit" spricht, versuche ich diesen Begriff vor 1200 noch zu meiden, da er uns ein noch nicht mögliches Bewußtsein vorspielt; eher würde ich von einer Verschiedenstimmigkeit sprechen wollen.

In solcher Aneignung und besonderen Ausführung des „Aussprechens" nach formelhaft bewegungsmäßig *und* intervallisch definierten Regeln, die zuerst als improvisatorische Verhaltensregeln gelehrt werden und erst im 12. Jahrhundert auch als „Vorstellung" notiert werden, realisiert sich der kontinuierliche Wandel innerhalb des 10. bis 12. Jahrhunderts. Er hat (wie jeder Bewußtseinswandel im folgenden) auch eine Differenzierung zur Folge: Vom Sänger hebt sich nun der „Musicus" ab, der mit der Bearbeitung des Aussprechens die Situation aus theologischer Einsicht bearbeitet.

Ein Regeln des „Aussprechens" göttlichen Textes in „himmlischer" Weise
- als eine sinnliche Vergegenwärtigung eines vorausgesetzt Erklingenden (einer *Musica mundana*)
- im Rahmen einer sich als Teil umfassender (= gleichzeitig himmlischer und irdischer) Liturgie verstehenden Gottesdienstes,
- in einem als Versinnlichung eines himmlischen Jerusalems entworfenen Innenraum (Kathedrale),

ein solches „Aussprechen" stellt das *Organum* dar, besonders das zweistimmige *Notre-Dame-Organum* des *Magnus Liber*, das Organum Leonins und der Kathedrale Notre-Dame in Paris.

> „Singen" erscheint am Ende des 12. Jahrhunderts als ein Zur-klangsinnlichen-Erscheinung-Bringen eines per se göttlichen Textes in gleichsam „engelischer" Weise, durch Regelung eines gleichzeitig mehrfachen formelhaften „Aussprechens", das in seiner Gleichzeitigkeit die Struktur von Gottes Schöpfung vollzieht (und zur sinnlichen Auffassung bringt). Solches Singen „bearbeitet" die Situation Gottesdienst und damit gleichzeitig indirekt die (gesamtsinnliche) Teilhabe der Auserwählten an dieser: Der (Choral) Singende bringt sich selbst (aktiv!) als des Himmels (bzw. eines Vorscheins von ihm) teilhaftig zur Geltung.

3

Zum Organum Leonins verhält sich jenes die Zahl der „Aussprechenden" auf drei (und vier) steigernde Organum Perotins um und nach 1200 wie die Sonaten Beethovens zu denen Mozarts: Das scheinbar fast Gleiche impliziert einen prinzipiellen Wandel der Vorstellung von dem, was der Mensch tut, indem er das Erklingende erstellt. Denn hinter dem in nun *rhythmisierter* Formelhaftigkeit und in gleichsam *stehenden Klängen* organisierten „Aussprechen" steht bereits ein solches *eigenen* und *rhythmischen* Textes in der Motette. Die Basis bildet ein Klangvorrat, ein *Klanggerüst*, in das die Singenden ihr Singen einbringen. Das, was vorher die Regelung des Singens als eine Art Folge hervorbrachte, sozusagen eine klingende Struktur, wird nun als Voraussetzung der Vorstellung vom Singen vorausgedacht. Das Neue gründet sich in einer "Funktionalisierung" des Hergebrachten für ...

Die *Ars-antiqua-Motette* des 13. Jahrhunderts dokumentiert das Aneignen des Standes liturgischen Singens durch eine Gruppe von Intellektuellen im Dienste eines eher der Kaufmannschaft entwachsenden neuen gesellschaftsbestimmenden Adels im Rahmen der mittelalterlichen Stadt für seine mehr und mehr politisch definierten Situationen. Die Aneignung erfolgt möglicherweise aus einer eigenen, Jahrhunderte vorweglaufenden Prägung durch ein relativ ungeschichtliches Singen, den sog. *Trobador- und Trouvère-Gesang*.[1] Das motettische Singen, jetzt idealermaßen dreistimmig, bringt nicht mehr nur situationsbezogen Text – und zwar *eigenen* und *poetischen* Text – zur akustischen Wirklichkeit (im Rahmen von nun eher weltlichen „Handlungen"), sondern es versucht, das nach wie vor an der Idee einer Musica mundana orientierte Erklingende jetzt durch die *Organisation* der *Singenden* als gleichzeitig verschieden und selbst „Aussprechende" hindurch zu erstellen. Grundlage ist das Gerüst des perfekten Quint-Oktav-Klanges, *in* welchem die „Aussprechenden" agieren. Am Werk sind jetzt (im 13. und 14. Jahrhundert) Dichtermusiker, Intellektuelle, die ihr Selbstverständnis nicht mehr (in erster Linie) als Theologen begründen.

Das kennzeichnet das neue Selbstverständnis: daß das „Aussprechen" (= das Zur-akustischen-Wirklichkeit-Bringen) durch eine (anfangs wohl insgesamt) menschliche (= insgesamt *körperliche*) Aktivität der *Aussprechenden hindurch* geschieht. *Deren* Organisation als *einzelne*, folgerichtig oft verschieden Sprechende (→ *Mehrtextigkeit*, Mehrsprachigkeit der Motette), erfolgt jetzt auch *in der horizontalen Erstreckung* mehr und mehr gemäß den mittelalterlichen Auffassungen von Maß und Zahl und (darin folgerichtig) *in gegenseitiger Proportionierung*. (Das Maß solcher Durchorganisation und gegenseitigen Proportionierung bezeichnet der Begriff *subtilitas*).[2]

Das beginnende *stimmliche Organisieren* des „*Aussprechens" eigenen poetischen Textes* (vor allem im Frankreich des 13. Jahrhunderts), nun als eine vergleichsweise eigene körperliche Aktivität des Menschen, schlägt sich als *Vorbild* und *Motivation* für eine „eigene" Art und Weise solchen Aussprechens auch in den angrenzenden Ländern Italien und England nieder, *das implizit eigene Traditionen aktiviert*. Gemäß eigenen Traditionen gelangt in solchem Singen in England eine eher klangliche und in Italien eine vor allem horizontal-melische Komponente des Aussprechens zur Geltung. (Das Maß für das besondere Melische bezeichnet der Begriff *dulcedo*). Dies geschieht besonders im Bereich eines auch instrumental bereicherten Singens als Teilhabe an einer semiprivaten Situation des Stadtadels[3],

---

[1] Beachte: Trouvère-Gesang als „Singen" des Dichters oder des Intellektuellen im Dienste des Adeligen können wir parallel dem „Singen" des Musicus im Dienste der den Staat repräsentierenden Vertreter der Kirche auffassen. Nun aber stehen diese Dichter im Dienste jener, die mehr und mehr den sich neben Kirche etablierenden (und diese umfassenden) Staat repräsentieren.

[2] Die Organisation des stimmlichen Aussprechens erfolgt stets weiterhin auf einen Choralausschnitt bezogen. Darin ist auch ersichtlich, daß immer noch die Vorstellung eines vorausgesetzt Erklingenden, einer Musica mundana, eine Rolle spielt. Doch wird die Auswahl der Choralausschnitte immer offener gehandhabt.

[3] Vgl. zu solcher Situation z. B. G. Boccaccio, *Das Decameron*, Rahmenhandlung.

Musikgeschichte als konsequenter Gedankengang

das zum Bestandteil der eigenen Lebenshaltung und -führung der an der Situation (= an der „Handlung") Teilhabenden wird (→ Kantilenensatz, Trecentomadrigal).

Die sich anbahnende standesbezogene *Beziehung* der an der Situation Beteiligten, in erster Linie zur Situation selbst (→ Entwicklung eigener Identität), schlägt sich mehr und mehr auch in der *Art und Weise* nieder, in der ein „eigener" Text zur erklingenden Wirklichkeit gebracht wird. Charakteristisch erscheint mir eine Art *standesbezogene Mitbestimmung der Situation*, repräsentiert in der besonderen Weise des „Textaussprechens" in ihr. Diese geschieht durch den beauftragten Musiker; er macht gewissermaßen seinen Herrn aussprechen. Die herausgehobene Weise bestimmt das im 15. Jahrhundert an einigen besonderen Zentren (der Macht) entstehende *höfische* Singen, vor allem am burgundischen Hof (→ Dufay), aber auch am französischen Hof, an den großen und mächtigen Höfen in Norditalien, schließlich auch am päpstlichen Hof und am Kaiserhof (der beginnenden Habsburger-Dynastie).

Das „Aussprechen" als organisiertes Tätigsein der Sänger entwickelt „sich" immer mehr zum Bestandteil eines eigenen selbstbestimmten Daseins (an diesen Höfen). Es bezieht mehr und mehr alle festlichen Lebenssituationen ein: Tafel, Fest und Feierlichkeit; zu diesen gehört nun als höfische Situation auch der „eigene" Gottesdienst, die Messfeier und sonstige gottesdienstliche Handlungen in der *eigenen* Kapelle (→ Messe[1], Motette). Gleichzeitig wird solches „Aussprechen" immer mehr nach Regeln organisiert (= bearbeitet), die der Mensch sich (in Interpretation von Zahl und Maß) selbst setzt. Das, was die Singenden klanglich vollziehen, nimmt sich im Laufe des 15. Jahrhunderts dabei mehr und mehr der (Struktur von) *Sprache als gesprochener* selbst an; jeder Satz wird in einmaliger klanglicher Eigenartigkeit „ausgesprochen". Dabei wird nach und nach jeder Tonschritt eines „Aussprechenden" in Bezogenheit zum „Schreiten" der anderen Aussprechenden durch den Menschen (und nicht mehr primär durch theologische Einsicht) kalkuliert bestimmt; eine entsprechende Lehre des Organisierens mehrerer zu gleicher Zeit verschieden einen Text Aussprechender formuliert die Lehre vom *Kontrapunkt*. Das Erklingende wird dabei in allen Stimmen und damit als gesamtes „Corpus" selbst sprachähnlich.[2]

Das Ergebnis der Entwicklung des 15. Jahrhunderts bildet eine auf die *stimmliche* (= entkörperlichte?) Aktivität als *ein spezifisch menschliches Singen* bezogene Weise, Text in scheinbar idealer Objektivität „auszusprechen", d. h. dadurch *in die Situation zu stellen*, daß die klangliche Komponente sich selbst sprachähnlich verhält und tendenziell (der Generation um und nach 1500) als sie selbst denkbar und als etwas für sich erscheint, quasi eigenartig mit *diesem* Akt des Ausspre-

---

[1] - jetzt eben mehr und mehr als *ordinarium missae*, d. h. als „höfisches" Singen jener Teile der Messe, die die nichtgeistlichen Teilhabenden am Gottesdienst repräsentieren, in der ihnen entsprechenden Art des Singens!

[2] Beachte: Gerade die einmalige Bezogenheit des „Aussprechens" eines Textes verleiht dem klanglichen Ergebnis in jeder Stimme eine eigene Gestaltqualität, erhebt es und diese tendenziell zu „etwas" für sich, neben dem gesprochenen Text. Darin ist die Uminterpretation des 16. Jahrhunderts angelegt; vgl. u.

chens verbunden; zu diesem Aussprechen gehört der das menschliche Singen in allen Stimmlagen gleichberechtigt einbeziehende vierstimmige Vokalsatz.

Mit dieser *Wirklichkeit menschlichen Singens* korrespondiert eine Weise des (ebenfalls besonders im 15. Jahrhundert sich entwickelnden) *Aufmerksamseins für es* (→ Tinctoris). Ich betrachte diese Weise des Singens (wie sie einer *Motette* von *Josquin* entspricht) als Vollendung des Mittelalters: als Vollendung eines ideal (einzel-)stimmlichen Organisierens des Aussprechens eines situationsbezogenen Textes innerhalb eines Gefüges durchrationalisierter Beziehung der Singenden zueinander (Kontrapunkt), bei gleichzeitiger Erfüllung eines Ideals des Wohlklangs.

> *„Aussprechen" von Text hat das Format eines gewissermaßen idealen menschlichen Singens angenommen; es konstituiert sich (noch) als stimmliches Organisieren eines klangsinnlichen In-Erscheinung-Bringens eines tendenziell selbstbestimmten Textes in einer spezifisch menschlichen, „schönen" Weise, die gerade aufgrund der einmaligen Bezogenheit zu einem Sprechen „dieses" Textes(!) neben diesem als sie selbst in Erscheinung zu treten beginnt. Solches Singen schafft und repräsentiert die höfische Situation als eine standesgemäß „eigene", als eine selbstbestimmte; es stiftet (gleichsam noch indirekt!) eigene kulturelle Identität.*

4

Die Zeit nach 1500 ist geprägt von der Verallgemeinerung der „höfischen" Situation. Überall, wo personale Kontinuität die Entwicklung einer höfischen Identität fördert, entstehen im 16. Jahrhundert Hofmusikkollegien, die als *Partes pro toto* das jeweilige eigene höfische Dasein gestalten. Diese Kollegien gehen mit dem vom Mittelalter entwickelten Singen aus einem neuen Bewußtsein heraus um: Schön ist nicht mehr, was „göttlich" (= nach Maß und Zahl) *richtig* und in Regeln gefaßt ist, sondern richtig ist, was „göttlich" und d. h. (nach vom Menschen als ideal interpretierten Gesetzen) schön ist.

Auch jetzt wieder ereignet sich das Neue als Folge der Uminterpretation des Erreichten: Die klangliche Komponente des Singens, nun (auch) als sie selbst wahrgenommen, erscheint als im Dienste des Aussprechens *eingesetzt, gehandhabt*. In solchem *Funktionalisieren*, in solchem ‚In-den-Dienst-Nehmen des Klanglichen für', schlägt sich die besondere Fähigkeit des Komponisten als Musiker nieder. Mit ihm korrespondiert das Wahrnehmen des musikalisch Ganzen als eigene klangliche Körperlichkeit (als Selbst-Erklingendes) neben dem Sprechen als musikalischer „Satz": Nicht die (noch) realen Stimmen bringen als so entworfene und aufeinander bezogenes körperliches Tätigsein das Erklingende fortschreitend „erst" zuwege, sondern nun wird man fähig, den Satz als quasi musikalischkörperliches Fortschreiten zu denken, zu entwerfen, zu entwerfen in seinen Teilen, den „Stimmen".[1]

Singen als Hinstellen geschieht dabei nun mehr und mehr als „Selbstsagen", als *Meinen* eines Textes; darin steckt ein Stück Emanzipation, denn sowohl die Singenden als auch die nicht-singend an der Situation Teilhabenden beginnen jetzt, ihre (textbezogene!) Teilhabe selbst *reflexiv* mitzuvollziehen.[2] Das Selbst-/ Mit-„Meinen" eines Textes bereitet der Komponist im *Entwurf der Weise des Singens* als Affekt der Sprechenden bzw. als rhetorischen Akt des Sprechens (→ *Musica poetica*) vor. Er entwickelt sich zum Typ des intellektuellen *Musikers*, der solchartige Komposition als eine „Wissenschaft" (scientia) betreibt. Er entwirft und koordiniert sie (ab dem 17. Jahrhundert vom Generalbaß aus).

Die „*Instrumentalisierung" des Singens für* (das meinende Sprechen eines Textes) korrespondiert mit dem Beginn einer ernsthaften *Instrumentalmusik*, also eines instrumentalen Spielens, das sich vor allem als „Absetzen" des Singens auf einem Instrument (→ Laute, Gambe, Cembalo, Orgel, homogene und „broken" Ensembles) entwickelt. Singen und Spielen erscheinen so jetzt mehr und mehr als eine menschliche, vergleichsweise *inhaltliche* Teilhabe an der Situation (= an der eigenen höfischen und dann auch – im Zusammenhang Gottesdienst – an der eigenen stadtbürgerlichen Daseinssituation), die [= die Teilhabe!] als sie selbst bearbeitbar wird.[3] *Instrumentales Spielen* (z. B. als Orgelspielen; vgl. Choralbearbeitung und -variation) kann das Singen als ein eigenes, meinendes mehr und mehr vertreten.

Dazu dient nun das vorgängliche *Vorausdenken* dessen, was die Stimmen als Ergebnis zuwegebringen, wenn sie wie das Erklingende erstellen. Folgerichtig entsteht jetzt der Begriff „Stimme" für den Bestandteil des Erklingenden selbst. „Komponieren" bedeutet jetzt, *sich und andere singen (und fortschreitend spielen) zu machen*; es wird zum unmittelbaren *Entwerfen (von klanglicher Komponente) musikalischen Tätigseins*, tendenziell *in toto*. Wesentlicher Bestandteil solchen Vorausdenkens darin ist das *akkordische Bewußtsein*, das sich vom 16. Jahrhundert an bildet.

Komposition als solchartiger Entwurf kann dann auch für andere in gleicher Situation bereitgestellt werden; der jetzt aufkommende *Notendruck* macht ihn auf entsprechende Situationen von vornherein übertragbar. Aber: Gedruckt wird prinzipiell *nach* dem Vollzug des eigenen Tätigseins! Und: Gedruckt wird in

---

[1] Die einzelne „Stimme" ist dabei, mehr Bedeutung aus ihrem Verhältnis als Stimme im Ganzen zu ziehen, als aus ihrer Funktion als Textaussprechen: Sie tritt als musikalische Komponente des „Satzes" in den Vordergrund. Folgerichtig wechselt der Begriff sein Bezeichnetes: Nicht mehr als Teil des Menschen fungiert er, sondern als Teil der (neuzeitlich gesprochen) Komposition.

[2] Solches „Meinen" muß nicht real sich vollziehen; es ist eher als eine beginnende Selbst-Repräsentanz zu sehen, die im Laufe der nächsten drei Jahrhunderte sich verpersönlicht, individualisiert.

[3] Um es nochmals zu verdeutlichen: Das 15. Jahrhundert bearbeitet (noch) die Situation als Daseinssituation durch Organisieren des immer schöneren „Aussprechens" (= Singens) eines zur Situation gehörenden Textes, was die Situation immer mehr zu einer „eigenen" erhebt ... ; jetzt aber entwirft der Komponist das „Aussprechen" selbst *als Form der Teilhabe an der Situation*; der höfische Mensch verwirklicht *sich* (standesgemäß, nicht individuell!) im Selbst-Sprechen und vor allem Selbst-Meinen, welches die *Cappelle* oder *Kantorei* stellvertretend für Hof oder Gemeinde vollzieht.

„Stimmbüchern", also unmittelbar für das Tätigsein; es gibt im 16. Jahrhundert noch keine Partituren!

Auch hier dokumentiert sich die Entstehung des neuen Selbstverständnisses als (doppelte) Aneignung überkommenen (motettischen) Singens auf der Basis einer offensichtlich eigenen liedhaften Prägung (→ Frottola) innerhalb einer neuen „Gattung", im *Madrigal*. In ihm erfolgt nicht nur die Aneignung motettischen Singens, sondern das Madrigal wirkt (ähnlich wie 300 Jahre vorher die Ars-antiqua-Mottete) als *Vorbild* und *Motivation eigenen Singens* für das späte 16. und für das 17. Jahrhundert in den Landschaften Europas (→ Kantate, Geistliches Konzert, Anthem).

Und dies auch in Italien selbst. Dort, wo Singen zum „gemeinten" Vollzug des Sprechens tendiert, wo also nicht mehr nur ein Text zur erklingenden Wirklichkeit gebracht wird, sondern wo er als ein von einem Menschen selbst gesprochener und vollzogener und darin gemeinter erscheint, dort liegt das Umschlagen in das „Aussprechen" des *einzelnen* Menschen, sprich: das *Umschlagen in das solistische Singen* (und folgend solistische Spielen) auf der Basis einer den *akkordischen Vorgang* grundierenden *Baßstimme* (→ Generalbaß), nahe.

Singen als *vom Menschen gemeintes, als den Menschen repräsentierendes* Vollziehen eines/dieses Textes nimmt als solches im Laufe des 17. und 18. Jahrhunderts immer mehr eine (vom Komponisten gerade im 18. Jahrhundert immer mehr verantwortete) eigene einmalige Weise an; es wird *substantiell*. Solche *Substanziierung* (= Entstehen von musikalisch fester, thematischer Kontur) beginnt vielleicht schon mit der *Durchimitation* des 16. Jahrhunderts. Im 17. Jahrhundert entstehen im Zusammenhang damit *Typisierungen* des Tätigseins, die von adjektivischer Verdeutlichung menschlichen Verhaltens sich herleiten (→ z. B. *Allegro, Andante*); gleichzeitig verfestigen Menschen *ihr* Tätigsein innerhalb sich wiederholender Situationen in typischen Verläufen (in sog. *Gattungen*). Solche Wandlung zu formaler und substantieller Verfestigung im Zusammenhang mit der Standardisierung von Situationen ist im 17. Jahrhundert an *Kantate* und *Geistlichem Konzert*, aber auch an der *Triosonate* greifbar.[1] Sie führt von sich aus zur Instrumentalmusik; und sie mündet im 18. Jahrhundert in die thematische Struktur und Form von *(Da-Capo-)Arie* und *Sonate*.

Das im und mit dem Singen oder Spielen (als Zur-klingenden-Wirklichkeit-Bringen von Text oder sprachlich Formulierbarem) Gemeinte geht mehr und mehr auf die klangliche Komponente selbst über. Da solches Meinen gerade auch die betrifft, die nicht-singend (die also nach unserem heutigen Verständnis scheinbar aufneh-

---

[1] Dort, wo Menschen solche Substanziierung erstellen, liegt es nahe, daß verschiedene Menschen (in verschiedenen Regionen) *ihr* Tätigsein in vergleichbaren Situationen zeitgemäß in vergleichbarer Weise bearbeiten, dabei aber doch zu unterschiedlichen Festlegungen und Benennungen kommen. Die Geschichte jener Singen und Spielen im 18. Jahrhundert kennzeichnenden Gattungen (wie *Oper, Kantate*, aber auch *Präludium* und *Fuge* u. a.) ist denn auch gekennzeichnet von einer Begriffs- und Erscheinungsvielfalt im 17. Jahrhundert, in der sich eben noch die Unmittelbarkeit des Bezeichnens *eigenen* Tätigseins niederschlägt.

mend) an der Situation beteiligt sind, die sich in *ihrem* Dasein darin (= im Erklingenden) repräsentiert finden, gerät die klangliche Komponente immer mehr *selbst* zum *Repräsentanten der an der Situation Beteiligten*[1]; deren Meinen wird immer allgemeiner zum *Geschmack*. (Die Komponisten werden damit, „einerseits", implizit immer mehr zu jenen Nur-Bediensteten, die solches quasi handwerklich herstellen ...[2])

Mit der wachsenden Repräsentanzfunktion des Singens und Spielens im Zusammenhang steht die Tendenz zur Vereinheitlichung der einen Situation durch *Zyklusbildung* (vor allem seit dem 17. Jahrhundert), wie wir sie prototypisch in der *Oper* als Vereinheitlichung höfischen Festes über *eine, das Thema* des Festes bearbeitende Handlung, aber auch in der Suite, im Concerto und in der Kirchenkantate, schließlich in der Sonate ausmachen.

Das Meinen dessen, „was" der Mensch singt, läßt diesen nicht unbeeinflußt. Gerade die Substanziierung des Singens und Spielens bildet die Voraussetzung dafür, daß der *aufgeklärte* Mensch als Bürger (besonders gleichsam am Rande höfischer Gesellschaft) beginnt, sich immer mehr *persönlich* (tendenziell als *bürgerliches Individuum*) in das Tätigsein einzubringen resp. sich in dessen Substanz repräsentiert zu finden, und daß er gleichzeitig beginnt, dieses aus den herkömmlichen Institutionen zu lösen, um sich selbst neue, eigene Situationen zu schaffen.[3]

---

[1] Beachte nochmals: Komponieren versteht sich (= verstehe ich) zwischen 1500 und 1800 als sich und andere Singen- und fortschreitend mehr Spielen-Machen im Rahmen einer institutionell definierten Situation. Singen und Spielen geschieht dabei im vergleichsweise aktiven Interesse auch derer, die nicht-singend oder -spielend an der Situation beteiligt sind. Auch eine Bach-Kantate dokumentiert das Singen einer Kantorei, die als pars pro toto, also als Teil der *gesamten Gemeinde*, beiträgt, was sozusagen alle in ihr *sagen* und tendenziell mit-*meinen*. Solches Mit-Meinen ist es, was fortschreitend mehr über die besondere klangliche Komponente des Erklingenden und entsprechend über die Aufmerksamkeit der an der Situation Beteiligten tritt. (Mit dieser Auffassung trete ich der gängigen Auffassung einer Kantate als einer „Predigt in Tönen" entgegen, gemäß der wir Gottesdienst dann fast eine Art Konzertsituation des 20. Jahrhunderts zu unterstellen hätten, in der die Gemeinde gleichsam als „Publikum" fungierte und das auffaßte, was der Komponist vermeintlich „sagt"... Musik stellt auch hier nicht Mitteilung dar! Doch begründen sich die unterschiedlichen Auffassungen auch in der Definition dessen, was „Predigt" zeitgemäß ist resp. erst im 19. Jahrhundert wurde.)
Man kann sich solche Repräsentanz des eigenen In-der-Welt-Seins in der Instrumentalmusik recht gut an der französischen Suite klarmachen, vor allem an deren Ouvertüre, die, ebenso wie das Treppenhaus im barocken Palais, das standesgemäße Sich-Geben innerhalb der Eröffnung einer Handlung („Einziehen") vergegenwärtigt.

[2] Zu einem möglichen „andersseits": Das Verhältnis zwischen Komponist und Fürst stellt sich als ein spannender Wandel dar, von Lasso, der das in der klanglichen Komponente zu „artikulieren" versteht, was sein Fürst in seinem Beten zu meinen für standesadäquat hält (und woraus eine enge Vertrauensstellung resultiert), bis zu Haydn, der mit seinen Symphonien kunsthandwerklich das herstellt, was sein Fürst zu seinem täglichen Leben braucht, in welchem er sich in seiner Bedeutsamkeit repräsentiert sehen will. Aufschlußreich sind hier auch die impliziten Rollenkonflikte bei C. Ph. E. Bach am preußischen Hof und beim späten Haydn, aber auch in der Divertimentomusik Mozarts, die auf ein „andersseits" verweisen, auf das neue Selbstbewußtsein des Komponisten als gleichberechtigter Teil einer neuen bürgerlichen Gesellschaft und auf instrumentales Spielen als Repräsentant des sich seiner und seines Handelns bewußten Individuums als Teil derselben!

[3] Natürlich schließt dies die Wandlung höfischer oder kirchlicher Situation zur latent bürgerlichen nicht aus, wie sie z. B. Händels Oratorien mit meinen; im Gegenteil. Gerade der „Aufgeklärte Absolutismus" beinhaltet Tendenzen der Verbürgerlichung. Nicht zuletzt auch die *opera buffa* bezeichnet eine solche Tendenz.

Als einen wesentlichen Schritt hin zu einem *persönlichen* Spielen betrachte ich J. S. Bachs Musik (→ *Wohltemperiertes Klavier*[1]); seine Söhne, vor allem C. Ph. E. Bach, schreiten in Richtung Individualisierung fort. Und in Mozart und Haydn nach ca. 1780 sehe ich die endgültige *Emanzipation der klanglichen Komponente im Singen und Spielen vom Akt des Aussprechens* im Dienste der puren Repräsentation des selbst handelnden bürgerlichen Menschen vollendet. Gleichzeitig erscheint „Musik", „Ergebnis" menschlichen Tätigseins, als etwas, das (scheinbar!) diesem auch vorausgeht, das selbst „ist". Zwar machen auch Mozart und Haydn noch sich und andere singen und spielen; ihr Komponieren versteht sich noch als unmittelbarer Entwurf von Tätigsein. Doch gleichzeitig erscheint das Erklingende als vollkommen substanziiert, als *musikalischer Gedankengang*, in welchem sich der aufgeklärte Mensch als handelndes Wesen im Rahmen der Situation der „bürgerlichen Begegnung" verwirklicht bzw. repräsentiert sieht. Die überlieferte Fähigkeit Mozarts, eine Komposition im Kopf gleichsam als Ganzes vor sich zu sehen, gehört zur Vollendung der Objektivierung des Tätigseins im „Werk" als „Satz" (im doppelten Sinn[2]).

Die Emanzipation des Erklingenden vom Akt des Sprechens (und der Situation von Hof und Kirche) gilt auch für sog. Vokalmusik, in der die Singstimme textsprechend (nur) das benennt, was musikalisch gedanklich scheinbar „sich" vollzieht.[3] Die neue Situation (für die es zeitgenössisch unterschiedliche Bezeichnungen gibt) nenne ich „Bürgerliche Begegnung".

> *Die Erstellung des Erklingenden geschieht am Ende des 18. Jahrhunderts innerhalb einer tendenziell selbstbestimmten Situation der „Bürgerlichen Begegnung" (→ Haydn, Mozart, nach 1781). Es geschieht als instrumentales Spielen; auch Singen erscheint in ihm aufgehoben. Solches Spielen gibt sich als klangsinnliches Zur-Erscheinung-Bringen eines textlich gefaßten bzw. gedanklich möglichen Handelns von Menschen, in einer spezifisch instrumentalen Weise (→ „Korrespondenz"), die als sie selbst sich als eigene Wirklichkeit, als eine Art selbst „räumliche" Erscheinung (scheinbar) neben den Menschen und neben sein unmittelbares Tätigsein stellt („Satz" als Satz = „Werk"). Solche Erstellung ist repräsentiert in der Sonate.*

Mit der Emanzipation des „Werks" vom Tätigsein als ein selbst gedachtes Ganzes korrespondiert das *Erreichen eines vergleichsweise neuzeitlichen Hörens*: Das Repräsentiertsein im musikalischen Gedankengang schließt dessen Wahrnehmung tendenziell ein. Keinesfalls ist eine solche zu interpretieren als ein Hören des „Werkes" als solchem. Zwar stiftet das Erklingende gewissermaßen die Begegnung; doch nehmen die Bürger an *dieser* teil, nicht am Erklingen; *Musik ist unter*

---

[1] Beachte: „Präludium" stellt schon vom Wort her einen Begriff für ein Tätigsein dar, für ein spielendes Einleiten einer Situation (z. B. Gottesdienst) aus einem Amt (z. B. des Organisten) heraus. Die Präludien des sog. *Wohltemperierten Klaviers* sind solchem Amt und solcher institutionellen Situation nicht mehr zuzuordnen.

[2] „Im doppelten Sinn" meint: zum einen Satz als „Stück" (z. B. als Satz einer Sonate) und zum andern Satz als quasi körperliche Gesamtheit des Gesetzten (z. B. als „obligater Satz").

[3] Vgl. z. B. G-Moll-Arie der Pamina in Mozarts *Zauberflöte* oder „Mit Würd und Hoheit angetan" in Haydns *Schöpfung*.

ihnen! In der nicht von einer überlieferten gesellschaftlichen Institution intendierten Begegnung bestätigt sich der bürgerliche Mensch in dem, was er selbst ist; das seinem ästhetischen Anspruch genügende Erklingende bestätigt ihn darin als selbst handelnden und denkenden; es transzendiert ihn in seinem So-Sein und lebensbezogenen Da-Sein.

Zu solcher bürgerlichen Gesellschaft gehört der *Komponist als Gleichberechtigter* dazu; er ist idealerweise Teil derselben. Diese verwirklicht sich in Ansätzen (innerhalb einer Adels- und Bürgerkultur) im Wien der 80-er und 90-er Jahre des 18. Jahrhunderts.

5

Die Zeit (um und) nach 1800, das 19. (und 20.) Jahrhundert also, ist geprägt zuerst von einer Verallgemeinerung und Institutionalisierung der Situation der *bürgerlichen Begegnung*.[1] „Konzert" und „Oper" stellen Veranstaltungen dar, die das Bürgertum sich selbst gibt, um sich in ihnen dessen zu vergewissern, was es selbst ist. In besonderer Weise dient dem die Begegnung in der „häuslichen" Sphäre, u. a. in der bürgerlichen Wohnung (→„Hausmusik"), im Freundeskreis (→ Schubert, Lied) oder im Salon (→ Chopin, Klavier- und Kammermusik).

Grundlage ist ein „staatstragendes" Selbstverständnis des Bürgers von sich und von einem eigenen Wert, das sich auf der Basis von (ökonomischen!) Besitz als Bildungsbesitz äußert und idealerweise in Kommunikation, im Sich-Begegnen und im Diskurs realisiert (→ Salons). Solche Begegnung, solchen *Diskurs über*, bearbeitet das Erklingende; es geht mit dem durch das 18. Jahrhundert erreichten Stand des Singens und Spielens aus einem neuen Bewußtsein heraus um. Nicht mehr der Gedankengang als solcher prägt das Spielen, sondern (zuerst: darin) ein *„Denken an"*; im Akt der Begegnung überhöht die Teilhabe an ihm durch das Erklingen dessen *ideelle* inhaltliche Substanz (→ Egmont, IX. Symphonie).

Verdeutlichen wir dies am Beispiel! Wenn Liszt eine „Faust-Symphonie" komponiert und *aufführt*, dann geschieht dies zum Zwecke des „Gedenkens an", etwa im Zusammenhang eines Goethe-Festakts. Zu diesem macht der Komponist einen Orchesterapparat in der gesellschaftlichen institutionalisierten Situation „Konzert" spielen, in der Weise, die *seinem* „Denken" an entspricht, die sich selbst als persönlicher Reflex auf die Hauptgestalten des „Faust" versteht; dies machen auch die Satzüberschriften kenntlich. Nun will und kann Liszt uns mit den drei Sätzen seiner Symphonie (*überschrieben* „Faust", „Gretchen", „Mephisto") nicht die Hauptgestalten des *Faust* „vermitteln"; dies kann Instrumentalmusik per se nicht. Doch besteht eine erste Voraussetzung für den Sinn der Begegnung im Konzert in der Fähigkeit des Künstlers, das *persönliche* „Denken an"

---

[1] Immerhin können wir in der Zeit bis 1830, etwa in den Lebensumständen Beethovens, Schuberts und Webers, noch unmittelbarere Formen solcher Begegnung ausmachen; vgl. etwa die sog. Schubertiaden.

in den Entwurf des Spielens und Singens (und damit des Hörens) gleichsam einzubringen über das eigene Betroffensein von ihm ...[1]

Eine zweite Voraussetzung ist jedoch ebenso wesentlich: Sie besteht darin, daß der an der Situation „Konzert" Teilhabende (also der „Hörer") selbst Goethe als einen Wert für sich ansieht, daß er gleichsam *Faust* besitzt, daß solches *Besitzen* (von Bildung) *Teil seiner bürgerlichen Identität* ist. Solches *Bewußtsein von* (den Hauptgestalten des „Faust"), das sich als ebenfalls *persönliches* „Denken an" realisiert, wird als Teilhabe an der Situation „Konzert" hier durch das Erklingende bearbeitet, sozusagen überhöht, im Erlebnis der Teilhabe an der Situation transzendiert (und d. h. zu einer die Beziehung zum Stoff übersteigenden Erfahrung gewandelt).

Die Bürgerliche Begegnung resp. das, was aus ihr im 19. Jahrhundert wurde, kennzeichnet also zweierlei: (1.) Im Mittelpunkt der Teilhabe steht *Hören*; aber (2.) der *Sinn der Teilhabe* ist nicht das Hören (des Werkes) per se, sondern das *Sich-Versichern (und Überhöhen) dessen in der Begegnung, was man als Bürger kraft seiner Bildung ist* oder kraft seiner immer mehr von Beruf und Rolle (statt Besitz) abhängigen gesellschaftlichen Geltung zu sein beansprucht. Hören hat – wie jedes musikalische Tätigsein – seinen Sinn „außerhalb", idealerweise hier im *Reflex* dessen, wer man *selbst* ist, in der *Selbstreflexion*.

Aus dem Beispiel wird deutlich, daß ein daraus entstehendes Erklingendes *gleichsam* „redet von". Solches „Reden von" schlägt sich zunächst in der Auflösung des „Gedankengangs" in *motivisch-thematische Arbeit* nieder. Die scheinbare Inhaltlichkeit bestimmt das Entworfene selbst schon tendenziell einerseits zu „etwas", zum Werk im ausdrücklichen Sinn (scheinbar vor und unabhängig von seinem Erklingen: → Titel), andererseits zum *sich vollziehenden, in Besonderheit prozeßhaften* (nichtsdestoweniger vorausgedachten) Erklingenden, das mehr und qualitativ etwas anderes ist, als die thematische Arbeit. Musik besteht mehr und mehr *als* Hören.

Deutlich wird auch, daß Komponieren und Hören als je persönliche Tätigkeiten sich voneinander zu emanzipieren beginnen; solche Tendenz wird im 20. Jahrhundert virulent.

Auch hier dokumentiert sich die Konstitution des neuen Selbstverständnisses, die wir in ihrer „auflösenden" Folge exemplarisch von Beethoven an wahrnehmen können, als Aneignung des überwundenen bürgerlichen (= sonatenhaften) Komponierens (auf der Basis möglicherweise einer vorausgehenden lied- und d. h. gestalthaften Prägung des Bürgers, die ihn fähig macht, thematisches Melos mitzuvollziehen[2]), innerhalb einer neuen Gattung: im *freien, poetischen Stück*. Nicht mehr generiert dieses sich als gedankliche Substanziierung des Tätigseins; das

---

[1] Um am Beispiel zu bleiben: Für Liszt rechnete Goethes *Faust* zu jenen Büchern, die er, seit Berlioz ihm dessen Kenntnis vermittelt hatte, stets, auch auf allen Reisen, mit sich führte.

[2] Im Zusammenhang der „Vorbereitung" solcher Fähigkeit nicht hoch genug einzuschätzen ist die Berliner Liederschule.

Musikgeschichte als konsequenter Gedankengang

„Denken an" schafft sich in der Arbeit *mit* den musikalischen Gedanken selbst einen *Prozeß eines „räumlichen" klanglichen Sich-Ereignens (vorläufig durch Arbeit mit motivischem Material)*, ermöglicht (realisiert) *durch* Tätigsein, vor allem durch immer virtuoseres Singen und Spielen.

Zum freien Stück gehören nicht nur das *lyrische Klavierstück* und die *Ouvertüre* samt der aus ihr erwachsenden *Symphonischen Dichtung* als wesentliche Exponenten, sondern auch das sog. *Kunstlied* (→ Schubert), in welchem das Erklingende sich im Dienste des „Denkens an" eines Textes ebenso annimmt, wie in der *großen Szene* der Oper. Gerade das freie Stück als Symphonische Dichtung und Oper vor allem, aber auch als lyrisches Klavierstück, wirkt als *Vorbild* und *Motivation* „eigenen" Spielens und Hörens in den Ländern Europas (→ Nationale Schulen). Und im 20. Jahrhundert eröffnet die daraus erwachsende Neue Musik eine internationale Musikkultur, in die sich alle Teile der Welt mit zwar eigener aber nicht „einer eigenen" Musik einzubringen vermögen. (Die Entwicklung setzt zu einer erneuten Vereinheitlichung des Komponierens im 21. Jahrhundert an, einer Vereinheitlichung, die nun die ganze Welt umfaßt.)

Wohin zielt die Entwicklung der Musik als Hören? Man kann das, was sich als Prozeß der Veränderung bis heute vollzogen hat, am besten verdeutlichen, wenn man einen *heutigen Stand des Selbstverständnisses* sich zu bestimmen sucht.

Im Mittelpunkt steht heute die *Situation des Mit-sich-Selbst-konfrontiert-Seins des Einzelnen*, die als Komponieren oder als Hören in tendenzieller *Unabhängigkeit* bearbeitet wird. Singen und Spielen erscheinen uns nicht mehr unmittelbar, nur noch als – nun freilich technisch ersetzbares – *Mittel*, den klanglichen Prozeß (meist medial) reproduzierbar werden zu lassen. Solcher Prozeß wiederum entsteht (auf der Seite des Komponisten) als individueller, das Material erforschender und definierender Problemlösungsversuch, *für sich* Erklingendes als klanglichen, in allem persönlich ausgelösten Prozeß zu denken und zu entwerfen. Dieser wendet sich – da die thematisch motivische Arbeit, die den klanglichen Prozeß einst (scheinbar) erstellte, gegenüber diesem immer mehr in den Hintergrund getreten ist – *scheinbar* immer *unmittelbarer* an das Hören, das seinerseits sich immer weitergehend einen *inneren Raum als einen Erlebnisraum* erschließt bzw. voraussetzt.[1] Die Tätigkeit des Hörens hat die selbstreflexive Tendenz des 19. und beginnenden 20. Jahrhunderts ausgeweitet zu einer *gleichsam räumlichen Tätigkeit inneren Sehens*, eines Sehens aber im Dienste eines Umgehens mit sich, in das über das Verwenden wieder tonaler Strukturen und das Zitieren, auch die eigene *Erfahrung und Erinnerung*, ja das Unbekannte und *Unbewußte* als subjektive zeitliche und räumliche Dimensionen Eingang gefunden haben.

Erklingendes in der Tradition sogenannter E-Musik tendiert heute in Richtung *Akustische Kunst*, welchen Begriff ich auch für jenes Erklingende angewendet wissen will, das sich nicht explizit so nennt. Es will und kann nicht „etwas" sein,

---

[1] ... „scheinbar" deshalb, weil in Wirklichkeit die Unabhängigkeit zwischen dem, „was" der Komponist entwirft und dem, „was" wir hören, nie größer als heute war. Tatsächlich können wir die Geschichte der Musik (zumindest) seit Josquin (ebenso) als eine Autonomisierung des Hörens betrachten.

auch nicht etwas *für sich* sein; das Erklingende hat Substanzialität (und damit die scheinbare „eigene" unmittelbare Inhaltlichkeit) überwunden, abgeschüttelt; es konstituiert im Subjekt eine nur ihm eigene „Welt". (Damit bestätigt sich die oben angesprochene Interpretation der motivisch-thematischen Arbeit des 19. Jahrhunderts als tendenzielle Auflösung des Gedankengangs zugunsten eines Bearbeitens des Ganzen selbst bzw. des klanglichen Prozesses unmittelbar.)

> *Die Erstellung des Erklingenden besteht heute einerseits im autonomen Denken individueller klanglicher Prozesse, ja „Welten", tendenziell unabhängig von deren Realisation; andererseits konkretisiert es sich wesentlich im/als Hören, das sich vom konkreten menschlichen Tätigsein als Singen oder Spielen (des anderen) gelöst hat, im Hören als ein Wahrnehmen eines inneren Erlebnisraumes, bearbeitet durch Töne und klangliche Ereignisse, in der Situation des Konfrontiertseins mit sich selbst. Es setzt Selbstinvestition voraus, Verfügung über sich, die das Erklingende mehr oder weniger unterstützend bearbeitet. Die Situation solchen Hörens stellt eine Form intellektueller Selbstverwirklichung dar.*[1]

6

Aus solchem Bestimmungsversuch sind die Wandlungstendenzen entsprechend benennbar. (Ich deute im folgenden einige kurz an.)

In der Fähigkeit resp. Dienstbarkeit des Künstlers, das, was der Bürger des 19. Jahrhunderts wesensgemäß zu sein sich denkt (von welcher Idealität er sich jedoch immer weiter entfernt!), in der gegenseitigen Begegnung zu transzendieren, gründet seine neue Rolle, aus der (bürgerlichen) Gesellschaft, der er angehört, mehr und mehr herauszutreten, ja ihr *gegenüberzutreten*, schließlich (im 20. Jahrhundert) ihr *entgegenzutreten*. (Er wird zum eigentlich philosophischen Musiker, dessen Denken der „Interpretation" bedarf.) Der Komponist fungiert immer mehr als Seismograph menschlicher und d. h. gesellschaftlicher Zuständlichkeit, der dem Bürger immer mehr Thematik und Inhaltlichkeit seiner Selbstreflexion *als seine eigene* von sich aus vorschlägt (→ Schönberg, George-Lieder op. 15), um gerade darin immer weniger wahrgenommen zu werden: Implizit entwirft er in seiner Autonomisierung die *Autonomie des Hörers* als Mitglied einer Gesellschaft autonomer Subjekte (→ Stockhausen[2]).

Die Teilhabe an der Situation als *Bearbeitung der eigenen Innerlichkeit als/durch Hören* geschieht im 19. Jahrhundert nicht nur durch die Arbeit mit dem *gedanklichen Material* selbst, sondern darin in besonderem Maße durch die per *Harmonik* und anwachsende *Klanglichkeit* erschlossene Gesamtheit des Erklingenden (→

---

[1] Ihr entkommen wir nicht, auch nicht, wenn wir – verkürzt gesagt – historische Musik hören. Nur: Wir sollten den Mut haben, dieses Hören (= unsere zeitgemäße Befindlichkeit) zu bejahen und dafür jenes andere, das „Bildungshören", in den Dienst zu nehmen.

[2] Vgl. Rundfunkinterview 1960; in: *Texte zur elektronischen und instrumentalen Musik, Bd. I*, Köln 1963, Einleitung (S. 11-13).

symphonischer „Strom", Klang-„Gebäude"). Alle drei, gedankliche Arbeit, Harmonik und anwachsende Klanglichkeit, erschließen einen *Geschehnisraum*, in den sich der hörend Teilhabende erlebnishaft mitgenommen, erhoben erfährt. (Gerade aber wenn das Erklingende (s)einen Zusammenhang über Gedankengang oder motivische Arbeit nicht mehr vermittelt, wie im 20. Jahrhundert, dann muß scheinbar umsomehr das Hören als eigene „Arbeit" solchen herstellen!)

Individualisierung als fortschreitendes Vertiefen des „Denkens an" (in Analogie des „Redens von") bringt (vor allem nach 1850) nicht nur eine Steigerung des Wirkungs- und Rezeptionsanspruchs (→ „nationale Musik", Wagners Festspielgedanke) mit sich, sondern auch eine Individualisierung der persönlichen „Sprache", die eine Rezeption in Gruppen parzelliert (→ Wagner contra Brahms; Schönberg: Verein für musikalische Privataufführungen; Nachtprogramme der Rundfunkanstalten nach 1950, Individualisierung der Kompositionstechnik, z. B. als Clusterkomposition u. ä.).

Im Zeichen zunehmender Individualisierung wächst dabei der Anspruch des Künstlers an sich und damit an die, die an der Situation teilhaben (→ Virtuosen, Ersetzen von Instrument und Spielen durch Elektronik), vor allem aber der Anspruch an die vergleichsweise hörend Teilhabenden, *sich in die Begegnung* (mit sich!) *einzubringen*, sich fortschreitend *selbstreflexiv* im Akt der Teilhabe zur Disposition zu stellen. Hören wird immer mehr zur Konzentration *scheinbar* auf das Erklingende (→ Dunkelheit im Saal, Dirigent wendet sich zum Orchester), d. h. eigentlich auf das, was die Teilhabe über sich hinaus bewirken soll. Das Erklingende seinerseits, das immer unmittelbarer das Hören zu bearbeiten scheint, sprengt den Gedankengang zugunsten eines immer intensiveren Arbeitens mit einer selbst immer weniger als fest erscheinenden motivisch-thematischen Substanz, welches diese immer mehr in den Hinter- resp. Untergrund rückt. Schon bei Debussy scheinen Themen nur noch als Relikte im klanglichen Prozeß; und in der Zwölftonmusik hat der Prozeß des Erklingens eine musikalisch-gedankliche Substanz in die untergründige Struktur abgedrängt. Ligetis Orchesterkomposition *Atmospheres* organisiert alle Einsätze derart, daß peinlichst vermieden wird, sie als das Beginnen von „etwas" wahrzunehmen.

Spielen und Singen werden immer mehr zum bloßen *Mittel*, das Erklingende als solches zu erstellen, um Hören zu ermöglichen. Spielfähigkeit ist relativ genau ab 1800 als sie selbst abstrakt denkbar und mittels der jetzt entstehenden *Etüde* erwerbbar. Ihrer bedient sich das Erklingende per se (das andererseits in concreto auch vom reproduzierenden Künstler Spielen als scheinbar immer versunkeneren selbstreflexiven Akt erfordert).[1] Spielen, das realiter im solistischen Konzertbetrieb wie im Orchester immer mehr zur entfremdeten Arbeit tendiert, wird nach 1955 schließlich zum Material des Erklingenden resp. zum Bestandteil des Kompositionsprozesses selbst, über das/den der Komponist verfügt: Mauricio Kagels „Szenische Komposition STAATSTHEATER" ist keine Komposition *für* die

---

[1] ... woraus die Vorstellung einer vermeintlichen unmittelbaren Kommunikation zwischen Spielenden und Hörenden sich ableitet.

Szene, sondern *mittels* der Bühne und aller Aktionäre, über die ein Theater heute verfügt.

Das Mitgenommensein gleichsam durch das Erklingende richtet sich damit immer mehr an den Einzelnen. Mahlers Symphonien „reden" unausgesetzt von den letzten Dingen; und Weberns „Gesten" sind nur noch als persönliche Empfindung rezipierbar. Sie bringen keine bürgerliche Idee mehr, höchstens „Ausdruck" als Idee eines Allerindividuellsten, auf den Begriff. Solcher *Vereinsamung* entspricht quasi andererseits die Auflösung des Rahmens bürgerlicher Begegnung. Nachträglich erscheint es keineswegs als Zufall, daß Mahlers den Rahmen des Konzerts sprengende Symphonik mit der *Erfindung der Schallplatte* zusammenfällt. In dem Moment, in dem das Erklingende als *sich* vollziehender Prozeß per se (d. h. ohne Vermittlung einer motivisch-thematischen Oberfläche) endgültig scheinbar in den Vordergrund tritt, erscheint die medial vermittelte Begegnung, „nur" mit (= *in*) ihm, als die adäquate Situation. Solche könnte auch der Rundfunk leisten. Dabei schließt die Entwicklung hin zur Materialerweiterung vor allem nach 1945, hin auch zur sog. „offenen Form", möglicherweise eine tendenzielle Umkehrung des Verhältnisses von Einzelheit und Ganzem ein: Einzelne Entscheidungen resp. Wahrnehmungen werden zur Funktion eines Gesamten.

Komponieren wird seit 1800 zum immer „umfassenderen" Akt; es setzt heute immer weiter „zurück", nicht nur an der Herrichtung des Materials, sondern an dessen Erforschung (→ „Klangforschung") an. In ähnlicher Weise verfährt Hören als Identifizieren von klanglichen Ereignissen als „Musik". Während Faßlichkeit und Zusammenhang[1] des Erklingenden immer mehr zu gedachten Kriterien des Komponierens als Problemlösung werden, die sich dem Hören nicht mehr mitteilen, zeichnet anderseits die Situation des Hörers heute aus, daß dieser im Erfassen und in der Bildung von musikalischem Zusammenhang autonom zu verfahren hat; er erstellt die „Musik" als Hören.

Die Konstellation, aktuelle sog. E-Musik betreffend, scheint deshalb so undurchsichtig, weil wir immer noch einen Überschneidungsbereich der Intentionalität unterstellen, den es kaum mehr gibt:
- Der Komponist komponiert nicht nur mit Tönen, nicht nur mittels des Handelns, der Phantasie ... der sog. Interpreten, sondern *scheinbar* tendenziell auch mit der Phantasie, ja Intention des Hörens, letztlich aber seines Hörens.
- Der Hörer hört nicht nur Töne, er „sieht" nicht nur „Musik", sondern er ist auch tendenziell frei, Intentionalität zu unterstellen, zu erfinden, also scheinbar sich das zu schaffen, was der Komponist „gemeint" hat; doch schafft er letztlich nur die Intention seines Hörens, die Intention seines Umgehens mit dem, wer er kraft seiner persönlichen geistigen, ja psychischen Disposition selbst „ist".

In solchem Überkreuzungsbereich des gegenseitigen *Sich-Bemächtigens* scheint mir der Hörer alleingelassen. Medien und Musikpädagogik betreiben einseitig das

---

[1] Vgl. A. Webern, Der Weg zur Neuen Musik ... , hrsg. v. W. Reich, Wien 1960.

Geschäft einer Musik als Gegenstand und damit implizit das der Komponisten; sie fühlen sich verpflichtet, Hören auf ein *angeblich Gemeintes* auszurichten. Eine Vermittlung eines *Hörens aber im Interesse des Hörers*, eines tendenziell autonomen Hörens, ist bisher wenig angedacht ...

Der Anspruch, der Teilhabe an der Situation im wachsendem Maße *selbst* und *eigenverantwortlich*, gleichsam alleingelassen von einer noch gemeinsamen bürgerlichen Überzeugung, Sinn darin zumessen zu müssen, daß „Ich" selbst mich in und mit meiner Innerlichkeit zur Disposition des selbstreflexiven Aktes stelle, den das Erklingende bearbeitet (was einerseits stets neu mich verunsichert, in Frage stellt, Anstrengung erfordert, was andererseits auch die Entscheidung erstens der eigenen Wahl, zweitens der Abwahl, also des Abschaltens beinhaltet), hat im 20. Jahrhundert zu einem breiten Zurückweisen solchen Anspruchs durch das „Publikum" geführt.[1] Der Großteil des *Musiklebens* wird bestimmt durch eine an historischer Musik orientierte spätbürgerliche musikalische Kunstideologie, die das Augenmerk von sich selbst weg und auf den angeblichen Inhalt des Werkes (inkl. seiner Machart und der äußeren Brillanz des Tätigseins seiner Reproduktion) hinlenkt, um darin, in der Rezeption des angenommenen Wertes des überkommenen Erbes, quasi bürgerliche Überzeugung und Gemeinschaft aufrechtzuerhalten. Der Sinn musikalischen Tätigseins wird ihm selbst und seinem gemeinschaftlichen Vollzug unterstellt; als sei das Werk per se dazu da, (gemeinschaftlich ritualisiertes) Hören zu initiieren.[2] Statt dem Hören einen auf den Hörenden bezogenen Sinn zu erschließen, wird eben dieser tautologisch rückbezogen auf das Werk selbst: Das Hören habe das Erklingende selbst wahrzunehmen. Konzert wird selbst als Bildungsgelegenheit interpretiert.[3]

Solch spätbürgerlicher Ideologie verdanken wir *Musik als Schulfach* (→ Kestenberg). Alles spricht dafür, daß das spätbürgerlich ideologisch bestimmte Musikleben seinem Ende zugeht (→ Theatersterben; Subventionskürzungen). Damit ist auch schulischer Musikunterricht in Frage gestellt und aufgerufen, sich neu und überhaupt zu legitimieren. Prinzipiell könnte Unterricht dazu da sein, zu lernen, dem eigenen Verfügen über Musik als Erklingendes, und d. h. als eigenes Tätigsein (= Singen, Spielen und schließlich Hören), einen eigenen, selbst verantworteten Sinn zuzumessen, der in ein zeitgemäßer Musik adäquates Hören mündet – freilich notwendigerweise wohl erst in einem tertiären bzw. quartären Bildungsalter.

Ob *E-Musik* insgesamt am Ende ist? Sie stellt naturgemäß einen Tätigkeitsbereich einer schmalen intellektuell bestimmten Gruppe jener dar, für die Aufklärung

---

[1] Beachte: „Publikum" ist eine historische (und damit vorübergehende) Verhaltensform; vgl. G. Kleinen, *Zur Psychologie musikalischen Verhaltens*, Frankfurt/M. 1975, S. 11 ff.
[2] Auch darin hat „Konzert" gewissermaßen sich parallel dem Gottesdienst der Kirchen verhalten, den es im 19. Jahrhundert partiell ersetzte.
[3] ... resp. als Ort, wo musikalische Bildung als bürgerliche Tugend sich auszuweisen hat, was ein zeitgemäßes angstfreies Hören verhindert.

nicht a priori gescheitert, sondern überwunden ist. Als solche wird sie, als eine zeitadäquate Weise, *sich* hörend wahrzunehmen und zu verwirklichen, fortgesetzt werden; und als solche wird sie in dieser Gruppe auch alles andere musikalische Tätigsein bestimmen. Zu solchem Tätigsein gehört wohl einerseits eine (aber von wem initiierte, da ökonomisch nicht einträgliche?) Entwicklung im medialen und technischen Bereich, die die Eigenverantwortlichkeit realisierbar machte (→ Stichwort: Verfügbarkeit *aller* möglichen „Musik").[1] Zu solchem Tätigsein gehörte aber andererseits, dem Verfügen Sinn zu erschließen: persönlichen Sinn. Vielleicht ergänzen wir ein drittes: Im Moment scheint mir kein Weg vorstellbar, über die mediale Einsamkeit im Hören hinauszukommen.

Nicht ganz klar ist mir, welche Rolle Massenmusik dabei spielt. Ich neige dazu, sie, die ja eigene und eigenartige (nicht-artifizielle) Weisen des Singens und Spielens entwickelt hat bzw. benützt, als jenen vorauslaufenden liedhaften Prägungsstrang der Massen anzusehen, auf dessen Basis (in etwa 100 Jahren) eine neue Aneignung des dann erreichten Standes der sogenannten E-Musik stattfinden könnte. Diese wird sicher nicht mehr unmittelbar durch Menschen „erstellt" werden: Auch Hören wird möglicherweise nur noch als ein inneres (→ Fühlen, Denken?) stattfinden, ausgelöst durch nicht mehr (nur) unmittelbar akustische Reize(?) ...

*

Der Gedankengang stellt einerseits eine Zusammenfassung dar, aber eine Zusammenfassung einer Entwicklung der Musik als Tätigkeit zu einem „menschlichen" Singen, zu einem instrumentalen Spielen und schließlich zu einem Hören hin.

---

[1] Es gibt heute z. B. Archive, die Spartierungen alter Musik sammeln, für die das ökonomische Interesse fehlt, sie per Druck zu veröffentlichen, um sie dann per Aufnahme und Aufführung zu realisieren, um sie schließlich als CD zu produzieren und zu handeln, und zuletzt, um sie zu kaufen und zuhause zu spielen. Was für ein umständliches Verfahren! Es ist abzusehen, daß es Maschinen geben wird, die solche Spartierungen lesen oder bereits gelesen haben und sie auf Abruf in adäquates Erklingen umsetzten (→ Internet).

Musikgeschichte als konsequenter Gedankengang

Epoche	Wandlungstendenz von – bis	Tendenz zur Situation
7. bis 9. Jahrhundert	*Vom Systematisieren des liturgischen „Aussprechens" mit der Singstimme* ↓ *zum auch tonräumlich festgelegten „Aussprechen" als „göttlicher" (= Gregorianischer) Gesang*	↓ I d e n t i f i z i e r e n der Situation „Gottesdienst" als eine Daseins-Situation Auserwählter
10. bis 12. Jahrhundert	*Vom „verstehenden" Aussprechen eines vorbefindlichen Textes* ↓ *zum Regeln zweifachen „Aussprechens" solchen Textes als Versinnlichung der Struktur von Gottes Schöpfung*	↓ B e a r b e i t e n der Situation „Gottesdienst" als Vorschein einer "jenseitigen" Situation
13. bis 15. Jahrhundert	*Vom Organisieren des stimmlichen Sich-Verhaltens in einem Klangraum* ↓ *zum stimmigen „menschlichen" S i n g e n als schönem und objektivem Hinstellen eines „eigenen" Textes in die Situation*	↓ M i t b e s t i m m e n einer „eigenen" diesseitigen (= höfischen) Situation innerhalb einer von Gott geordneten Welt
16. bis 18. Jahrhundert	*Vom Singen (und Spielen) als beginnendem „Selbst"-Vollziehen und -Meinen eines sprachlich zu Fassenden* ↓ *zum „musikalischen Gedankengang" im S p i e l e n als Repräsentanz des Denkens und Handelns des aufgeklärten Menschen innerhalb der bürgerlichen Gemeinschaft*	↓ S e l b s t r e p r ä s e n t a n z im Singen und Spielen innerhalb einer aus eigenem Willen vollzogenen Situation „Bürgerlicher Begegnung" („Akademie" → Konzert)
19. bis ? Jahrhundert	*Vom (Spielen und) Hören als „Denken an" im Dienste eines verbindenden Bewußtseins* ↓ *zum H ö r e n als Erschließen eines Hörraumes als eines eigenen Erlebnisraumes des Einzelnen*	↓ I n n e w e r d e n s e i n e r s e l b s t i m H ö r e n in der Situation medialen Mit-Sich-Seins (Einsamkeit) innerhalb einer (noch) von Ideologien bestimmten Welt

Solche Zusammenfassung versteht sich aber vor allem als Interpretation dessen, was Historische Musikwissenschaft uns als „die Musikgeschichte" vorstellt: Sie wird in-

terpretiert als eine Bewußtseins- und Mentalitätsentwicklung des europäischen Menschen vom 10. bis zum 20. Jahrhundert.

Die Interpretation bedarf freilich neben der Kenntnis von Fakten der beständigen Erfahrung mit Musik aller Epochen, zwar nicht unbedingt als Voraussetzung; doch realisiert sich der Zweck solchen Gedankengangs erst im täglichen Umgang mit Musik als eigenes Tätigsein: Was nützt eine Interpretation, wenn das Interpretierte nicht gegenwärtig ist?

Doch worin besteht der eigentliche Zweck dieses Gedankengangs, gerade aus der Perspektive von Musikpädagogen?

Der Zweck ist zuerst, einer einzelnen Musik von vornherein nicht fremd gegenüberzustehen, sondern sich von ihr plausibel zu machen, als was sie (eigentlich) auf der Welt ist. Erst so (und d. h. als zeitgemäß begründetes menschliches Tätigsein) ist Musik in den großen Zusammenhang einer Menschen-geschichte, einer Kultur-, Sozial- und Geistesgeschichte einordenbar.

Nur eine solche Geschichte trägt zum Selbstverstehen bei: Indem sie den Menschen heute, den über sich verantwortet Verfügenden, als ein Ergebnis von geschichtlicher Wandlung und Entwicklung deutlich macht, nimmt sie auch die Angst vor der Zukunft und läßt eine spannende „positive" Spekulation zu.

Solches Selbstverstehen, auch als „musikalischer" Mensch, stellt die wesentliche Voraussetzung für uns als Musikpädagogen dar: In der Vorstellung vom zeitgenössisch handlungsfähigen Menschen zeichnet sich ein mögliches Ziel unseres pädagogischen Handelns ab. Dieses ist selbst „in der Musik" und d. h. in der Interpretation des Standes der Musikgeschichte als Geschichte menschlichen Tätigseins konstituiert. Wir müssen es nicht „hinzufügen".

Aber nicht nur dies. Denn als Weg, dieses zu erreichen, erschiene (mir) vorstellbar, in der Ontogenese die Phylogenese im Prinzip (und d. h. mit pädagogisch verantworteten Mitteln) zu wiederholen. Solcher Prozeß beinhaltet deshalb gerade nicht, Musikerziehung gleichsam automatisch als eine sukzessive Begegnung mit historischer Musik gem. abendländischer Entwicklung zu koppeln. Aber das Nachdenken über einen entwicklungslogischen Weg der Musikalisierung heutiger Subjekte setzt wohl voraus, die Entwicklung abendländischer „Musik" zu einem zeitgemäßen Tätigsein in ihrer Konsequenz begriffen zu haben.

III

Zum Analysieren – Erörterung und Beispiel
Die Arie der Pamina aus Mozarts Oper *Die Zauberflöte*

Eine Analyse wie die der *Arie der Pamina* aus Mozarts *Zauberflöte* ist im musikpädagogischen Studienzusammenhang u. a. als Beispiel für das eigene Analysieren wahrzunehmen. Dies schließt gleichzeitig einen Reflex über das Analysieren ein, der aber seinerseits nicht isoliert und quasi vorgegeben erscheinen soll: Deswegen sind im folgenden zwei Texte (als A und B bezeichnet) gleichsam ineinander verschränkt. Beide Texte, der eine (A) ein solches Vorgehen systematisch ansprechend und der andere (B) ein praktisches Vorgehen vergegenwärtigend, haben sich gegenseitig zu beleuchten und in ihrem Vorhaben zu verdeutlichen.

(A) Über Analysieren und Analysen

Beschreiben und Analysieren von Musik sind *einerseits* Funktion der musikpädagogischen Ausbildung. Sie spielen eine wesentliche Rolle im Anlegen eines Bewußtseins von Musik. Dieses aber ist dynamisch gemeint; es meint nicht (nur): *ich weiß etwas* von und über Musik, sondern auch: *ich kann* mit Musik reflexiv *umgehen*.

Anderseits ist Beschreiben und Analysieren Funktion der beruflichen Anforderungen. Denn zu diesen gehört, kompetent über Musik sprechen zu können, auf der Basis eigener Anschauung (im wörtlichen Sinn).

Aber: Es geht uns nicht darum, Musik zu analysieren (resp. entsprechend Analysen zur Kenntnis zu nehmen), um „dann" deren Ergebnis Schülern zu vermitteln; dies entspräche nicht unserer Vorstellung von einem sinnvollen Musikunterricht. Vielmehr geht es im Studienzusammenhang darum,
- an Musik selbst beschreibend und erkennend „heranzukommen",
- gerade auf diesem Wege das eigene musikalische Tätigsein (und d. h. die der Tätigkeit als Musikpädagoge zugrundeliegende eigene Ästhetische Praxis) zu einem/r „besseren" hin zu verändern,

– mit anderen kompetent und „sachlich" begründet im Rahmen der Vermittlung von Tätigkeit (als Singen, Spielen, Hören ...) über „Musik" reden zu können, wobei solche Vermittlung auf der Erfahrung und auf dem „Durchschauen" der eigenen Praxis beruht und dazu dient, jene Praxis (der anderen) als eine eigene zu einer „besseren" hin zu verändern.[1]

Analysieren im musikpädagogischen Studienzusammenhang soll zwar ein *Nachdenken und Sprechen über Musik* verbessern, dieses als ein detailgenaues und sachlich begründetes anlegen; aber letzteres ist Funktion, nicht Selbstzweck. (Auch darin will der „Pamina"-Text Beispiel sein.)

Grundsätzlich gilt es, sich für den Lernprozeß *begrenzte Stücke* auszusuchen. Auch ist es ratsam, Stücke zu wählen, die man persönlich spielt oder singt. Anderseits sollte das *Herangehen durch Hören* nicht zu kurz kommen; es bildet das im Zusammenhang von Schule in der Regel meist aktualisierte musikalische Tätigsein.

Zu unterscheiden sind: die *Strategien des Vorgehens* und die sog. *Technik der Analyse*; letztere ist in erstere eingebettet.

Zu den Strategien des Vorgehens gehören:
- Der reflexive Akt des Beschreibens und Analysierens dient dem Sich-Vergewissern dessen, was/wie wir hören, spielen, singen. Das eigene musikalische Tätigsein steht am Anfang; aber es steht auch als Ziel der Bemühung am Schluß.
- Wir bemerken gleichsam unser Tätigsein selbst: Was tun wir wie; welche unserer eigenen Bedingungen sind wie beteiligt? Was widerfährt uns? (Solches Verbalisierung erzeugt Fragen nach dem warum ...)
- Möglicherweise bedienen wir uns Hilfen, die unser Bewußtsein von dieser Musik vorstrukturieren: Wir suchen Hinweise aus Biographie und zeitgenössischer Situationsbeschreibung, auch aus autobiographischen und zeitgenössischen Dokumenten und Referenzen.
- Wir „bezeichnen" das „Stück", d. h. den Verlauf des Tätigseins, in seinen „objektiven" Bedingungen anhand des vom Komponisten via Notentext Vorgelegten, auch indem wir Sehweisen und Begriffe sog. „Lehren" anwenden (→ Harmonie, Form, Gattungen, Melodie, Rhythmus usw.). Solches Bezeichnen wird manchmal als Analyse im engeren Sinn begriffen.
- Wir verknüpfen die Notizen des Bezeichnens mit unserer spezifisch musikpädagogischen Anschauung von Musik als Tätigsein und bilden uns ein Urteil: Was für ein Hören, Spielen oder Singen bestimmt/meint/impliziert der Notentext?

Wesentlich erscheint mir, daß Bezeichnen und Beschreiben das durch Musikgeschichte vermittelte und begrifflich formulierte allgemeine „Bild" einer Epoche, einer Zeit, eines Komponisten konkret werden lassen und es uns durch sie

---

[1] Die allgemeingehaltene Formulierung läßt jetzt einmal außer acht, daß wir Musik selbst als Tätigkeit ansehen; sie widerspricht aber auch nicht solchem Verständnis.

hindurch verständlich machen: Der gelesene oder gehörte „Begriff" von einer Musik wird zu einem, den wir uns jetzt selbst von ihr machen können! So verdeutlicht und konkretisiert der „Pamina"-Text unsere Anschauung von sog. Klassischer Musik und vom Komponieren Mozarts; er macht uns möglicherweise auch das Prinzip „Sonate" (als nach bestimmten Kriterien geordnete Folge von Gedanken) plötzlich in einer Weise einsichtig, die es uns erlaubt, dessen Vollzug in unser eigenes Singen und Spielen einzubeziehen.

Solches eigene Selbstverständnis sollten wir festhalten: Analysieren im *musikpädagogischen* Studienzusammenhang konkretisiert (und überprüft und korrigiert möglicherweise) unser durch „Musikgeschichte" erworbenes Vor-Urteil von einer Musik zum Zwecke der qualitativen Veränderung unseres musikalischen Tätigseins.

Damit kann solche Funktion derjenigen im *musikwissenschaftlichen* Zusammenhang tendenziell entgegenstehen: Während dort Analyse ein Mittel darstellt, zu Erkenntnis über Musik (welcher Reichweite auch immer) allgemein zu gelangen, gehen wir von solcher Erkenntnis als Vor-Urteil aus, um sie über den Weg der Analyse am einzelnen Stück zu konkreter Einsicht und Erfahrung werden zu lassen.

Gleichwohl sind wir darauf angewiesen, „Analyse"[1] aus dem musikwissenschaftlichen Erkenntniszusammenhang zur Kenntnis zu nehmen und für unser Interesse zu nutzen und möglicherweise umzudenken. Analyse können wir dabei als verkürzenden Sammelbegriff für einen Zusammenhang des Beschreibens, des Analysierens und des Interpretierens verstehen. In diesem spielt das Analysieren (nach überkommener Meinung) eine so zentrale Rolle, daß wir auch weiter verkürzt von „Analyse" sprechen können, wenn wir diesen Zusammenhang meinen.

Aus dem musikwissenschaftlichen Bereich steht uns eine Fülle von „Materialien" zur Verfügung:

(a) Es gibt einen Traditionszusammenhang „Reden über Musik". Im Zusammenhang von Kommunikation über sie zum Zwecke des Nachdenkens, des Lehrens und Lernens will solches Reden das, was musikalisch (in einer Musik = in einem Stück, in einer Gattung usw.) sich (scheinbar!) zuträgt, *begrifflich fassen* (→ Beschreiben). Dabei benennt solches Reden mitunter musikalische Vorgänge, Zusammenhänge, Phänomene ... , die sich nicht naiv sinnlich erschließen, sondern eine entsprechende *Nachfrage* voraussetzen (→ Analysieren). Dies gilt

---

[1] Um den Text nicht zu überfrachten, wird auf den Versuch verzichtet, Begriffe, wie „Interpretation" oder selbst „Analyse" als historische Begriffe einzuführen; solches ist für einen späteren Text vorgesehen.
Zur musikwissenschaftlichen Begriffsklärung vgl. C. Dahlhaus, Art. *Analyse*, Riemann Musik Lexikon, Sachteil, hrsg. ... v. H. H. Eggebrecht, Mainz 1967, S. 36 f. ; zur neuesten Literatur vgl. Gerold W. Gruber, Art. *Analyse*, in: Die Musik in Geschichte und Gegenwart. Allgemeine Enzyklopädie der Musik, begr. von F. Blume, zweite neubearbeitete Ausgabe, hrsg. von L. Finscher ... , Bd. 1, Kassel / Stuttgart 1994, Spp. 577-591.

vor allem für (z. B. funktionale) Zusammenhänge zwischen (getrennt beobacht- und beschreibbaren) Phänomenen, wie z. B. Akkorden. Vor allem mit der Institutionalisierung der Opus-Musik und mit der „bürgerlichen" Intention, diese als sie selbst aufzufassen und zu verstehen, setzte zumindest seit dem Beginn des 19. Jahrhunderts ein Reden ein, das mehr wollte, als nur Faktisches zu benennen resp. aufzudecken: Es wollte auch dessen *Bedeutung ergründen* resp. vermitteln (→ Interpretation).[1]

Solches Reden beginnt in besonderer Weise im 19. Jahrhundert mit den Schriften E. T. A. Hoffmanns (→ Mozart- und Beethoven-Interpretationen) und dokumentiert damit gleichzeitig den Beginn eines spezifischen Gegenüberstehens des Hörers als Interpret. Auch findet es sich nicht zuletzt in Kompositionslehren (z. B. von A. B. Marx, 1837-47), in den kritischen und ästhetischen Auseinandersetzungen des 19. Jahrhunderts (z. B. bei E. Hanslick) sowie im protokollierten Nachdenken über das eigene Komponieren (z. B. Schönbergs, Bergs und Weberns).

(b) Es gibt Versuche des Beschreibens, Beispiele, die sich selbst als „Analysen" verstehen[2] und bezeichnen. Sie sind Ergebnisse eines oft langen Prozesses des Beschreibens und Analysierens, mitunter auch Interpretierens. In der Regel bedeuten solche Analysen *Darstellung dessen*, was der Vorgang des Analysierens ermittelt hat, und zwar nach (wie auch immer begründeten) Regeln des Darstellens, nicht des Analysierens.

Anderseits repräsentieren solche Analysen nicht selten den „Beweis" für die Leistungsfähigkeit eines individuellen Ansatzes resp. Verfahrens. Dort, wo die Einheit von Ansatz und Darstellung als exemplarische Leistung eine „Richtung" repräsentiert, bildet sie selbst heute den Gegenstand eines (manchmal zusammenschauenden) Weiterdenkens und methodischer Auseinandersetzung.

Das gilt u. a. für H. Riemanns „funktionale" Analysen, für A. Scherings hermeneutische Beethoven-Deutung, für H. Schenkers Rückführung des Satzes auf einen „Ursatz" (vor allem im englischsprachigen Raum) und für E. Kurths musikpsychologische Herangehensweise. Seinen aktuellen und für Musikpädagogen besonders wichtigen Ansatz explizit vorgestellt hat inzwischen auch C. Floros (*Musik als Botschaft*, Wiesbaden 1989).

Im Zusammenhang neuer Technologien wesentlich erscheint, daß mit neuen Methoden der Analyse (→ Informationstheorie, Linguistik, Semiotik ...) auch neue Ziele einhergehen, so z. B. *A General Theory of Tonal Music* (F. Lerdahl, R. Jackendoff, Cambridge/Mass. 1983) zu entwickeln.

(c) Es gibt Versuche, im Zusammenhang einer Historischen Musikwissenschaft (die Analysieren als ihr zentrales methodisches Instrument ansieht, Erkenntnis

---

[1] Ein wesentlicher Teil der sog. Literatur über „Analyse" beschäftigt sich mit der Geschichte solchen Redens über Musik, beginnend mit Autoren des 15. und 16. Jahrhunderts. Vgl. H. Beck, *Methoden der Werkanalyse in Musikgeschichte und Gegenwart*, Wilhelmshaven 1974.

[2] Nicht untypisch dürfte es sein, daß heute Analysen (aus dem Bewußtsein einer immer unvollständig bleibenden Annäherung an das musikalische Kunstwerk) sich oft „Anmerkungen zu" nennen. Auch der im musikpädagogischen Bereich ehemals geläufige Begriff „Werkbetrachtung" gehört zum Begriffsbereich.
Nicht zu übersehen ist allerdings, daß Musikwissenschaftler Analysen in der Regel nicht als sie selbst veröffentlichen, sondern als Teil eines thematisch bestimmten Redens über Musik.

und objektiv nachprüfbare Aussagen über Musik zu gewinnen), zu klären, was unter Analyse zu verstehen sei, wie beim Analysieren vorzugehen sei und wie welcher Zusammenhang zwischen dem Phänomenologischen des musikalischen Kunstwerks und einem (u. U. zur Analyse zu schaffenden) begrifflichen Repertoire herzustellen sei (→ Analyse im Zusammenhang wissenschaftlicher Methodenreflexion).

Aus letzterem geht eigentlich schon hervor, daß es „die" Methode der musikalischen Analyse nicht geben kann; stattdessen gibt es einen Diskurs über Sinn und Verfahren jeweils im Zusammenhang der (angenommenen) Ziele und Aufgaben einer Wissenschaft. Andererseits hat es sich dort, wo Analyse im Mittelpunkt musikwissenschaftlichen Forschens steht, gezeigt, daß das Vorgehen des Analysierens nicht unbeträchtlich von der Auffassung des jeweiligen musikalischen „Gegenstands" mitgeprägt ist. Es scheint demnach ausgemacht, daß sich die verschiedenen Arten und Weisen des Analysierens nicht zu einer Lehre der Analyse schlechthin verdichten lassen: Beschreiben, Analysieren und Interpretieren muß sich letztlich *als eine persönliche Fähigkeit* immer neu und selbst durch ständiges Versuchen und Üben im Spannungsfeld des *eigenen Interesses* und des *„objektiv" Gegebenen* aufbauen und bestimmen.

Deshalb verzichten wir im hochschulischen Lernzusammenhang *Analysieren* vorerst (= vor dem eigenen Probieren und Erfahren) auf die Lektüre und Interpretation eines entsprechenden Textes. Verwiesen sei auf den Sammelband H. H. Eggebrechts, *Sinn und Gehalt. Aufsätze zur musikalischen Analyse*, Wilhelmshaven 1979. Der Band versammelt Wiederabdrucke von Analysen und Texten zur „Analyse" des Autors, darunter das Fragment „Zur Methode der musikalischen Analyse" (S. 7 ff.). In diesem findet man einen überaus kritischen Hinweis zu D. de la Motte, *Musikalische Analyse*, Kassel 1968, einer Erörterung von Grundsätzen und Sammlung von Beispielen. (De la Motte hat in der zweiten Auflage seines Buches kritisch auf Eggebrecht repliziert.) Obwohl ich selbst in meinem Verständnis von Analyse eher Eggebrechts Vorstellung nahestehe, gehe ich davon aus, daß de la Mottes Vorschlag unserem Interesse eher entspricht.

Als weitere Veröffentlichung sei noch genannt: G. Schuhmacher, *Zur Musikalischen Analyse*, Darmstadt 1974. Der Band (aus der Reihe *Wege der Forschung*) enthält vor allem Beispiele, die repräsentativ für „Analyse" in der Musikwissenschaft sein sollen; er enthält ein Vorwort (das sich u. a. mit den unterschiedlichen Begriffsverständnissen von Analyse auseinandersetzt); und er enthält einen Abschnitt mit Aufsätzen „Zur Theorie der Analyse", u. a. mit H. Rauhes *Zur Funktion der Analyse in der Musikpädagogik ...* (S. 549 ff.). Besondere Beachtung verdient dabei des Herausgebers *Notwendige Ergänzung. Ein Forschungsbericht* (S. 526-548), der „die wichtigsten Bemühungen zur Analyse von ihrem theoretischen Ansatz her" darstellt.

Vom Impuls der 70-er Jahre zehren noch spezifisch musikpädagogische Beispielbände; so D. Zimmerschied (Hrsg.), *Perspektiven Neuer Musik. Material und didaktische Information* (Mainz 1974) und S. Helms und H. Hopf (Hrsg.), *Werkanalyse in Beispielen* (Regensburg 1986).[1]

Auch für die neueste Literatur gilt weiterhin, daß sie für den Musikpädagogen (als heute in der Regel englischsprachig) nur begrenzt zugänglich ist und (als die

---

[1] Zu weiteren Bänden vgl. Clemens Kühn, *Analyse lernen*, Kassel etc. ²1994, S. 7. (Zu diesem Buch vgl. u.)

Methodenreflexion bevorzugend) nur im Ausnahmefall direkt seinem Interesse entspricht.[1]

Diesen Ausnahmefall als ein Lehrbuch für Studierende stellt C. Kühn, *Analyse lernen* (= Bärenreiter Studienbücher Musik 4), Kassel 1993, dar.

Allerdings: Analyse lernen kann man aus diesem Buch nicht; das weiß auch der Autor. Zweifellos aber kann man aus ihm sehr viel für das eigene Analysieren profitieren, auf vieles aufmerksam werden, vieles (auch grundlegend Begriffliches) zu „sehen" beginnen. Letztlich versteht sich das Buch als eines des Sprechens über Musik (einschl. der Problematisierung des Dahinkommens): Worüber kann man reden, wenn man über Musik redet; dabei erscheint manches überflüssig, anderes unübersichtlich. Zu kritisieren wäre der eigentlich ahistorische Zugriff; er geschieht vom Blick einer eher musiktheoretischen Unterweisung aus.

Die Fülle der Möglichkeiten systematisiert sich für uns eben nicht in einer Lehre, sondern nur aus einem formulierten Interesse jeweils an Analyse, aus dem allein (für „mich") Wichtiges von Unwichtigem zu unterscheiden wäre. *Unser* Interesse als *Musikpädagogen* impliziert eine Kritik an der uneingeschränkten Geltung des quasi gegenständlichen musikalischen Kunstwerkes, welche ihrerseits Begriff und Sache der musikalischen Analyse hervorbringt; es richtet sich auf die objekthaften Bedingungen unseres musikalischen Tätigseins. Solches kann Singen, instrumentales Spielen, kann Hören sein, das eine schlösse das andere nicht aus.

Im folgenden verdeutliche ich meine Vorstellung am Beispiel.

(B) Die Arie der Pamina „Ach, ich fühl's" (G-Moll)
aus der Oper „Die Zauberflöte" von Wolfgang Amadeus Mozart
Eine Analyse-Skizze

Vergegenwärtigen wir uns kurz die Situation des Spiels, aus der diese Arie ihr Selbstverständnis bezieht. Tamino und Papageno sind dabei, sich „auf den Weg" zu machen, um die Prüfungen zu bestehen. Ihr strenges Gebot ist, zu schweigen. Pamina trifft auf die beiden; sie ist erleichtert und erfreut, bei Tamino zu sein. Doch Tamino schweigt nicht nur, er winkt ihr auch, fortzugehen. Als auch Papageno ihr nicht antwortet, sieht Pamina sich plötzlich umso mehr von allen verlassen, ohne Zukunft in einem fremden Land, in welchem sie kurz vorher von Monostatos tödlich bedroht worden war. Deshalb empfindet sie diese Situation jetzt „mehr als Tod". „Liebster, einziger Tamino", sagt sie; zu sich, zu Tamino?;

---

[1] Anzumerken wäre: J. Uhde u. R. Wieland, *Denken und Spielen. Studien zu einer Theorie der musikalischen Darstellung*, Kassel 1988. „Darstellung" meint hier „Aufführung"; die Autoren wollen, ausgehend vor allem von zu Lebzeiten nicht veröffentlichten Fragmenten Adornos, eine Theorie der musikalischen Interpretation entwerfen, in der musikalisches Denken und instrumentales Spielen (vor allem als Klavier-Spielen) aufeinander bezogen erscheinen.

dann beginnt die Arie. Diese ist zweifellos (indirekt) an Tamino gerichtet; an ihrem Ende tritt Pamina ab; Tamino und Papageno beginnen ihren Weg.

Hören wir diese Arie! Singen und Spielen wir sie (per Klavierauszug) im Lauf der Beschäftigung mit ihr möglichst oft, solange, bis wir uns ihr Erklingen auch ohne Noten einigermaßen vorstellen können.

Eins wundert uns vielleicht: die Diskrepanz zwischen dem eigentlich relativ naiven Spieltext und der Ernsthaftigkeit der vorliegenden Arie. Daraus kann man beispielhaft eine Kritik am Text Schikaneders ableiten; man kann aber auch von (zumindest) zwei Ebenen als Tatsache ausgehen, von einer des zu rezipierenden Spiels (Schikaneders?) und von einer, in der das auffaßbar wird, was durch Mozarts Herrichten des Spiels gemeint sein kann. Offensichtlich gehört die Ernsthaftigkeit eher der zweiten Ebene an. Zwar erfüllt die Arie auch eine Funktion im Spiel; doch erst die Ernsthaftigkeit gliedert sie in eine Schicht höherer Bedeutsamkeit ein: Sie macht deutlich, worum es „eigentlich" geht, was Tamino mit seinem Entschluß, sich den Prüfungen zu unterwerfen, „aufs Spiel setzt". Nur die Ernsthaftigkeit, die die toternste Gefahr des Scheiterns und des Verlierens verdeutlicht, verleiht Glaubhaftigkeit, – auch dem Spiel.

Mit dem Feststellen der *Ernsthaftigkeit* haben wir bereits einen Eindruck wiedergegeben. Das orchesterbegleitete Singen schafft eine eigene Wirklichkeit, die unsere Rezeption des Spiels bearbeitet.

Und sie bearbeitet sie in einer Weise, wie sie dem mozartschen und darin dem zeitgenössischen Selbstverständnis von Musik als *musikalischer Gedankengang* (als Einheit aus substanziell Verschiedenem) entspricht – so haben wir *Musik des ausgehenden 18. Jahrhunderts* in unserer „Musikgeschichte" definiert –, ausgezeichnet durch Ökonomie und Stringenz, formuliert im obligaten Satz, der einem gleichsam pulsierenden Metrum zu gehorchen scheint. Diese Musik ist die *Musik des sich selbst denkenden Menschen der Aufklärung*, der sich in der *bürgerlichen Begegnung*[1] repräsentiert sieht, darin im Diskurs resp. in der diesen stiftenden resp. vergegenwärtigenden Kunst, die darum diesen Menschen repräsentiert. Wie kann sie das?

Vorarbeiten

Dem spontanen und vorläufigen Notieren von „Eindrücken" geht es – wir befinden uns im musikpädagogischen Arbeitszusammenhang! – darum, festzuhalten, was *einem selbst* im Singen, Spielen, Hören widerfährt, um es dem Befragen am Notentext zugänglich zu machen.

---

[1] An solchem Begriff mag man aussetzen, daß institutionalisierte „Begegnung" anfangs (und auch für Mozart) vor allem vom Adel initiiert wurde. Doch sehe ich hier eine dialektische Beziehung: In der Begegnung werden tendenziell alle zu „Bürgern", zu aus der eigenen Vernunft Handelnden im Staate. Erst diese Tendenz ließ auch Künstler mehr und mehr gleichberechtigt an der Begegnung teilhaben. Daß die Initiative wesentlich auch vom Adel selbst ausging, lag nicht zuletzt am Bildungsprivileg.

Natürlich kann solches sich auch auf Einzelheiten beziehen. Man kann vorläufig notieren, *was* (einem) auffiel, z. B. das unbedingte, wie zwanghafte Vorwärtsgehen: nirgends eine eigentliche Wiederholung; höchstens eine Andeutung einer Reprise. Es kann einige formale Besonderheiten anmerken: kein Vorspiel, aber eine Art Epilog; im Inneren eine Art Gliederung, die einem durch die harmonische Disposition vielleicht schon hörbar wurde.

Das Beobachten und Notieren dessen, was spontan auffällt, ist zusammenzufügen, ist in seiner gegenseitigen Bezogenheit zu begreifen. Das gilt in gleicher Weise für jene analytischen Vorarbeiten, die oft für Analyse im engeren Sinn einstehen, für die Bestimmung der melodischen und vor allem harmonischen Vorgänge. Nützlich sind dazu Fragen, die durchaus am Beobachteten ansetzen sollten:

- Zum einen: Hervortretend ist ein bestimmter *Gesamteindruck*; worauf beruht er?
- Zum andren: Hier ist *Text* vertont; wie stellen sich dessen eigenes Selbstverständnis und dessen Struktur im Verhältnis zur Gegliedertheit des Stückes dar?
- Und schließlich: Das *melodische* Geschehen erscheint immer wieder überraschend und doch als in sich geschlossen, dabei überaus eng mit dem *harmonischen* verflochten; können wir uns einen Überblick über die entsprechenden Tatbestände verschaffen?

Der Schritt zum Beschreiben sollte sich schließlich bemühen, zumindest den Anfang sehr genau zu fassen, einmal, um das, was musikalisch sich in dieser Arie zuträgt, mit unserem „Vorurteil"[1] in einen *(Plausibilitäts-)Zusammenhang* bringen zu können; zum anderen, um das folgende aus ihm heraus würdigen zu können. Dabei unterstellen wir, daß das Ganze mit dem Einzelnen, vor allem mit dem Beginn, in einer Art *Folgerichtigkeit* verbunden ist. Können wir diese sprachlich fassen?

Zum Gesamteindruck:

Bestimmend sind nicht nur und so sehr das Tongeschlecht (G-Moll)[2] und die vielen sich über das Stück verteilenden Seufzerfiguren; bestimmend ist vor allem ein Rhythmus, der zusammen mit der Bezeichnung „Andante" wohl ein ‚gebrochenes' Schreiten andeutet. Die Pause zwischen den Bestandteilen, ♪ ♪ ♪ (nicht: ♩ ♪), meint ein unterbrochenes Vorangehen (wie immer wir dies weiter interpretieren wollen). Die Abtaktigkeit (= Auftaktlosigkeit) erscheint wesentlich

---

[1] Mit „Vorurteil" gemeint ist unsere prinzipielle Vorstellung vom Selbstverständnis einer Musik, wie sie z. B. aus unserer „Musikgeschichte für Musikpädagogen" resultieren könnte. Wie realisiert sich diese Vorstellung hier, bei Mozart, im Kontext „Oper", im Kontext des „Sing-Spiels" *Zauberflöte*?

[2] Es ist in der Mozart-Literatur nachzulesen, daß Mozart diese Tonart nicht überaus häufig verwendet, daß er aber in ihr (vor allem im Spätwerk: Streichquintett, Symphonie) Werke großer Eindrücklichkeit geschaffen habe. Vgl. z. B. W. Hildesheimer, Mozart, Frankfurt, TB-Ausg. 1980, S. 210 ff. oder L. Schrade, Mozart, Bern 1964, S. 131 u. a.

als Ausdruck dessen, daß gleichsam *mit* einem etwas geschieht. Dieser Rhythmus, in welchem der Orchestersatz sich bewegt (also voranschreitet), ist bis Takt 36 durchgehalten; er endet mit dem Überschreiten der dominantischen „Grenze" zur schließlichen Tonika hin (bei „so wird Ruh im Tode sein").[1]

Der Rhythmus korrespondiert mit der Deklamation der Singstimme (♩ ♪), hier aber in der Regel ohne Pause, als durchgehende Stimmgebung im Singen. Die Ausdruckscharakteristika der Singstimme finden sich aber wesentlich woanders, vor allem in den Intervallen. Dabei fällt ein Abschnitt auf, in welchem die Singstimme von der Deklamation abzuweichen scheint und fast in einen Sprechgesang hinüberreicht, sozusagen zu einem Accompagnato tendiert, zu einem erregten Sprechen: nach Takt 16. Anderseits haben die Pausen an dieser Stelle Funktion: Nicht nur geben sie dem Orchester Gelegenheit des „Sagens"; auch für die Singende signalisieren sie ein Mitsichsein, aus dem die Bekundung folgt – „Sieh, Tamino ..."

In der Instrumentation fallen die z. T. hervortretenden Holzbläser auf (Fagott, Oboe, Flöte). Vieles, was sich ereignet, ereignet sich im Orchestersatz; zu diesem steuert die Singstimme eine eigene Qualität bei. Beide bilden jedoch zusammen ein durchgehendes Ganzes, das als eigenartig gestalteter Vorgang in das Bewußtsein tritt. Der Versuch, das Stück für ein Soloinstrument und Orchester zu bearbeiten, würde keine sinnwidrige Musik hervorbringen. Eine solche Bearbeitung erscheint möglich, wenn auch manche Einzelheiten der Solostimme bei original instrumentalem Anlegen einfacher zu gestalten wären: Auch das Textsprechen beeinflußt den Lauf der Oberstimme.[2]

Zum Umgang mit dem Text und zur Gliederung:

Das Durchhören kann und wird sich am Text orientieren: Dieser ergibt – isoliert – zwei Strophen zu je vier Versen.

> Ach, ich fühl's, es ist verschwunden,
> ewig hin der Liebe Glück!
> Nimmer kommt ihr, Wonnestunden,
> meinem Herzen mehr zurück!
>
> Sieh, Tamino, diese Tränen
> fließen, Trauter, dir allein!
> Fühlst du nicht der Liebe Sehnen,
> so wird Ruh im Tode sein.

---

[1] Eine solche rhythmische Figur läßt an Schubert denken: Ist hier das Vorbild seiner Bewegungsfigur im Lied? Dies ist nicht auszuschließen. Doch auch ein Unterschied fällt auf: Mozarts Rhythmus ist weit mehr Teil des obligaten Satzes, Teil von *dessen* Vorwärtsschreiten; die Figur wird noch nicht als charakteristische Gestalt exponiert. Umgekehrt wäre Schuberts Bewegungsfigur eben aus dem obligaten Satz der Klassik herzuleiten!

[2] ... aber eben: nicht im Prinzip, nur in den ausgestaltenden Einzelheiten. Der Gesamtverlauf gibt einen Prozeß des Fortschreitens wieder, der sich irgendwie als folgerichtig der gesamttextlichen Interpretation eines instrumentalen Vorgangs verdankt, der im Interesse des Singens angepaßt erscheint. Diesen Vorgang gilt es zu benennen.

Zum Analysieren – Die Arie der Pamina

In seiner Zweistrophigkeit scheint der Text für ein Dacapo angelegt: Während die erste Strophe das eigene Gestimmtsein aus einem Zurückblicken und Feststellen beschreibt, daß nicht mehr ist, was einst war bzw. möglich schien, wendet die zweite Strophe sich als intensiver Versuch an Tamino, ihn aus dem Aufzeigen der jetzigen (→ „Tränen") und der zukünftigen Folgen seiner Haltung (→ „Ruh im Tode") umzustimmen. Daß nach solchem (vergeblichen) Versuch Pamina erst recht und begründet in die Untröstlichkeit der ersten Strophe zurückfiele, entspräche der Arienauffassung des 18. Jahrhunderts. Daraus rechtfertigte sich ein Dacapo: Nach einem leicht kontrastierenden Mittelteil der zweiten Strophe würde es die Darstellung der Gefühlslage der Pamina in sich abrunden und abschließen.

Mozart folgt solchem Schema nicht.

Anderseits könnte der Text, zumal in einem Singspiel, zum Lied verleiten. Man könnte sich ihn mit seinen regelmäßig zweizeiligen Aussagen und seinen Ausrufungszeichen (und damit seine poetische Fürchterlichkeit entlarvend) sogar als „Küchenlied" vorstellen:

Ach, ich fühl's, es ist ent-schwun-den, e-wig hin ...

Solcher Vergleich kann schlagartig die eigene Wirklichkeit verdeutlichen, die Mozarts Komposition erstellt, den Eigenwert der Imagination des Komponisten, die nicht *den* Text „vertont". Weder läßt Mozart ihn *durch* eine Melodie vortragen (→ *Lied*), noch läßt er ihn *als* typische Handlungssituation einer „menschlichen" Figur im Theater vergegenwärtigen (→ *Arienschema*). Im folgenden zu zeigen ist vielmehr: Der Text bildet [für Mozart] den Anlaß zur [Vorstellung von einer] Aktion einer Person in einer vorgestellten Befindlichkeit innerhalb einer Situation, die sich in Artikulation äußert und dabei den Text gleichsam als Material benützt, die letzte Zeile als Ziel solcher Aktion interpretierend. Das „Wie" solcher Aktion äußert sich aber vor allem im ganzen musikalischen Satz!

Schon vor einer Analyse ist einsichtig: Der Satz erschließt sich nicht analog dem Strophenbau. Der Verlauf scheint einerseits vielgliedriger; und er scheint anderseits von seinem Beginn her auf ein Ende, auf ein „Ergebnis" hin angelegt. Kein Dacapo lenkt von diesem ab.

Zu unterscheiden sind wenigstens vier Abschnitte. Während die beiden Zeilenpaare der ersten Strophe zwei unterschiedlich lange und tonartlich deutlich unterschiedene Abschnitte (in G-Moll und B-Dur) ausbilden, erscheinen die ersten beiden Zeilen der zweiten Strophe als modulierende Rückführung. In Abschnitt vier finden wir – wenn wir die Takte 12 f. und 30 f. vergleichen – ein reprisentypisches Wiederaufnehmen der ‚Verlängerung' aus dem B-Dur-Abschnitt, jetzt aber eben in der Dominante der Haupttonart.

Zum Analysieren – Die Arie der Pamina

Analytische Bezeichnung des Notentextes

Beschreiben setzt gleichsam einen „Blick" für das Erklingendevoraus. Das Offenlegen der musikalischen Tatbestände für uns können wir am Notentext vornehmen und festzuhalten versuchen. Ein so bezeichneter Notentext (Klavierauszug) benennt die wesentlichen harmonischen Vorgänge im Satz und er bezeichnet die melodischen Verhältnisse vor allem von der Oberstimme her.[1]

Die Beschreibung der *harmonischen* Verhältnisse arbeitet mit der funktionsharmonischen Bezeichnung der Hauptdreiklänge. Funktionen stellen in dieser Musik etwas wesentlich Praktisches dar; es gibt, im Vergleich zu Mozart, kaum einen Komponisten, bei dem die hinleitende Funktion des Dreiklangs auf der V. Stufe (die wir mit dem Begriff „Dominante" bezeichnen) zu einem derart wesentlichen Gestaltungselement erhoben erscheint. Der Subdominante dagegen begegnen wir (außerhalb des strengen kadenziellen Verbundes) in einer gleichsam „vertiefenden" Funktion.

Die *melodische* Beschreibung geht vom vor allem in einer Korrespondenzmelodik sich ausdrückenden Symmetrieprinzip aus. Gemäß diesem ist Melos in aufeinanderfolgenden (im Grunde zweitaktigen) Gliedern organisiert, die als „Aufstellung" („Frage") und als „Entsprechung" („Beantwortung") korrespondieren und sich gegenseitig existentiell aus ihrer Bezugsetzung begründen und die dabei zu immer größeren Einheiten sich zusammenschließen, indem „Aufstellung" und „Entsprechung" durch eine folgende Gesamtentsprechung quasi rückwirkend zur Gesamtaufstellung uminterpretiert werden usf. „Ihre höchste artifizielle Ausprägung als Mittel einer »rein musikalischen Sprache« fand sie [= die Symmetrie] in der Musik der Wiener Klassik: Das vielschichtige Sinngefüge der Komposition entsteht hier metrisch, harmonisch, melodisch, dynamisch usw. weithin vor dem Hintergrund oder in beständiger Wiederkehr regelmäßiger Aufstellungs- und Beantwortungsverhältnisse, die auch die »asymmetrischen« Bildungen als solche erst zur Geltung bringen, d. h. als absichtliche Durchbrechung der Norm" (H. H. Eggebrecht, in: *Riemann Musik Lexikon, Sachteil*, Art. *Symmetrie*).

Die Arie eröffnet ein G-Moll-Abschnitt: Deren „erste" Periode mit Halbschluß auf der Dominante wird durch zweimalige Schlußverlängerung ausgeweitet und abgegrenzt; der Abschnitt ist fertig und bleibt doch auf dem Halbschluß offen.

---

[1] Letztlich bedeutet der bezeichnete Notentext aber nur Vorlauf für das Beschreiben; aus Gründen der Beispielhaftigkeit und wegen der folgenden Beschreibungsskizze soll hier der bezeichnete Notentext stehenbleiben.

Zum Analysieren – Die Arie der Pamina

Einleitend: Anschlagen eines Rhythmus

Korrespondenzmelodik: 8-taktige Periode als Vordersatz

- Aufstellung Sekundintervalle — 2 Halbtakte
- + Entsprechung mit Oktavsprung — + 2 Halbtakte
- Entsprechung zum Bisherigen als Aufstellung; Fagottgang überbindet Zäsur — 4 Halbtakte

Andante — Pamina, Takt 1:
„Ach, ich fühl's, es ist verschwunden, ewig hin der Liebe Glück,"

Str. *p*, Ob., Fg.

- Anschlagen eines Klanges
- Kadenz über dem Orgelpunkt mit Zwischendominante zur Subdominante
- Gang über den Sextakkord der Subdominante zur Dominante (Halbschluss)

Zweimaliges melodisches Ausgreifen und Beenden zum Grundton der D hin; Oboen- bzw. Flöten-Vorhalt binden zusammen.

„Glück, ewig hin der Liebe Glück!"

Takt 5, Ob., Fl., *f*

- Zweimalige Bestätigung der D durch Wiederaufnehmen des Schritts über den zur DD (mit tiefalterierter 5) umgedeuteten Klang der Subdominantenregion
- Chromatische Modulation zur Parallele B-Dur über deren Dominantseptakkord

Dem G-Moll-Abschnitt schließt sich eine Modulation zu einem Abschnitt in B-Dur an; textlich bezeichnet dieser eine „Rückblende", einen „Einfall"; er reicht bis Takt 16 und wird durch eine „Kadenz" (im Sinne eines Konzerts) abgeschlossen.

Zum Analysieren – Die Arie der Pamina

8-taktige Periode als Vordersatz

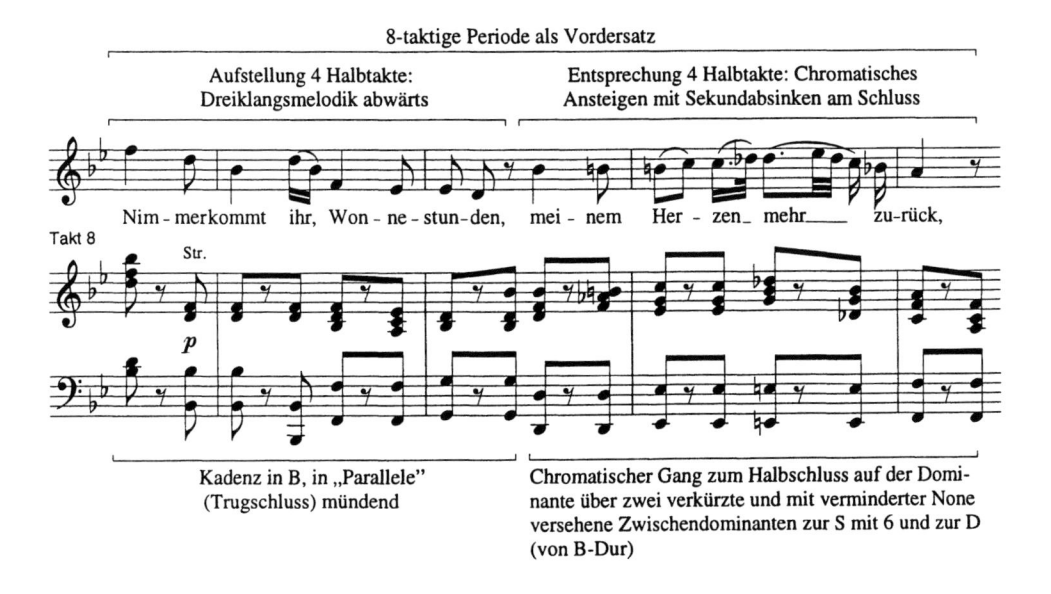

Aufstellung 4 Halbtakte: Dreiklangsmelodik abwärts

Entsprechung 4 Halbtakte: Chromatisches Ansteigen mit Sekundabsinken am Schluss

Nim-mer kommt ihr, Won-ne-stun-den, mei-nem Her-zen mehr zu-rück,

Takt 8

Kadenz in B, in „Parallele" (Trugschluss) mündend

Chromatischer Gang zum Halbschluss auf der Dominante über zwei verkürzte und mit verminderter None versehene Zwischendominanten zur S mit 6 und zur D (von B-Dur)

Freie Entsprechung mit Rückkehr zum Ganzschluss

Ausmelodisierte Harmonien

Seufzergang zum b'

Koloratur-Ausgestaltung über dem Quartextakkord, „zusammengesetzt" aus zwei Figuren; mit wiederaufnehmender Augmentation (Anfang Takt 15), die die melodische Aktivität zu einem Einmünden in den Schluss umleitet

mei - nem Her - zen, mei - nem Her - - - - - zen mehr zu - rück!

Takt 12

Zweimalige Rückmodulation zur „Tonika" B-Dur

Gang zum Quartextakkord

Rückkehr zur „Tonika" (B), über das Ansteuern des Quartextakkordes, der durchgehalten, das „Kadenzieren" der Oberstimme ermöglicht; Oktavsprung beglaubigt Einbiegen in die Abkadenzierung

Es folgt ein modulatorischer Abschnitt, der auf „Sieh ..." hin- und weiterzielt: Ihn kennzeichnet jeweils harmonisches Öffnen (Verduren, Erhöhung des Grundtons zur Terz eines neuen Durdreiklangs als D^7-Akkord). Die Singstimme nimmt den Gestus aus den ersten vier Takten auf (vgl. Schlußverlängerung in den Takten 5 und 6); ihr Singen schlägt um in eine neue Qualität. Zu erwarten bzw. möglich wäre nach diesem modulatorischen Teil: eine Art Reprise.

Zum Analysieren – Die Arie der Pamina

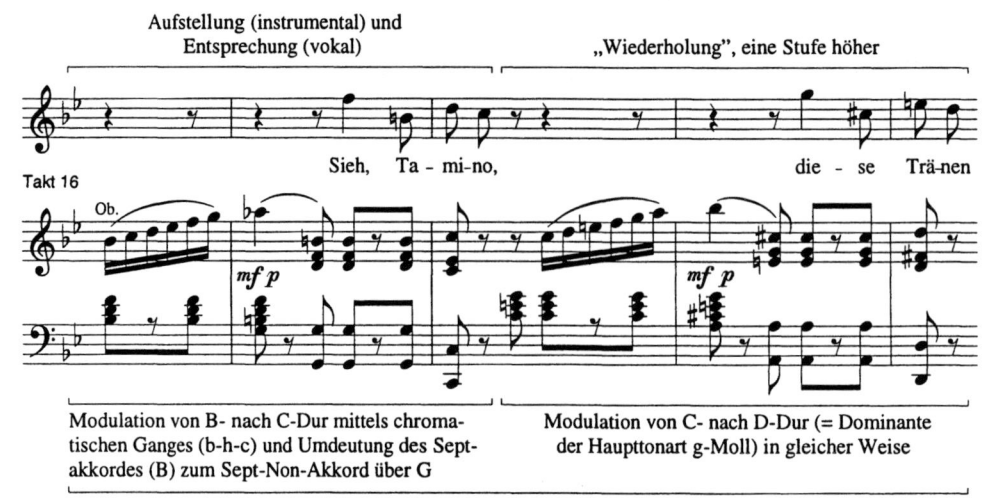

Aufstellung (instrumental) und Entsprechung (vokal) | *„Wiederholung", eine Stufe höher*

Takt 16 — Sieh, Ta-mi-no, / die-se Trä-nen

Modulation von B- nach C-Dur mittels chromatischen Ganges (b-h-c) und Umdeutung des Septakkordes (B) zum Sept-Non-Akkord über G | *Modulation von C- nach D-Dur (= Dominante der Haupttonart g-Moll) in gleicher Weise*

Rückmodulierender Teil: mündet in die D der Haupttonart.

Unmittelbares Aufnehmen und Verlängern als gestisches Bestätigen der Dominante | *Verstärken durch instrumental/vokal verdoppeltes Wiederholen der Verlängerung*

flie-ßen, Trau - ter, dir al - lein, / dir_____ al - lein!

Takt 20

Harmonisches Verweilen in der Dominante zum Zwecke der („zwingenden") Rückführung in die Tonika (quasi als Eintritt einer Reprise)

Statt der zu erwartenden Reprise setzt ein Schlußteil ein, ein neuer Abschnitt, der sich vorsichtig an den G-Moll-Abschnitt anlehnen läßt. Sein besonderes Kennzeichen besteht darin, daß die Tonika (G-Moll) stets hinausgeschoben oder verhindert erscheint; wenn, dann tritt sie nur auf schwacher Zeit als Durchgang, als Spiel mit Dominante und Trugschluß auf; stets aber ist das harmonische Geschehen in inniger Verbindung zum Singen gehandhabt.

Zum Analysieren – Die Arie der Pamina

„1." Halbsatz = Vordersatz

| 2 Halbtakte | + | 2 Halbtakte |

Unmittelbarer = auftaktiger Anschluss eines intensivierten melodischen Ausspielens der Dominantseptnon-Akkordes (verminderte Septe *fis-es*!); die „Aufstellung" ist motivisch als „Entsprechung" eines ersten Halbsatzes gearbeitet, die zum Halbschluss auf der Dominante führt.

Für die eigentliche Entsprechung des ersten Halbsatzes steht deren partielle Wiederholung, die verstärkt und gleichzeitig in sich den melodischen Fall instrumental/vokal verdoppelt und damit das Hinführen zum Halbschluss auf der D intensiviert (= umso stärker die Tonika herausfordert).

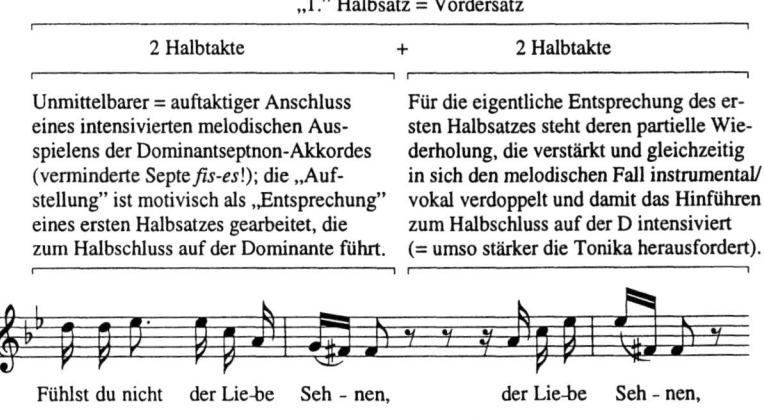

Fühlst du nicht der Lie-be Seh - nen, der Lie-be Seh - nen,

Takt 22

Verharren in der Dominante, im Wechsel mit dem Subdominantquintsextakkord

„2." Halbsatz = Nachsatz, von vier auf sechs Halbtakte gedehnt

Melodische Entsprechung als 2. Halbsatz zum Vervollständigen der Periode von vier auf sechs Halbtakte gedehnt durch Einschalten der Chromatik, die das (über zu erwartende Achtel c''-b'-a', Ende Takt 25) zum Beginn Takt 26 mögliche Ansteuern des tonikalen Grundtones um zwei Halbtakte hinausschiebt.

so— wird Ru - he, so wird Ruh im_ To - de_ sein;

Harmonisches Aufnehmen der Erwartung durch eine groß angelegte Kadenz, die das endliche Münden in die Tonika durch die Verbindung Dominante (Quintsextakkord) - Tonika in Aussicht stellt und die den Oberstimmenfall zum Schlusston g' hin mit einem Gang über die Doppeldominante ausharmonisiert.

Statt zur Tonika (und zum definitiven Schluss) Ausweichen zum Trugschluss auf der subdominantparallele (VI. Stufe).

Die zweite Hälfte des Schlußteils orientiert sich an der Schlußbestätigung des G-Moll-Abschnitts und flicht schließlich ein Zitat aus dem B-Dur-Abschnitt ein. Das Eintreten der Tonika G-Moll ist mit „Ruh" und „Tod" gekoppelt; es wird harmonisch durch Überschreiten der „Grenze" (neapolitanische Bildung!) *es* zu *e* im Baß klargestellt. Dieser Teil – wenn man so will – ist durch eine wachsende „Unruhe" der Singstimme geprägt.

Quasi ein „1." Halbsatz

2 Halbtakte + „2" = 4 Halbtakte

In analoger Manier wie vorher: auftaktiges Aufnehmen eines an sich „Entsprechungs"-Melos

Weiterführen unter Dehnung und Intensivierung zum Spitzenton *b"* und zum Halbschluss

fühlst du nicht der Lie-be Seh-nen, fühlst du nicht der Lie-be Seh-nen,

Takt 27

Aufnehmen des „Subdominantischen"; Hervorkehrung durch Wendung zur Dur-Subdominante

Diese bildet Ausgangsbasis, um über die verkürzte Doppeldominante (mit Septe und None) mit tiefalterierter Quinte *es* chromatisch zur Dominante und damit wieder zum Halbschluss zu gelangen.

„4" = 6 Halbtakte

Der dem ersten Halbsatz entsprechende zweite Halbsatz wird durch Aufnahme der Halbsatzentsprechung des B-Dur-Teils (nun aber in der D der Tonika G-Moll) gebildet (zwei Halbtakte) und frei fortgesetzt; darin Einschalten der Chromatik (*d"-cis"-c"*) in den melodischen Fall und dadurch Dehnung analog Takt 25; Einschalten der Mollsexte (*as'*) der s wirkt als Absinken und „vertieft" gefühlsbetont das Abfallen zum Schluss-*g'* hin.

so wird Ru - he, so wird Ruh im To - de sein,

Takt 30

Aufnehmen der D über (Quint-)Sextakkord, um nun abzukadenzieren; doch statt der (Mitte Takt 31) zu erwartenden s wird die DD eingeschaltet: der Umweg gibt Gelegenheit, die t auf Ende Takt 31 vorzuziehen und am Beginn Takt 32 quasi neapolitanische Sextakkordbildung einzuschalten; am Schluss (33) wird das Eintreten der t wiederum verhindert; das melodische Schluss-*g'* wird zur Septe der DD umgedeutet.

Zum Analysieren – Die Arie der Pamina

Anknüpfung/Erweiterung verbindet „intensive" Intervalle: Oktave aufwärts, verminderte Duodezime abwärts, Sexte aufwärts und gefühlvolle Schlussneigung zu einer überhöhenden melomelodischen Schlussbildung.

Anknüpfung zwei Mal

Ausgestaltendes, intensivierendes Bestätigen des endgültigen Schließens zur t hin, gleichsam in Entsprechung der Takte fünf bis sieben.

Takt 33 so wird Ruh___ im To - de sein, im To - de sein, im To - de__ sein.

„Spiel" in DD-D-Relation: Während der Bass über die tiefalterierte (= „subdominantische") Quinte nicht hinüberkommt, bestätigt die Mittelstimme (*e'*) das Beharren in der (letztlich zum Schluss in der t hinlenkenden) DD: das Überschreiten des *es* zu *e* im Bass stellt „wörtlich" ein Einlenken zum endlichen Schluss hin dar.

Bestätigen des D-t-Schließens

Das Nachspiel korrespondiert nicht mit einem Vorspiel, auch nicht unmittelbar mit dem Melos der Arie; eher erscheint es als Epilog, dessen bestimmende Figur sich in der modulierenden Überleitung („Sieh, Tamino, diese Tränen") findet.

Epilog, instrumental

Neigefigur, fortsetzend aneinandergereiht und in eine lineare Schlussfigur (wieder mit tiefalterierter II. Leiterstufe) mündend; nachgeschlagene Tonikabestätigung.

Takt 38

Harmonischer Gang von t zu tP über VI. und IV. Stufe (jeweils mit Zwischenddominanten); das zweite Mal wird vor Erreichen der tP in die Abkadenzierung abgebogen;
Bassgang weist in der Kleinsekund- (= „Trugschluss"-)Folge (je nach oben) übergeordnet nach unten.

Zum Analysieren – Die Arie der Pamina

Skizze einer Beschreibung des Singens und Spielens[1]

Die folgende Beschreibung (einschließlich Resümee und Reflex) versucht (auch), auf dem Hintergrund einer (hier nicht darzustellenden) Theorie vom Singen, die Frage zu beantworten, was Singen (und von da: was unser Hören) hier ist.

Die Takte 1-7:

Der Satz beginnt mit einem vom Grundton umschlossenen p-Streicherakkord, wiederholt ihn in einer Art Sarabandenrhythmus. Ihm legt sich noch im ersten Takt die Singstimme auf, beginnend mit der Quinte und das „Ach, ich fühl's" lapidar abwärts führend zum Grundton, wobei dessen Erreichen mit einem Seufzer-Vorhalt verstärkt erscheint. Dem schließt sich die durch Pause getrennte zweite Text- und Melodiephrase „es ist verschwunden" an, als ein Aufnehmen des vorhergehenden Schlußtones, Oktavsprung nach oben und (wieder) sekundweises Absinken (nun) zum Ausgangston (Quint). Der Schlußvorhalt, mit zwei Textsilben versehen, ist auskomponiert. Die Anfangssetzung aus zwei korrespondierenden Zwei(halb)takt-Gliedern, mit gleichem Anfangs- und Schlußton, gibt sich nicht nur in sich geschlossen wie ein Kreisen; sie schließt auch ganz real das emphatische Oktavintervall in sich ein. Dieser Setzung folgt eine Entsprechung, ebenfalls aus zwei Zwei(halb)taktgliedern, die die Periode zum Halbschluß führt, deren Glieder aber zusammengeschlossen werden durch eine absteigende (und den Affekt der Trauer verstärkende) Fagottfigur. Melodisch setzen sie fort; sie nehmen den Abwärtsduktus der zweiten Phrase auf und führen ihn zuerst in einer leidenschaftlichen Wendung (zurück zum *es''* und anschließend Zweiunddreißigstellauf) unter den Grundton zum dominantischen und wiederum vorhaltgezeichneten *fis'*, um dann „der Liebe Glück" auf dem milderen offenen Dominant-*a'* wie eine fragende stille Vorstellung verklingen zu lassen. Während die Aufstellung (bis Mitte Takt 3) textlich unbestimmt bleibt – erst die folgende Verszeile sagt ja, was eigentlich entschwunden ist –, während sie sich auch harmonisch nicht bewegt und auf dem Orgelpunkt G verharrt, gerät die Entsprechung, die das Verlorene resp. zu Verlierende in noch fragender Gewißheit benennt, in harmonische Bewegung zur Dominante hin. Gleichwohl ist gerade der Beginn ganz Ausdruck: Die Kadenz über dem Orgelpunkt „vertieft" sich betont schrittweise über eine Zwischendominante (→ Chromatik) zur Subdominante hin; der emphatische Oktavsprung erhält seine auch harmonische Intensivierung. Der Vorgang ist aber als ein „innerer" nicht nur durch das Beharren des Orgelpunkts, sondern auch durch das „Fehlen" eines *sf* gekennzeichnet; erst als Reaktion („Beantwortung") folgt das In-Bewegung-Kommen über die Mitteilung dessen, worum es geht.

Aus der Interpretation als eine „fragende Gewißheit" erscheint die Verlängerung plausibel: als Verstärkung dieses Schließens, die, den Gedanken offenlas-

---

[1] Der folgende Text setzt eine Klärung der materialen Gegebenheiten voraus; die Formulierung rechnet mit dem Überblick über die harmonischen und melodischen Vorgänge, mit dem bezeichneten Notentext.

send, gleichwohl die Periode zum Abschluß bringt, ohne (z. B. über eine teilwiederholende zweite Periode) zur Tonika zu gelangen.

Mit dem Begriff des Gedankens können wir an unser „Vorurteil" anknüpfen, an das Komponieren in der Klassik als Formulierung und Folge musikalischer Gedanken in Repräsentation des sich selbst denkenden und selbst handelnden Menschen (um den es schließlich in der „Zauberflöte" geht). Betrachten wir das Singen. Zuerst fällt das lange „Ach" auf; es scheint einerseits unmittelbar aus dem Herzen zu kommen (Quinte), anderseits eine Art Seufzer (langer Ton). Beides weist auf eine eher instrumentale Haltung in der Erfindung, was man sich durch Gegenproben verdeutlichen kann. Der Beginn könnte auch folgendermaßen lauten:

Vom Sprechen her vielleicht eher   Vom Singen her vielleicht eher

Der Beginn mit dem langen Ton (auf sprachlich kurzem „Ach") ist eine *musikalische* Geste, nicht so sehr einem Moment des Textes als vielmehr einem Moment des menschlichen In-Aktion-Tretens verbunden und mit dem Sprechen singend erklingend, doch keinesfalls genuines Gesangsmelos. Gleiches gilt für den Oktavsprung, der nicht als „exclamatio" hier steht: Das Intervall, das nur ein professioneller Sänger *so* singen kann, daß es nicht komisch wirkt, ist nicht Singen als es selbst, sondern Singen als jene Tätigkeit, Erklingendes (= ein musikalisch Gedachtes) mittels Artikulation eines Textes zum Erklingen zu bringen. Ähnlich schwierig zu singen: *„ewig"* oder „(Lie-)*be"*; beide Stellen erlauben aber anderseits dem beruflichen Sänger, gleichsam sich darstellend einzubringen. (Wir wollen Mozart nicht Ungeschicklichkeit im Komponieren vorwerfen. Sondern:) Was hier vorliegt, ist ein formulierter musikalischer (achttaktiger) Gedanke, der durchaus auch in einem langsamen Satz eines Instrumentalwerkes stehen könnte. Er ist aber so mit dem Textsprechen verbunden, daß er durch es ein die Aktion des Sprechenden „darstellendes" Singen beinhaltet. Die Gestik des Gedankens repräsentiert jene der inneren Aktion der Singenden, die aus der situativen Befindlichkeit resultiert: staunendes Innewerden des tiefen schmerzlichen Gefühls, Aussprechen des traurigen Gedankens in noch fraglicher Gewißheit.

Vorgriff zum Takt 36 und zu Takt 30 ff.:

Wie wichtig solche Einsicht für den Gang des weiteren Beschreibens sein kann, verdeutlicht von hier ein Vorgriff auf Takt 36. Dieser bedeutet keinesfalls (von sich aus) „etwas" wie „Tod" oder „Ende", wie man kurzschlüssig annehmen könnte, wenn man Mozarts Musik als autoritativ darstellend mißversteht. Sondern: Erreicht ist, über eine nochmalige äußerste Anspannung der Gefühlsskala (*g''* → *cis'*, im Gegensatz zum Oktavsprung des Beginns nun in umgekehrter, hinnehmender Richtung), das Ende des gebrochenen Vorwärtsschreitens: Pamina kommt zu einem Entschluß. (Schließlich geht das Singen auch noch ein wenig weiter!) Die noch fragende Gewißheit des ersten Gedankens ist einer akzeptierten und tröstlichen (→ „Ruh") Gewißheit gewichen, die gleichwohl Trauer und Tränen nach sich zieht. Die Verbindung zum ersten Gedanken stellt (neben den neapolitanischen Harmonieverbindungen) das zweifach bestätigende Erreichen der Tonika her.

Schauen wir ein Stückchen zurück (zu Takt 30 f.), so bemerken wir, daß diese Einsicht aus dem Zitat des zweiten Gedankens gleichsam herauskommt, jenes Gedankens, der (Takt 12 f.) Teil des Sich-Erinnerns (an die Wonnestunden) zurück ist. An keiner Stelle paßt die Textdeklamation so schlecht zu dem, was in der Singstimme sich zuträgt, wie hier und dort. Offensichtlich geht es Mozart genau um diesen Gedanken an dieser Stelle, der, in die Zukunft projiziert als Vorschein der „Ruhe im Tode", Pamina zur Annahme der Einsicht bewegt.

Musik (als instrumentales Spielen plus Singen) „meint" den aktionalen Vorgang (gleichzeitig aber nicht einen äußeren, abbildenden), „meint", den Vorgang des Denkens und Handelns des Menschen in seiner Situation.

Kehren wir zurück: zu den Takten 8 ff.

Auffallend in der Modulation ist nicht nur die Abruptheit des Hinüberwechselns, sondern auch das f-Einbrechen der neuen Sphäre mittels Bläsereinsatz. Verbunden sind das chromatische Hinübergleiten (*fis → f → e → es*) und das gleichsam plötzliche klangliche[1] „Hellwerden" in einem. (Es überkommt Pamina sozusagen.)

Wie ein „Einfall" auch setzt die Singstimme hoch an und entfaltet den „freundlichen"[2] B-Dur-Dreiklang nach unten, über die Oktave hinaus zur Durterz, die harmonisch als „Trug" (oder: als nicht wirklich genug = unwirklich?) angedeutet wird. (Dieses Hinunter in die Durterz erscheint mir wie ein Zusichziehen, wie ein Hineinziehen in die Intimität, sozusagen ganz nah zu sich ...) Dem fügt sich der chromatische Aufstieg an, jeden Ton quasi durch Vorhalt bzw. Vorwegnahme emphatisch hervorkehrend, gleich einem Sich-Ergehen in Sehnsucht. Ob der Zusammenhang so interpretiert werden kann?: Die Erinnerung erschiene Pamina selbst letztlich als Trug, aus dem sie sich in Sehnsucht steigert; die starke Chromatik in Baß und Oberstimme verweist immerhin auf eine irgendwie geartete Intensivierung.

Genau dies, das Sich-Hineinversetzen in eine Vorstellung, unternimmt die Fortsetzung (Takte 12 ff.), die auch hier die unmittelbare Entsprechung im „Seiten-Gedanken" ersetzt; statt dessen wird ein Textteil nochmals aufgenommen und weitergesponnen, unter Verwendung einer ausgezierten Figur, die als Umkehrung des Schlusses von oben (Takte 6/7: „Liebe Glück") anzusehen wäre.

---

[1] ... und somit unsere Rezeption des singend artikulierten Textes „bearbeitende" ...
[2] Beachte: Dreiklangsmelodik nirgends unmittelbarer als beim bekannten „Komm, lieber Mai ..."!

Zum Analysieren – Die Arie der Pamina

Takt 6/ 7   Takt 12: Struktur   Takt 12: "aktive" Auszierung

Die Auszierung der umgekehrten Figur erfolgt gleichsam „aus der Tiefe" nach oben, nicht leidend, sondern eher „aktiv", mit Leidenschaftlichkeit (→ Leittonbeziehung im Orchestersatz!). Möglicherweise stellt dies eine ganz wichtige Beobachtung dar: Diese Aktivität, das Sich-selbst-in-die-Hand-Nehmen bietet die Grundlage, um die Übernahme in den Takt 30 f. zu verstehen, in welcher Pamina nach einem Erschrecken über die eigene Einsicht und dem Zurückgeworfensein auf sich (Takte 27 ff.; vgl. u.) zu dieser Figur zurückkehrt, um dann zu einem Entschluß zu kommen.[1] Der sequenzierende Anschluß leitet über zu einer Kette von Seufzersekunden („meinem") und mündet in eine solistische Quasi-Kadenz über dem Quartsextakkord, in welcher Pamina ihrem „Herzen" (nochmals = ein letztes Mal?[2]) gleichsam „freien Lauf" läßt. Die Fortsetzung (Takt 12 ff.) also, der auffallend die Subdominante fehlt (→ auch in Takt 15 erscheint diese nur als Vorhalt überm Dominantgrundton), meint ein „schließliches" Einschwenken in das Unvermeidliche: Es ist Zeit, aus der festgestellten Situation einen Schluß zu ziehen.

Zu den Takten 16 ff.:

Das Ziehen des Schlusses erfolgt auch hier im weiteren als aktionistischer Vorgang, zuerst als Vorgang des Ansprechens, den der Modulationsgang einleitet. Der Lauf nach oben (Flöte, Oboe) korrespondiert mit dem Fortgang der Harmonik; sein Ziel als Septe wird zur None umgedeutet, woraus ein dynamisches Fortschreiten resultiert. Beide, instrumentalstimmliches Emporsteigen und harmonisches Fortschreiten, scheinen in einen anderen Raum zu weisen; was die Singstimme singt, „Sieh", erscheint wie eine Erklärung dessen, was als Handlung (im Sinne von „Schau!", von Zeigen) die Musik zuvor schon herstellt. Und der Satz wiederholt dies, sequenzierend schreitet er ganz im Sinne des Zeigens fort; und er spricht im Text das an, was zu sehen sei: „Tränen". Und schließlich fügt die Singstimme in einer Formel des vertrauten zärtlichen Ansprechens hinzu: „dir allein fließen sie"; und sie hebt diesen Aspekt, herausgefordert vom Impuls der Bläserverdopplung, nochmals, eindringlich an den anderen gerichtet (→ „dir"), hervor.

An dieser Stelle, die die nun erreichte Dominante ganz im Sinne des Schlusses einer Durchführung ausspielt (→ Takte 20 bis 22!) und bestätigt, steht (im Sinne einer Reprise) das Einmünden in die Tonika an, was hier aber gleichzusetzen wäre mit dem Einmünden in die endgültige Entscheidung bzw. Klärung. Das,

---

[1] Gleichwohl bleibt das Geschehen betont in der Abtaktigkeit beschlossen.
[2] Gemeint ist hier die „Kadenz" am Schluß (vor allem des ersten Satzes) eines Solokonzertes: Nach der Entfaltung und Konklusion der Gedanken bedeutet sie ein Innehalten und Anhalten des Augenblicks, vor dem endgültigen Schluß!

was der Text signalisiert – noch gibt Pamina nicht auf, noch „ist" sie nicht so weit, noch wirbt sie weiter, versucht sie scheinbar Tamino zu überzeugen –, das realisiert der Satz: Er vermeidet den Gang in die Tonika[1]. Stattdessen schließt er unmittelbar, in der Dominante bleibend, aber den Ton intensivierend (→ Vertiefung in die Subdominante, Ende Takt 22), das „Fühlst du nicht" an. Und er schließt es jetzt auftaktig an, wie übereilt, wie in Angst jetzt locker zu lassen. Die Instrumente lassen die Frage wiederholend und damit verstärkend nachklingen: „Der Liebe Sehnen" flicht Pamina als „Antwort" nochmals ein. Beständig ist jetzt das Gespanntsein der verminderten Septe präsent, als ein Verhältnis zwischen dem subdominantischen *es''* und dem dominantischen *fis'*, zwischen einem tonlichen Exponent des Persönlichen, Tiefen („→ Liebe") und dem Leitton als Exponent der Unerbittlichkeit, der Entscheidung. Das Verharren in der Dominante gleicht einem nervöser werdenden Aufrechterhalten eines Zustands vor der Lösung ...

Doch bemerken wir nun, in Takt 24, ein erstes „Umschalten": Die Abtaktigkeit bringt das Vorangehende zum Folgenden in ein vorsichtiges ‚wenn-dann'-Verhältnis: Wenn das also nicht ist ... , wenn also mein Bemühen nicht fruchtet, dann muß ich mich dreingeben (Abtaktigkeit!), dann „wird Ruh im Tode" die Konsequenz sein. Der Satz entfaltet die Einsicht in einer groß angelegten, in der thematischen Kontur konsequenten Kadenz (→ sekundweiser Abstieg)[2], gekennzeichnet von der chromatischen Leidensfigur, ausgeschmückt mit der Triole des ‚Leichtwerdens' (S) im Tode. Wohlgemerkt: Mozart „vertont" auch hier den Text nicht als Wenn-dann-Relation; sondern er läßt *Pamina* singen, menschlich-musikalisch agieren: Pamina wirbt noch einmal („Fühlst du nicht ..."); erst als dieses (offenbar) ohne Ergebnis bleibt, zieht sie für sich eine (dann-) Konsequenz.

Zu den Takten 27 ff.

Das „so wird Ruh" (24 ff.) vermittelt den Eindruck des Einbiegens in eine Art Ergebnis oder Ziel, in ein Zum-Entschluß-Kommen, zum Ende emphatisch verdeutlicht in der Triole, die das Beschließen zum Tode hin als jenseits solcher Regung hervorhebt. Doch der Trugschluß (Takt 27) vereitelt solches Münden wiederum. Auch hier meint dieser wohl nicht, daß das Gesagte falsch sei. Sondern: Die Sprechende, Pamina, will die eigene Einsicht selbst noch nicht wahr-

---

[1] ... und er vermeidet eben die wörtliche Reprise!
[2] Beachte den Texteingriff: Im Dienste der Einheit der großen Kadenz in ihrem ruhigen Bogen interne Textwiederholung mit „Ruhe" statt „Ruh".

haben. Und auch hier ist es der Orchesterpart, der das Handeln bestimmt (– die Singstimme mündet ja ins *g'*!). Aber die Singstimme nimmt nochmals ihr auftaktiges „Fühlst du nicht ..." auf, ein letzter Versuch des Ansprechens, ja des Aufschreis, als ob bei Pamina sich Angst vor der eigenen Einsicht aufbaute: eine Oktav nach oben gehoben, über einem Orchester, das nun zum *forte* sich steigert; wie eine letzte Hoffnung auch das Aufhellen hin zu C-Dur.

Doch das zweite „fühlst du nicht ..." nimmt dies schrittweise zurück, zurück ins *piano*, zurück in die entaktivierte sich bescheidende Abtaktigkeit, zurück auch chromatisch abwärts (Baßlinie), zurück schließlich gleichsam in die höchste Intensität nach innen (→ höchster Ton *b''*): Als ob Pamina sich abwendete, nur mehr zu sich selber spräche. An diesem Punkt nun, der vielleicht nicht zufällig genau der ist, an welchem der erste Gedanke (Takt 6/7) endete, hilft keine Erinnerung mehr. Hier schließt sich bruchlos die Gewißheit vom eigenen Unglück an, in der nur ein Vorschein einer Glückseligkeit in der Ruhe tröstet, in die das Singen und das harmonische Geschehen wie in ein Jenseits (→ neapolitanischer Sextakkord, Takt 32) weisen (vgl. o.). Aber noch ist dies Vorschein eines Zustands; erst in den jetzt folgenden Takten gelangt Pamina aus den Extremen der Empfindung ins Reine: „Ruh", das ist ganz oben, wie „Erlösung" (nicht Aufschrei!); „im Tode", das ist ganz unten, gekoppelt mit der Grenzüberschreitung zum *e* im Baß, womit die Weiche zur Tonika hin gestellt ist.

Die Melodiefloskeln der Textwiederholung (Takte 36 ff.) erscheinen zuerst wie ein schwacher Anklang an „der Liebe Glück", in der zweiten Figur mit dem Aufsteigen zur Dominant-None, dem freien Absinken zur Dominant-Terz und der schließlichen Auflösung zum Grundton zu einer Art Verzückung verwandelt.

Zu den Takten 38 ff.

Der Epilog, beängstigend konsequent in der linearen Geste des Abwärts, des Sich-Neigens, aber auch der Tränen und des Sich-Zuwendens (→ „Sieh, Tamino, diese Tränen"), schließlich vielleicht des Trauerns: Er besteht aus einem harmonischen Gang, der dort, wo er ein zweites Mal in den Trugschluß der Haupttonart trifft, in die (*p*-) Kadenz (mit phrygischer Sekunde *as'*) einmündet. Der durch Vorhalte in der Oberstimme im Sinne einer textbezogenen Satzfigur „beweglich" gemachte Terzgang durchläuft drei Stufen, vom *piano* über die Oktavierung durch die Holzbläser zum akkordisch auskomponierten *forte*; die beständige latente Trugschlüssigkeit der einzelnen Figuren teilt sich als Koppelung zweier Vorgänge mit: eines gleichsam Zusichziehen, Nähe repräsentierenden Sekundschritts nach oben (im Baß) und eines sich zuwendenden nachdrücklichen Seufzers in der Oberstimme; stets werden endgültige D-T-Verhältnisse gebremst oder vermieden. Geht es um ein generelles Sich Bescheiden, erfüllt von in Stufen sich steigerndem Bemühen, gleichsam gegenzusteuern, das dann doch klein beigeben muß? Vielleicht hilft die Einsicht, daß der Baß eine aus dem Tanz kommende Passacaglia- oder Chaconne-Folge darstellt.[1] Während dieser unerbittlich selbst (und mit seinen Sekundschritten nach oben auch die Oberstimme) nach unten zieht, folgt die Oberstimme quasi synkopisch, seufzend, wie gezogen nach. Immer nachdrücklicher wird die Bewegung, bis sie in der gedrückten phrygischen Schlußfigur endet. Eine Art „Totentanz", ein Hintergezogen-Werden!

Kleines Resümee

Unsere Vorstellung von klassischer Musik als Repräsentanz des „aufgeklärten", aus eigenem Denken und Entschluß handelnden und über sich bestimmenden Menschen können wir an dieser Arie durchaus konkretisieren. Wir können sie als einen musikalischen Vorgang erkennen, der das Artikulieren des situationsbezogenen Textes einerseits und dessen Rezeption durch uns anderseits „bearbeitet", hin zu einer Vorstellung von der hinter dem akustischen In-Erscheinung-Treten sich kundtuenden menschlichen Handlung.

Ein entsprechendes Argumentieren läßt sich als ein Durchlaufen von Stationen zumindest grob benennen: Ist-Feststellung (ohne recht zu begreifen), die die eigene Betroffenheit zum Ausdruck bringt; Rückerinnerung an die Zeit der „Wonnestunden"; Herauskristallisieren des „aktiven" Sich-Bewußtwerdens als Vorgang (der zu Tränen führt); Versuch des unmittelbaren Ansprechens, des Aufmerksammachens, Formulieren einer dann-Konsequenz, Zurückschrecken vor ihr, Gewahrwerden des Alleinseins und „aktives" Einbiegen in eine beruhigende Vision; daraus: Einsicht und Hoffnung auf Ruhe im Jenseits zusammen mit einem Sich-Abfinden. Ein solches Verständnis des musikalischen Vorgangs (d. h. des Orchestersatzes einschließlich des Singens) als eines Vorgangs, den die Singende (gleichsam als ihr inneres Argumentieren) vollzieht, läßt ahnen, warum Mozart auf wesentliche Korrespondenzteile verzichtet: Sie würden vermutlich den Vorgang verunklaren.[2]

Das „Vollziehen" aber ereignet sich wesentlich im Orchesterpart resp. im ganzen Satz, nicht (allein) in der Singstimme; darin hat das Vorausgehen des Orchesters (auch am Beginn) eine wichtige Funktion! Über den ganzen Satz verstreut sind wir auf Stellen gestoßen, an denen das Singen als Reaktion dessen deutlich wird, was im Orchester sich vollzieht: Sprachliche Artikulation erscheint als Folge des aktionalen Impulses des Menschen.

Zentral ist der musikalische Gedanke als ganzer und als sich entfaltender. Er ist eins mit dem obligaten Satz. Beide zusammen stiften den Vorgang, in welchem scheinbar der Mensch in seinem Sosein als ein Sohandelnder in der Zeit sich entfaltet. Dies geschieht, entsprechend der Arie des 18. Jahrhunderts, als Entfaltung des Affekts der Trauer in die eindimensional gerichtete Vorgänglich-

---

[1] Vgl. C-Moll-Passacaglia für Orgel von J. S. Bach.
[2] Vielleicht geht es hier eben gleichzeitig um eine (neue) Einfachheit, die sowohl „Zauberflöte" wie Spätstil kennzeichnet.

keit des Singens und Spielens; aber dies geschieht eben gleichzeitig als Erfüllen derselben mit (musikalisch-)gedanklicher Substanz, deren Folge sich (über das Textsingen) als argumentativer Entscheidungsprozeß auf ein Ziel hin zu erkennen gibt und die spezifische Ganzheitlichkeit aus einer impliziten Rückbezüglichkeit bezieht (wie sie dem Prinzip von Aufstellung und Entsprechung der Formulierung des Gedankens zugrundeliegt).

Wie (an Norm orientierter) musikalischer Verlauf und Aktionalität miteinander einhergehen, läßt sich beispielhaft am Dominantschluß des ersten Gedankens einsehen. Dieser Schluß fungiert zweifach: als Ausdruck der noch „fragenden Gewißheit"; gleichzeitig als Strukturmoment (sog. Halbschluß) der Periode. Letztere nützt Mozart, er interpretiert sie handlungsmäßig. Als „Ausdruck" muß dieser Schluß dann auch erhalten bleiben, auch wenn die Gegenperiode (also der sog. Ganzschluß) vorläufig nicht mehr folgt. Konsequent wird die Dominante bestätigt, bevor der Satz über sie hinausgelangt. Die Reversibilität (die klassisches Komponieren eben „zweiseitig" macht!) wird deutlich: Gerade das Hinausgelangen, ohne den Gedanken zu vollenden – handlungsmäßig interpretiert als ein Überwechseln in den neuen und anderen Argumentationsteil des Gegengedankens – beruht eben auf der Festigung der Dominante und damit auf der Begründung der ersten acht Takte aus den (hypothetisch) zu folgenden weiteren! Erst auf der Grundlage, daß musikalisches Gelten zweiseitig sich begründet – die Korrespondenzmelodik des musikalischen Gedankens ist sein auffallendstes Kennzeichen –, konnte Musik (als orchestrales Spielen und als Singen in einem) Repräsentant menschlichen Handelns werden.

Aus dem oben festgestellten Verhältnis des musikalischen Gedankens zur Artikulation des Textes können wir folgern: Der Musik (als vorgestellt Erklingendem) ist das besondere Aktionshafte als Strukturmoment bereits einkomponiert; nicht muß der Künstler vom Momentanen her (wie bei C. Ph. E. Bach) noch seine Stimmung investieren, um diese gleichsam „äußerlich" musikalisch vorzuvollziehen. Wohl aber muß er dem Einkomponierten gerecht werden; dies ist auch technisch ein neues Erfordernis. Hier scheint das schon angelegt, was das 19. Jahrhundert „Interpretation" nennt. Gleichzeitig mögen einem als Folge einer differenzierten inneren Balance der Musik die vielen möglichen Schattierungen auffallen, deren man gewahr wird, wenn man auch nur einen Ton ändert … Denn das, was sich musikalisch (= als Singen, Spielen und Hören) vollzieht, ist stets aktuell sich bildende Substanz, die im Singen Paminas sich als ein Fortschreiten des argumentativen Denkens zu verstehen gibt. Und es ist gleichzeitig schon Resultat, Gedanke und Umgang mit ihm, der als Erklingendes sich darstellt.

Der Versuch einer skizzenhaften Beschreibung, die das benennt, was Singen und Spielen hier vollziehen, hat angedeutet, daß das Prinzip „Sonate" auch für diese Arie grundlegend bedeutungsvoll erscheint. Wir finden es am auffallendsten im Wiederaufnehmen des vergleichsweise „zweiten" Gedankens im Schlußteil (nun nicht mehr in der Parallel-, sondern in der Haupttonart), welches eben als Integration des „Gegengedankens" nun in den harmonischen Gang zur Schlußtonika hin zur Lösung des Argumentationsganges entschieden beiträgt. Dabei fällt auf, wie frei Mozart dieses Prinzip handhabt, wie er im Interesse des (inneren) Vorgangs des handelnden Menschen „formale" Bedingungen äußerst frei erfüllt (ohne sie freilich zu übergehen!). Dies hat zur Folge, daß vor allem bei diesem Stück etwas besonders hörbar wird, was meiner Hörerfahrung mit Mozart überhaupt entspricht: die Überraschung darüber, wie es „weitergeht". Stets scheint es immer wieder neu, auch und gerade bei Stücken, die man „kennt" bzw. oft gehört hat. Das scheinbare Herauskommen der Anknüpfungen und doch deren neues impulsives Setzen, diese Verknüpfung von ‚Logik' (= Passendem) einerseits und von überraschend Neuem (= Unerwartetem) andererseits, das ist das, was mich an Mozart fasziniert. Man ist stets überrascht über das Fortsetzen und erkennt im zweiten Augenblick, anders dürfte es gar nicht sein. So, wie ein Mensch stets überraschend agieren kann, und doch paßt alles, weil es zu ihm paßt, weil es aus einer Wurzel kommt.

Um schließlich wieder zum eigenen Hören, Singen und Spielen dieser Arie zurückzukommen: Die Analyse bestätigt den Eindruck der Ernsthaftigkeit zu einer Glaubwürdigkeit hin. Indem wir an der sogearteten Artikulation des Textes teilhaben, nehmen wir an der Person teil, die singt, an Pamina als Mensch in dieser Situation. Wir vollziehen den Argumentationsprozeß mit, *als ob* wir selbst in dieser Situation wären.[1] Für das Herstellen solcher Teilnahme scheint kein Ton zuviel; Mozart „macht uns nichts vor", nichts Überflüssiges versucht zu „beeinflussen". Umsomehr überzeugt er uns.

(A 2) Zurück zum Reflex übers Analysieren

Ziehen wir einige Konsequenzen aus dem vorliegenden Versuch, Analysieren als Bezeichnen und Beschreiben ein Stück weit vorangetrieben zu haben. Das „ein Stück weit" erscheint wichtig; denn es geht zuerst immer darum, sich auf den Weg zu machen. Daß wir im Vergleich zu ernsthafter musikwissenschaftlicher Analyse auf diesem sehr bald an Grenzen geraten, das müssen wir als Musikpädagogen hinnehmen. Es scheint mir aber sicher, daß der musikpädagogische Arbeitszusammenhang aufgrund seiner anderen Ziele auch andere Vorgehensweisen (= ein eigenes Selbstverständnis) der musikalischen Analyse rechtfertigt.

Für unseren Zusammenhang lassen sich vorläufig folgende Regeln angeben: Im Vordergrund steht das Beschreiben, das das benennt, was (vermittelt durch den Notentext) erkennbar als orchestrales Spielen und Singen „vorliegt". Den Schwierigkeiten, ohne Fragestellungen das zu Beschreibende gar nicht wahr-

---

[1] Das „als ob" meint hier eben noch bzw. schon ein Selbstbedenken des 19. Jahrhunderts. Bei Mozart aber erscheint noch die Figur im Spiel menschlich gefüllt; sie vermittelt uns heute dadurch einen Weg, *uns* (in ihr) als Menschen vergegenwärtigt zu sehen.

nehmen zu können, begegnen wir (z. T.) mit unserer Spiel-, Sing- oder Hörerfahrung und mit unserem musikgeschichtlichen Vorurteil. Im musikalischen Gefüge aber, das dem Standard entspricht, den wir gemeinhin Kunst zumessen, gibt es keine unabhängigen Phänomene: In unserer Arie von Mozart etwa sind Melodie und Harmonik zwar getrennt beobachtbar, aber letztlich nicht getrennt voneinander auffaßbar; sie sind in ihrem Sosein aufeinander bezogen, sie bringen in dieser Bezogenheit gleichsam unser Singen, Spielen und Hören hervor. Die Art und Weise aufzudecken, wie dies geschieht, ist Sache des Bezeichnens. Fragen des Beschreibens sind also eher Fragen an das, was Bezeichnen bemerkt(e): Was ist es in dem, wie es ist? Und: Was bewirkt es im Zusammenhang unseres Singens, Spielens und Hörens?

Wenn es also Regeln des Verhaltens gibt, dann die:
- *Eigene Erfahrung des Singens und Spielens und Hörens sammeln* (→ Hören etc. so oft wiederholen, bis wir zur Reproduktion im Bewußtsein in der Lage sind).
- *Von außen nach innen* (→ das Stück rein äußerlich bestimmen, Gliederung/Sinneinheiten feststellen, im Bezeichnen bis zum einzelnen Takt, zur einzelnen Phrase vorzustoßen versuchen).
- *Sich des eigenen Vorurteils kritisch* versichern (→ in der Literatur nach Material suchen und es in die eigene Vorstellung von Musik „umlesen").
- *Vom Bezeichnen zum Beschreiben und von der Einzelheit zum Gesamtzusammenhang des Beschriebenen* fortschreiten (→ Zusammenhang der Konstituenten, Verbindendes, Trennendes feststellen, Unterscheidung von Haupt- und Nebensachen).

Grundsätzlich hat Analyse für uns nicht das zu verifizieren, was das Stück *vordergründig* mit anderen, ähnlichen Stücken verbindet (z. B. „Form" im Sinn der Formenlehre), sondern das auszuweisen, was das vorliegende Stück gerade von anderen unterscheidet und worin es dann (auf seine einmalige Weise) das für die Zeit Typische repräsentiert. Uns interessiert in erster Linie, wie und was das „Stück" als es selbst ist (= sein Selbstverständnis) und daß und wie es darin die zeitgenössische Vorstellung vom Singen und/oder Spielen und/oder Hören realisiert.

Generell bleibt Analyse relativ unsinnig, werden ihre Ergebnisse nicht wieder in den Zusammenhang eines nutzvollen Tätigseins, z. B. eines Darstellens für andere zurückgebracht. Dieses kann einem eigenen Ziel unterworfen sein; gerade in der Musikwissenschaft fungiert Analyse (des Einzelstückes) als selbstverständliche Voraussetzung für generelle Aussagen über Musik (z. B. einer Zeit, eines Komponisten etc.), die selbst dann nur dort, wo die Argumentation es erfordert, die Ergebnisse von Analyse mit darstellen.

Im *musikpädagogischen* Zusammenhang nimmt aber das Beschreiben (einschließlich des Aufnehmens von Ergebnissen analytischen Nachforschens) eine wesentliche Funktion ein im Zusammenhang des sich und anderen Vergewisserns dessen, was als „Tätigkeit" vorliegt: Solche „bedient" sich ja immer des einzelnen Stückes, Werkes, Projektes und nicht generell „der" Musik. Doch bleibt das Erarbeiten von (einzelnen) Einsichten über ein „Stück" blind und folgenlos, erfüllen wir letztere nicht mit einer (vorgefaßten) Theorie, z. B. des Singens, des Spielens, des Hörens im Zusammenhang einer Epoche. Solche Integration freilich kann dann, wenn solche Theorie sich selbst als eine der *Musik als Tätigsein* versteht, unmittelbare Auswirkung auf unser Singen, Spielen und Hören haben, auf das klangliche Realisieren eines durch Notenschrift Festgehaltenen.

Auf unsere *Arie der Pamina* übertragen hieße das, daß uns die analytischen Vorarbeiten und der Versuch einer Beschreibung Einsicht darüber vermittelt haben, *als was Singen hier gleichsam sich selbst versteht*, ohne daß wir zu unterstellen hätten, daß Mozart es *so* gedacht habe.[1] Es versteht sich hier als Bekundung des Menschen über den Fortgang seines inneren Abwägens als wesentlicher Teil seines Handelns in eigener Verantwortung für sich, bezogen auf die konkrete Lebenssituation. Solche Bekundung erfolgt aber, trotz Singen, eher indirekt. Denn das Singen geht im Spielen auf. Es ist der musikalische Gedankengang, der sich adäquat dem des handelnden Menschen verhält, in welchem dieser, den Text *so* singend, prozeßhaft sich vergegenwärtigt. Nicht der Text benennt das Abwägen von sich aus, sondern der musikalische Vorgang als ganzer, an dem Singen (als Text-„Aussprechen") teilhat, bezeichnet den Entscheidungsvorgang, an dem wir als Singende wie Hörende teilnehmen können. Das Aussprechen des Textes macht ihn konkret als einen eigenen meinbar, mitvollziehbar.

Solche Einsicht dient also nicht (allein resp. selbstgenügsam) einem sog. Verstehen, sondern zuerst (möglicherweise) dem eigenen *Singen*, das sich nun als ein reflexives Ausspielen der Situation des mit sich selbst umgehenden Menschen *mitleben* läßt. Gerade darin aber sehe ich die Chance der Mitbestimmung des eigenen musikalischen Tätigseins hergestellt.

Was uns als Sängern recht ist, sollte uns in gleicher Weise als *Hörern* billig sein. Nur, auch hier gilt: Nicht das Mitempfinden dessen, was Pamina durchlebt resp. die Sängerin uns davon als Möglichkeit wiedergibt, kann (heute und allein) das Ziel unseres Hörens sein. Es geht nicht um die Wahrnehmung der „Sache"; es geht auch hier um das (heute: selbstreflexive) Mitleben dessen, was das Singen und Spielen vollzieht, das auf den Hörenden selbst zurückstrahlt, auf *Wahrnehmung seiner selbst*. Was aus dem Hören letztlich resultiert, ist ein Öffnen menschlicher Empfindungs- und Selbsterkenntnismöglichkeiten nicht als objektiv, sondern als subjektiv mögliche: Indem „ich" in das Hören nun eigene situationsbezogene Argumentation *investiere*, mir den eigenen Gedankenreichtum eröffne, *kann „ich" mich als Argumentierenden und Quasi-Handelnden selbst erleben und wahrnehmen.* Darin liegt auch hier die Möglichkeit einer vertieften Mitbestimmung des eigenen Tätigseins (also: des eigenen Hörens) durch die Einsicht, die Analyse vermittelte.

---

[1] Das Selbstverständnis eines Singens gehört zum Selbstverständnis einer Zeit, aus der heraus man lebt, das dem Reflex in der Regel nur eingeschränkt zugänglich ist.

IV

Musikunterrichten-lernen oder Musikpädagoge-werden?

Über einen „Studienbereich Berufspraxis" in der Musiklehrerausbildung

Mit welchem Ziel betreiben wir eine sog. berufspraktische Ausbildung innerhalb des Lehramtsstudiums? Zielt diese auf ein vergleichsweise pragmatisches *Musikunterrichtenkönnen*, für das ein universitäres Studium kaum begründbar erschiene; oder zielt sie auf ein *Musikpädagogewerden* im Sinn einer eher wissenschaftlichen Qualifikation in einem universitären Fach, das (dann) der praktischen Dimension eher zu entraten hätte?

Für Sie, die Studierenden, erscheinen solche Fragen eher rhetorisch. Sie begeben sich in den Studienbereich, um „wirklich" *Musiklehrer* in ihrem Sinn zu werden. Sie erwarten, wesentliche Bestandteile einer zukünftigen Berufsfähigkeit, ja - fertigkeit, hier vermittelt zu bekommen, u. a. jenen Teil, den Sie (sicher mit einigem Recht) als berufspraktisch zentral ansehen: *Musikunterrichten zu lernen*.

Dieser verständlichen (und doch undifferenzierten) Vorstellung setze ich entgegen: Wissenschaftliche Hochschule, und darin eingeschlossen der Studienbereich BERUFSPRAXIS, kann zwar versuchen, Sie (im Ansatz und „im Grunde") zum Musiklehrer zu machen, aber sie/er wird nicht in der Lage sein, Ihnen ein Musikunterrichtenkönnen zu vermitteln. Statt dessen wird sie/er versuchen müssen, Sie tatsächlich im Ansatz zu Musikpädagogen zu machen.

Das klingt wie ein Widerspruch; es ist (genau genommen) auch einer. Aber es ist einer, mit dem wir leben müssen, vielleicht auch leben können.

Dazu einige Anmerkungen.

1

Was wir/Sie in einem Studienbereich BERUFSPRAXIS lernen können bzw. sollen, das steht gar nicht so unmißverständlich fest, wie es den Anschein hat.

(a) Wir müssen uns vor einer kurzschlüssigen Gleichsetzung eines Musiklehrerseins mit Musikunterrichtenkönnen hüten. Die Tätigkeit des Musiklehrers läuft immer Gefahr, innerhalb einer verwalteten Institution Schule aufs fraglose Fungieren hin eingeengt zu werden. Definieren wir sie als ein *umfassendes Handeln* (in

dessen Zentrum zwar Musikunterrichten im allgemeinverständlichen Sinn steht, welches allein aber nicht identisch ist mit dem Tätigsein des Musiklehrers), dann erfordert diese Tätigkeit noch wesentliche andere *Felder der Kompetenz;* so
- ein begründendes und rechtfertigendes *Bedenken* des eigenen Tuns;
- ein Aufnehmen der eigenen künstlerischen Erfahrung und des Wissens von Musik und dessen *Umdenken* auf den (anderen) Menschen (im Zusammenhang von Lernen);
- ein Sich-Vorstellen des (eigenen) Unterrichtens, also ein *Vorausdenken* des Prozesses Musikunterricht (unter Einbeziehung eines Wissens von Schule und Unterricht);
- ein kritisches Bedenken dessen, ‚was' und wie man unterrichtet (hat), also ein *Nachdenken* über das eigene Tun und dessen Folgen (bei anderen).

Zusammengenommen zeichnet den *Musiklehrer als Musikpädagogen* eine spezifische, auf den (anderen) Menschen als Musik „machenden" (evtl. unter den besonderen Bedingungen von Schule) bezogene *Denkfähigkeit* aus. Dieses Denken „mündet" zwar schließlich in Unterrichtspraxis; aber es ist auch als es selbst wichtig und anzulegen.

(b) Unser Verhältnis zur *Bildungsinstitution Schule* ist heute notwendigerweise ein kritisches. Gerade weil wir akzeptieren, daß Schule (einerseits) nicht ersetzbar ist, weil sie (in dieser Gesellschaft) lebenswichtige Funktionen für unsere Kinder ausfüllt, weil wir aber auch einsehen, daß sie (andererseits und deshalb) noch lange nicht *die* selbstgesetzliche, autonome Erziehungsinstanz sein darf, müssen wir ihre *permanente Veränderung* im Sinne einer Verbesserung und gesellschaftlichen Weiterentwicklung als möglich und notwendig ansehen. Diese kritische Haltung (überkommener Struktur und festgefahrenem Selbstverständnis von) Schule gegenüber, die sich in einem auf das eigene Handeln bezogenen Bedenken durchaus als *Denklust,* als Teil musikpädagogischer Identität niederschlägt, richtet nicht nur sich auf öffentlich diskutierte Aspekte, wie z. B. Schulform (Stichwort: Gesamtschule) oder Inhalte (→ *was* sollen Kinder lernen?) oder auf Instrumente der Steuerung einer Bildungsbiographie (Stichwort: Zeugnisse), sondern ganz zentral auf die Frage aus, *wer eigentlich warum wie Schule für wen veranstaltet, veranstalten muß, veranstalten sollte.*

Ich glaube, daß dieses Bedenken von *Schule* als (erst) *Lebensraum* und (dann) *Lernraum* für Kinder, als Schule zuerst einmal *der Bürger/Eltern für ihre Kinder* (und nicht eines Staates für seine Untertanen), daß solches Bedenken also Leidenschaft verlangt, Parteilichkeit, ein Eintreten für die unmittelbar und mittelbar Betroffenen, für Schüler und Eltern und Lehrer, – auch und vor allem hier aus einer eigenen (künstlerischen) Überzeugung heraus.

Eine solche Schule darf sich nicht in allem verwaltungsmäßig bestimmen und regulieren lassen. Sie bedarf des sorgsam (auch staatlich) abgesicherten *Freiraums,* der von den Lehrern in kollegialer Zusammenarbeit und in ständiger Kommunikation mit den Eltern und Familien auszufüllen ist. Dafür freilich bedarf

Musikunterrichten-lernen oder Musikpädagoge-werden?

es wiederum nicht geringer *Voraussetzungen* des Lehrers, die Verantwortlichkeit und Initiative (im Sinn des Wortes:) begründen.

(c) Unterrichtspraxis ist aber nicht nur eine letztliche Konsequenz des musikpädagogischen Denkens, sondern auch dessen Grund. Erst das tatsächliche umfassende Handeln treibt das vielschichtige Denken (als dessen Teil) vorwärts, gibt ihm Leitlinien, verleiht ihm Sinn.

Solcher Zusammenhang hat schon früher zu Konsequenzen geführt. Die Prämisse, Lehrer als *verantwortlich* Handelnde ernstzunehmen, führte zur Bestärkung des *wissenschaftlichen* Charakters des pädagogischen/musikpädagogischen Studiums, an dessen Ende die Lehrer in der Lage sein sollten, ihr Tun argumentativ zu begründen und selbst zu strukturieren. Die Prämisse, daß solche Kompetenz nur in Zusammenhang mit der Erfahrung und Problematisierung von Unterrichtspraxis unmittelbar erworben werden könne, führte zum Versuch einer Integration praktischer Ausbildungsphasen in das wissenschaftliche Studium. Gerade eine auf praktisches Handeln bezogene argumentative Denkfähigkeit bedurfte umso mehr der Verzahnung mit Unterrichten in Form *eines* integrierten Studiums, eines Einführens und Orientierens, eines Erfahrungmachens, eines Problematisierens, eines wissenschaftlichen Aufarbeitens, eines Neuprobierens usw. Das entsprechende Konzept der sog. Einphasigen Lehrerausbildung (ELAB) – als Modellversuch in den 70-er Jahren in Oldenburg, Osnabrück und Vechta versucht – hat sich nicht durchsetzen lassen.

Rückblickend läßt sich zwar (quasi den einzelnen entschuldigend und) zusammenfassend auf die nichterfüllten gesellschaftlichen und politischen Bedingungen verweisen. Doch verbergen sich hinter solchen anonymen „Bedingungen" immer persönliche Haltungen vieler und Entscheidungen einzelner. Im Falle der ELAB bezogen sie sich einerseits auf das Feld der Wissenschaft, wo die notwendigen und möglichen *Reformen von Studium* nicht unwesentlich aus Mangel an Einsicht und Wille vieler einzelner scheiterten, auch die Tätigkeit des Hochschullehrers argumentativ auf das Ziel solcher Lehrerausbildung hin zu verändern. Für uns gewichtiger aber erscheint andererseits das Feld der Unterrichtspraxis. Das Konzept konfrontierte Schule (und ihre verwaltungstechnisch maßgebenden Träger) als ein bürokratisches, hierarchisiertes, auf tendenziell reibungsloses und fragloses Funktionieren abzielendes System (im Sinne einer Behörde) mit einem wissenschaftlichen System Hochschule, in welchem (jetzt gerade) Prinzipien des Infragestellens und Überprüfens, des Problematisierens (auch implizit solchen Funktionierens) bestimmend sein wollten.

Der Konflikt hätte nur in erträglichen Grenzen gehalten werden können, hätte auch Schulverwaltung ihrerseits jene Reformen von Schule quasi vorauseilend in Angriff genommen, die von Hochschule kraft neuer Lehrerausbildung mit-intendiert waren. Entsprechende Initiativen waren aber weder von der (Schule „verwaltenden") Behörde noch von der Mehrheit der bisherigen Lehrer zu erwarten, die sich durch die neue Lehrerausbildung oft kritisiert und verunsichert sahen, und dies um so mehr, als sie durch ihre eigene (noch betont nicht-wissenschaftliche) Ausbildung auch oft nicht die Voraussetzungen besaßen, mit dieser ihrer Verunsicherung produktiv fertigzuwerden, andererseits im gymnasialen Bereich die herkömmliche Priorität einer fachwissenschaftlichen Bildung vermißten. Die Entscheidung für ein weiteres „ruhiges" Funktionieren durch die mit der Schulverwaltung unmittelbar verbundene politische Exekutive kam relativ zwangsläufig, wurde also von wenigen getroffen: als Restitution der Lehrerausbildung in zwei Phasen mit getrennter Verantwortlichkeit.

Seit dem Scheitern (also) des Versuchs, dem *Denkenlernen* das eigene *Ausführenlernen* zur Verfügung zu stellen, hat wissenschaftliche Hochschule nicht (mehr) die Möglichkeit, *auch* die „praktische" Kompetenz des Musikunterrichtenkönnens (mit) zu vermitteln. Ausbildung teilt sich (seitdem wieder) in zwei Ausbildungsphasen: in eine erste Phase des Studiums an der Hochschule mit nur geringen Praxisanteilen und in eine zweite Phase des Referendariats an der Schule, begleitet von einem (nichtwissenschaftlichen) Ausbildungsseminar.

Dies kennzeichnet unsere Situation. Die Frage, ob Studium im Sinne der ersten Ausbildungsphase weiterhin ein wissenschaftliches sein soll, läßt sich im Bereich der Grund-, Haupt- und Realschullehrerausbildung nicht mit einem „ja" oder „nein" beantworten: Auch wenn Lehramtsstudium nicht als wissenschaftliches Studium im eigentlichen Sinn gelten soll, so erfordert die Situation der Praxis und die stets weiterzuentwickelnde Vorstellung vom Handeln des Lehrers in ihr zweifellos eine *auf Wissenschaft gerichtete* Kompetenz, die ich als *ein eigenartiges Umgehen mit wissenschaftlicher Erkenntnis und mit wissenschaftlichen Methoden* bezeichnen würde. Das „auf sie gerichtete" ist dabei doppelt bedeutungsvoll: Zum einen meint es, daß Sie damit nicht selbst Wissenschaftler werden sollen/wollen, sondern daß Ihre Fähigkeit, argumentativ und methodisch reflektiert zu denken, auf Ihr praktisches Handeln bezogen sein soll. Es signalisiert aber zum anderen, daß Wissenschaftlichkeit in Ihrem Studium nicht auf ein Feld sogenannter Fachwissenschaft sich abschieben läßt, während Ihnen praktische Kompetenz gemäß nicht-wissenschaftlichen Verfahren (Vormachen – Nachmachen, Rezept und Regel o. ä.) vermittelt wird. Wissenschaftliche Verfahren in der Ausbildung auch und gerade im STUDIENBEREICH BERUFSPRAXIS können/sollen die Voraussetzungen schaffen, jetzt und später *sich* an der Ausbildung eigenverantwortlich zu beteiligen.

Intermezzo: Zum Vor- und Nachdenken

Im Jahrgang 1986 veröffentlichte die Zeitschrift „Musik und Bildung" (S. 234-37) ein Gespräch des Herausgebers dieser Zeitschrift, Christoph Richter, mit deren Schriftleiter, Hans Bäßler.[1] *Lesen Sie diesen Text; in ihm finden Sie eben angeschnittene Gedanken, aber vor allem einige wesentliche Grundsätze der noch folgenden Ausführungen angesprochen.*

Notieren Sie auffallende Stichworte (die Ihnen - hoffentlich - nicht selbstverständlich erscheinen) zum Verständnis Bäßlers u. a. von
– *Musikunterricht in der Schule (a), von*

---

[1] Aus hochschuldidaktischen Gründen werden Texte der sog. Literatur im Arbeitszusammenhang so weit wie möglich *vollständig* zur Kenntnis genommen. Der Studierende soll *an* einem Text arbeiten und lernen, für ihn wesentliche Informationen aus dem Gesamtzusammenhang herauszu„lesen" und für sein Denken auszuwerten.

Musikunterrichten-lernen oder Musikpädagoge-werden?

– *der Rolle des Lehrers darin (b), vom*
– *Verhältnis zu Konzeptionen von Musikunterricht in der Ausbildung (c), vom*
– *Zusammenhang von Theorie und Praxis in Bezug zu Unterricht (d), von*
– *der Bedeutung künstlerischer Praxis (e), von*
– *der möglichen Relevanz von Praktika während des Studiums (f) und von*
– *möglicher Veränderung des Systems „Schule" (g).*

Bitte lesen und diskutieren Sie diesen Text; fertigen Sie sich Notizen!

Ihre Notizen und die entsprechende Diskussion über diesen Text könnte etwa folgende Stichpunkte umfassen.

(→ a/b) Angesprochen wird die Vorstellung von Musikunterricht als Funktion von Schule (und nicht primär als Funktion irgendeiner oder irgendjemandes Musik), die selbst durchaus in ihrer prinzipiellen Fragwürdigkeit gesehen wird; angesprochen wird darin auch die Vorstellung von der eigenen Rolle als Lehrer. Letztere bezieht sich auf Schule als Lebensraum, auf ein Jetzt-Leben des Kindes als Ernstfall, für den (Musik-)Lernen stattfindet. Und sie versteht sich in ihrer fachlichen Dimension als Parteinahme für den Schüler, nicht aber einseitig als Vertretung einer Sache „Musik". (Wir werden darüber im Arbeitstext „Modelle ..." zu reden haben.)

(→ c) Zentral für Bäßler ist ein persönliches Verhältnis zur „konzeptionellen" Theorie; es verweist auf einen Prozeß des Arbeitens mit ihr (nicht auf ihr kurzfristiges Umsetzen in Praxis). Solche Arbeit bedeutet Konfrontation und Rezeption mit dem Ziel der Bildung eines eigenen konzeptionellen Standpunktes; sie bedeutet aber auch das Befragen von Unterricht auf seinen Konzeptgehalt hin.

(→ d) Der ausbildungsbezogene Zusammenhang von (hochschulischer) Theorie und (schulischer) Praxis sollte sich zunächst u. a. auf der Ebene der konzeptionellen Fragestellung vollziehen: „Wem nützt es?" = „Warum vermittle ich wem was?"; diese Frage haben sich die an allen Institutionen (also auch die an der Hochschule) Lehrenden zu stellen ebenso wie die Lernenden.

(→ e) Dies gilt auch für Instrumentalunterricht als praxisrelevanter Ausbildungszusammenhang, der ja nicht nur per Sensibilisierung und Hineinragen von lebendig erklingender (selbstgespielter) Musik relevant wird, sondern wesentlich auch über das Musikersein des Lehrers selbst, über ihn als künstlerische Persönlichkeit.

(→ f) Eine zweite Ebene des Zusammenhangs von Theorie und Praxis ist die des Miteinanderredens und Kontakthabens, z. B. per Praktikum: Letzteres ist in seiner Wirkung sicher begrenzt auf ein Bekanntmachen mit Schule; aber es könnte, würde es ernster genommen, mehr Rückwirkung auf die Person des Studierenden (= auf ihn als spätere Lehrerpersönlichkeit) entfalten.

(→ g) Das System „Schule" wird als eines betrachtet, mit dem man leben muß und kann, das aber im Prinzip auch veränderbar erscheint: Es in Einklang zu bringen mit Vorstellungen von einem sinnvollen Musikunterricht, bedarf es u. a. organisatorischer Änderungen, die einen Schritt in Richtung „Entschulung" der Schule darstellen.

Schließlich sei auf den Anfang des Gesprächs verwiesen: Was will eine solche Zeitschrift, warum kann sie jetzt und später für mich interessant sein? Gibt es noch weitere ähnliche Zeitschriften? Auch solchen Informationen kommt im Zusammenhang des Studienbereichs BERUFSPRAXIS große Bedeutung zu.

2

Statt um eine „Lehre" oder um eine „objektive" Teilhabe an einer Wissenschaft geht es uns im Studienbereich BERUFSPRAXIS um das Anlegen eher „subjektiver" Dimensionen eines unterrichtsbezogenen Denkens, Wissens und Könnens als Voraussetzung für berufliches Handeln.

Systematisch betrachtet scheinen in einem wissenschaftsorientierten und berufsfeldbezogenen Studium zwei *globale Aufgaben* anzustehen, die, da sie jede für sich schon die Kurz(!)-Studiendauer überfordern können, oft konkurrierend auftreten: die (eher aus dem Selbstbild der Hochschullehrer resultierende) Aufgabe, das eigene „Fach" als einen Wissenschaftsbereich darzustellen, in dessen Begriffe, Sachgebiete und Zusammenhänge einzuführen, um damit (leider seltener) explizit Vorwissen und gesammelte Erfahrung zusammenführen, abzurunden; und die Aufgabe, die Erarbeitung eigener Einsicht und Erkenntnis von der differenzierten Frage- und Problemstellung her forschungsgeleitet und selbsttätig und (wenn möglich) praxisbezogen zu vermitteln.

Die Erfahrung lehrt, daß die zweite Aufgabe in der Regel zu kurz kommt, auch weil die erste – von den Lehrenden als Vertreter der Wissenschaft fast stets als primär und wichtiger angesehen – zu viel Studienzeit beansprucht. Um die zweite der Aufgaben hervorzuheben, soll in diesem Studienbereich von uns versucht werden, wesentliche und vergleichsweise einführende Teile durch *schriftliche Materialien* zu begleiten, die Seminartermine vor- und nachbereiten helfen, mitunter auch den Lern- und Arbeitsprozeß über das einzelne Semester hinaus verlängern.[1]

Die programmatische Bezugsetzung von Wissenschaft und Handeln legt als besondere Konsequenz in der Organisation des Studiums nahe, die für den Studienbereich BERUFSPRAXIS entscheidende Qualifikation gleichsam *vor* die Vermittlung von sog. Wissenschaft ebenso wie *vor* die Anweisung zum Tätigsein zu setzen. Ziel des Studiums im Studienbereich ist gleichsam zuerst eine *Vorstellung* (im Sinne von Vorstellungsfähigkeit, besser von Vorstellungsmächtigkeit) vom *Erwerb(!)* eines eigenen Denkens, Wissens und Könnens, mit dem ‚ich' (als zukünftiger Lehrer) sinnvolle ‚praktische' (Unterrichts-) Situationen definieren, planen und realisieren kann, unter wachsender eigener Beteiligung und Entscheidungsfähigkeit.[2] (Mit „sinnvolle ‚praktische' Situationen" angesprochen ist

---

[1] Eine Auswahl entsprechender Texte ist für einen anderen Band der ZWISCHENTEXTE vorgesehen.
[2] In solcher Definition des Ziels als „Vorstellung vom Erwerb ..." fühle ich mich bestärkt durch die „Didaktik"-Definition einer sog. „Handlungsorientierten Didaktik", die sich als eine „Lehre vom Erwerb jener Qualifikationen und Handlungskompetenzen (versteht), die angehende und praktizierende Lehrer zunehmend in die Lage versetzen, einen humanen, demokratischen und effektiven Un-

dabei eine noch vorzunehmende Bestimmung des Sinns von Musikunterricht: Das Denken, Wissen und Können sollte ‚mich' zunehmend in die Lage versetzen, z. B.(!) einen interessebezogenen und fachgerechten Unterricht *so* zu definieren, zu planen und zu realisieren, daß der noch zu definierende Sinn eines Musikunterrichts durch *meinen* Musikunterricht eingelöst wird.)

Eine solche *Vorstellung vom Erwerb* ist insofern die zentrale Qualifikation für unsere zukünftige Tätigkeit, als sie die fortschreitende Integration auch anderer Qualifikationen (bezogen z. B. auf das Bewußtsein von Musik und vom Menschen als musikalischen sowie auf die eigene künstlerische Fähigkeit) zur Konstitution der eigenen Persönlichkeit als Lehrer zumindest nicht ausschließt.

Für die Vorstellungsfähigkeit vom Erwerb hat Hochschule Wege zu weisen; sie hat den *Prozeß des Qualifizierens* zu benennen, und sie hat ihn zu strukturieren. Beides wollen wir hier tun.

Der Prozeß besteht wohl im wesentlichen darin, innerhalb dieses Studienbereichs zwischen zwei „Ebenen" zu vermitteln. Da ist zum einen, für Studierende oft angstvoll an den Regalen der Bibliothek greifbar, das Gesamt der Literatur, der schriftlichen Bekundungen über Musikunterricht, mit dem vielleicht im Zentrum, was sich als „Musikdidaktik als Wissenschaft" verstehen will. Dieses Gegenüber – ich nenne es die MATERIAL-Ebene – ist zu definieren als das, was uns gleichsam als „Möglichkeiten" (des Denkens, Wissens und Könnens) gegenübersteht; sie gilt es weder zu vermitteln noch zu lernen; sie gilt es *aufzuschließen für*. Da ist zum anderen das wachsende Bewußtsein davon, was ich als Musiklehrer will, und wie ich das, was ich mir als sinnvolle Musikpädagogik vorstelle, bewältige, unter anderem in dem ich an mir arbeite. Ein solches Bewußtsein – ich nenne es die HORIZONT-Ebene – ist *anzulegen, aufzubauen* und zwar im Zusammenhang von hochschulischem Studium, durch Auseinandersetzung eben mit den schriftlichen Bekundungen.

Der Prozeß der Qualifizierung besteht also – fomal gesehen – wesentlich in einem Arbeiten am MATERIAL (und zunehmend zusätzlich an eigener Praxiserfahrung) zur Konstitution eines eigenen Bewußtseins (= HORIZONTs). Verdeutlichen wir uns dies graphisch:

Hochschulisches Studium hat zwischen zwei Ebenen zu vermitteln,

einer MATERIAL-Ebene, definiert als das, was 'mir gleichsam als „Möglichkeit" (des Wissens, Denkens, Könnens) in Form schriftlicher Bekundungen gegenübersteht.	einer HORIZONT-Ebene, definiert als wachsendes Bewußtsein davon, was ich will und wie ich das, was ich will, bewältige.

◄──────►

Zwischen beiden „vermittelt" das Aufschließen des Materials für die Konstitution eines eigenen Bewußtseins, auf dem Wege des Arbeitens an und mit ihm.

---

terricht fach-, methoden- und sozialkompetent zu planen, durchzuführen und auszuwerten". Vgl. Georg E. Becker, *Handlungsorientierte Didaktik ...* , Weinheim, Basel 1991, S. 12.

Schriften zur Musikdidaktik, Richtlinien, Schulbücher oder „Begriffe und Ansätze der Methodik" etc. stellen das (freilich für diesen Studienbereich auch als es selbst relevante) Material dar, an dem wir *unser* argumentatives Denken zu erarbeiten beginnen wollen. Dies ist sicher eine eigenartige Situation, typisch jedoch für ein *berufsbezogenes wissenschaftsorientiertes Studium*: Selbst wenn man – wie dies oft geschieht[1] – Musikdidaktik als eine Wissenschaft sui generis definiert, so tritt diese uns im Studium keineswegs als eine gegenüber, in die wir (als zukünftige Wissenschaftler) hineinwachsen, sondern eher als eine Art „Fundus" von unterrichtsbezogenen Denkwegen und -ergebnissen, mit denen *wir* uns auseinandersetzen, um eine auf *unser* (zukünftiges) *Handeln* bezogene Denk- und Arbeitsfähigkeit zu entwickeln. Solche Haltung einer Wissenschaft gegenüber meint jedoch keineswegs deren Plündern, sondern ein *Sich-Abarbeiten-an*. Am Ende haben wir möglicherweise ein Stück *Gewißheit* gewonnen, aus der wir handeln, die aber selbst eine argumentativ ausgebaute darstellt: Wir haben jetzt unsere Gründe, *so* zu denken ... Unsere Auseinandersetzung ist der Weg, unsere mitgebrachten und noch naiven Meinungen von Musikunterricht (und von uns als Lehrer) mit der Zeit zu entwickeln zu resp. zu ersetzen durch begründete(n) und zu eigen gemachte(n) Vorstellungen von ihnen.

Eine auf das eigene Handeln bezogene Denkfähigkeit zu entwickeln, setzt neben Einsichten und Kenntnissen (in den resp. vom eigenen Tätigkeitsbereich) so etwas wie *Leitlinien* voraus; das eigene Ab- und Erarbeiten muß auf eine perspektivische Struktur zurückgreifen können, die es erlaubt, die Fülle der angebotenen Möglichkeiten in einer auf das zukünftige Handeln bezogenen Weise zu ordnen.

Drei *Aspekte* scheinen mir als Strukturierung vordringlich; ich leite sie aus meiner Vorstellung vom über sich selbst (mit-)bestimmenden Musiklehrer ab. Ihn verstehe ich als jemanden, der etwas *will* und der dies auch – wenn auch in noch sehr vorläufiger Form – realisieren *kann* und der dies zu tun sich bemüht unter Berücksichtigung dessen, was (z. B.) Schule an institutioneller Vorgabe an ihn heranträgt, was er also in seiner Rolle *soll*. Im Klartext:

- „Ich" als Musiklehrer will etwas (= ich habe eine Vorstellung von einem sinnvollen Musikunterricht), ich weiß, was ich will, ich nehme mir etwas vor und gehe an die Schule, um dies (= einen bestimmten Musikunterricht) zu verwirklichen.
- Ich kenne aber auch die Bedingungen, unter denen ich da zu arbeiten habe, unter denen also das, was ich mir vorgenommen habe, zu realisieren ist.
- Und: Ich denke und realisiere „meinen" Musikunterricht (vorläufig vor allem) über dessen Planung, d. h. ich setze das, was ich mir vornehme, um, unter Berücksichtigung entsprechender Bedingungen.

Enthalten sind also drei persönliche Perspektiven oder Leitlinien, unter denen unser „Arbeiten am Material" steht:

---

[1] Vgl. hierzu den Didaktik-Aufsatz R. Schneiders im 1985 (Regensburg) erschienenen *Handbuch für Schulmusik*, der in Kapitel 3 dieser „Einleitung" zur ersten „Ein-Übung" unseres Arbeitens vorgeschlagen wird.

(a) Sich selbst eine (eigene) Vorstellung entwickeln vom Selbstverständnis und vom Sinn eines (eigenen) Musikunterrichts

Ich nenne diesen Aspekt verkürzt „Musikunterricht als KONZEPTION". Bei ihm geht es nicht darum, eine Konzeption zu „lernen", sondern darum, die Fähigkeit zu erwerben, selbst (eine eigene) Konzeption zu denken bzw. selbst konzeptionell zu denken.

(b) Sich ein Bewußtsein anlegen, von den Bedingungen, unter denen Musikunterricht (heute) stattfindet

Ich nenne diesen Aspekt verkürzt „Musikunterricht als INSTITUTION". Bei ihm geht es nicht (nur) um pragmatische Praxiseinsicht, sondern um mehr: die Bedingungen heutiger Praxis kennen *und* verstehen zu lernen, und dies aus der Einsicht in wesentliche Faktoren, die Arten von Musikunterricht zustande bringen.

(c) Sich die Fähigkeit aufbauen, Musikunterricht als Prozeß (an dem „ich" selbst beteiligt bin) zu denken, zu planen, zu realisieren

Diesen Aspekt nenne ich verkürzt „Musikunterricht als SITUATION". Auch hier steht nicht das pragmatische Lernen, eine Einzelstunde zu „inszenieren", im Vordergrund, sondern das Aufbauen der Praxisfähigkeit als Denken → Entwerfen → Umsetzen → Ausweiten → Differenzieren einer Situationsvorstellung „Musikunterricht".

3.

Im universitären Studium kommt der konzeptionellen Dimension besondere Bedeutung zu; *diese* setzt voraus, Theorien vom Musikunterricht als solche wahrzunehmen und zu analysieren.

Was ist unter *musikpädagogischer Theoriebildung* zu verstehen? Nolte[1], der darunter „alle jene Bemühungen (versteht), die auf die theoretische Durchdringung der Voraussetzungen und Möglichkeiten musikalischen Lernens und Lehrens zielen", unterscheidet zwei Bereiche:

„Der eine Bereich umfaßt theoretische Ansätze, Konzepte und Argumentationszusammenhänge, die auf die Durchführung von Musikunterricht zielen und Aussagen zur Legitimation, zu den Zielen, Inhalten und Methoden des musikalischen Lernens und Lehrens enthalten. Theorien dieser Art bilden nach einem heute mittlerweile weithin akzeptierten Sprachgebrauch den Bereich der *Musikdidaktik*. Der andere Bereich musikpädagogischer Theoriebildung ist der der *wissenschaftlichen Musikpädagogik*. In diesem Bereich bedeutet „musikpädagogische Theoriebildung" die Gewinnung gesicherter, intersubjektiv nachprüfbarer Aussagen zu den Voraussetzungen, Bedingungen und Beeinflussungsmöglichkeiten musikalischen Lernens und Lehrens."

---

[1] Eckhard Nolte, *Zum Stand der musikpädagogischen Theoriebildung*, in: Helms/Hopf/Valentin, *Handbuch der Schulmusik*, Regensburg 1985, S. 39.

Musikunterrichten-lernen oder Musikpädagoge-werden?

Ein zentrales Ziel Ihres/unseres Bemühens in diesem Studienbereich ist das Anlegen der eben skizzierten „mehrdimensionalen" Qualifikation durch Auseinandersetzung mit dem *ersten* der von Nolte benannten Bereiche.[1] Dabei ist aber das „Material", an dem wir unseren konzeptionellen Standpunkt, unser Bewußtsein vom Status quo herrschender Praxis und unsere Fähigkeit, Musikunterricht als Prozeß zu bedenken (und zu realisieren), entwickeln, keinesfalls so nebensächlich, wie es den Anschein haben könnte: Denn Theorien der Musikpädagogik, sog. Musikdidaktiken, Richtlinientexte, Schulbücher, historische Unterrichtsmuster usf. bedeuten für unseren Studienbereich den von uns aus gesehen notwendigen, ja zentralen *Fundus von Theoriestücken*, an dem wir unsere mitgebrachten Voraussetzungen kritisch aufarbeiten und weiterentwickeln können. „Konzeption haben" etc. meint ja nicht, eine ein für allemal feststehende Vorstellung vom Sinn und vom Inhalt „(m)eines" Musikunterrichts zu konstruieren, sondern es bedeutet deren *beständige Revision*. Würden wir „unsere" Konzeption isoliert als eigene Theorie bilden, ohne Auseinandersetzung mit anderen, würden wir unser Ziel, selbst konzeptionell zu denken, bedenklich unterlaufen. Ähnliches gilt für die eigene Fähigkeit, Unterricht zu denken, zu planen, zu realisieren.

Das eigene Denken ist, solange es sich noch nicht an selbsterfahrenen und -erkannten Problemstellungen festmachen kann und damit an einer zu spielenden Rolle im Prozeß, gefährdet. Es bedarf der *Orientierung*, des Richtungweisens durch Materialauswahl und Überblick, durch Interpretation, durch Modellbildung, durch eine Zusammenstellung von Analyse-Beispielen usw.

Solche Orientierung soll im Studium durch ein Arbeiten mit Texten anderer unterstützt werden, das selbst textlich gefaßt erscheint. Solche Text-Texte (*Essays* und *Arbeitstexte*) – ich nenne sie charakterisierend KOPFTEXTE[2] – verstehen sich als einleitende Ausschnitte aus und Hilfen zu jenen Studienprozessen, die den leitenden Aspekten jeweils zuzumessen sind. Als *Ausschnitte aus dem Handlungszusammenhang Studieren* ist ihre spezifische Funktion verständlich: Sie stellen das, was in Seminarsitzungen vom Lehrenden und Studierenden vorzubringen ist, sprachlich exakt(er) dar und heben es gleichzeitig in die Ebene, in der eine sich als wissenschaftlich verstehende musikpädagogische Diskussion stattfindet, welche Studierenden wiederum (sprachlich und argumentativ) oft schwer zugänglich ist. Die Texte verhalten sich dabei z. T. bewußt thetisch (→ *Essays*), als Meinungsäußerung; ihre Subjektivität, ihr mitunter provokativer Charakter schützt sie davor, mißverstanden zu werden. Denn sie sollen gerade nicht als ein Stück „Literatur" sich gebärden, nicht, sich absichernd, das referieren, „was in anderen Büchern steht", und damit das Selbstlesen der Studierenden tendenziell ersetzen. Aber sie leisten – so die Absicht – auf ihre eigene Weise dem Studierenden, der problemorientiert studieren will, *Vermittlung* als sie selbst und in ihrem jeweiligen Zusammenhang. Die in ihnen geleistete *Auswahl, Kommentierung* und *gegenseitige Bezugsetzung* fremder Texte soll wesentlich zu jener o. a. Horizontöffnung beitragen, zum argumentierenden Widersprechen verleiten, die Kluft zur sog. Literatur

---

[1] Das besagt nicht, daß der andere Bereich, den Nolte als „wissenschaftliche Musikpädagogik" bezeichnet, unwichtig wäre. Nach meiner Auffassung gehört er aber zu einer (zu definierenden) Fachwissenschaft des Lehramts-Studiums.

[2] ... und meine damit Texte, die man erarbeitet, um sich auf einen neuen Stand des Denkens zu bringen, auf dem man die erarbeiteten Texte dann hinter sich lassen kann. Sie stellen damit eine Art Gegensatz zum „Handbuch" dar.

überbrücken helfen und Mut zur persönlichen Auseinandersetzung mit Texten und Schriften anderer erzeugen.

Angesprochen ist damit prinzipiell die Frage nach den *Arbeitsweisen* im Hinblick auf die oben angedeuteten drei leitenden Aspekte. Und es ist jetzt schon abzusehen, daß auch im Studienbereich Berufspraxis, im Zusammenhang der ersten Studienphase, das *Verhalten des Lesens* im Mittelpunkt steht, also *des analysierenden, kritischen, diskutierenden Aufnehmens von Aussagen, Argumenten und Erkenntnissen in Texten anderer.* Die folgende Skizze verdeutlicht solche primäre Bedeutung für alle drei Aspekte:

„Konzeptionelles" Denken	→ durch →	**Lesen** (Material)
„Institutionelles" Wissen	→ durch →	**Lesen** + Beobachten (Erkundung)
„Prozessuales" Können (Denken, Planen, Durch-führen, Analysieren von Unterricht)	→ durch →	**Lesen** + Beobachten + Selbsttun (Unterrichtsversuche)

Die Skizze verdeutlicht aber auch, daß wir fortschreitend zusätzlich noch andere Quellen zum „Abarbeiten" benutzen: Das *Erkunden* und das *eigene Versuchen von Unterricht,* beide vor allem im Zusammenhang von Praktika. (Doch ersetzen beide nicht das Zurkenntnisnehmen von Texten durch Lesen!)

Ein-Übung

Lesen Sie den Aufsatz, „Didaktik der Musik", von Reinhard Schneider in dem im Jahre 1985 erschienenen Handbuch für Schulmusik.[1]

Er beschreibt einen bestimmten Diskussionsstand zur Frage ‚Was ist und bewegt heute Musikdidaktik?' in einer sehr gut zu durchschauenden Folge von zusammengefaßt etwa 17 Punkten. Zu einigen dieser Punkte können wir nach dem bisher Erörterten konkrete Fragen stellen, die der folgende Arbeitsprozeß beantworten sollte; einige sind von Ihnen sicher schon mit kritischen Anmerkungen zu versehen. Für mich zentral wichtig z. B. ist die dort lesbare Behauptung eines Interesses, das eine Wissenschaft angeblich hat. Ich halte solche Formulierung für gefährlich, weil sie unter scheinbarer sprachlicher Objektivität verschleiert, daß es vor allem (und wohl auch allein) Interessen von Wissenschaftlern gibt, wobei jeweils durchaus zu überprüfen ist, wie weit diese (im einzelnen Text!) inhaltlich definiert sind und darin sich mit unseren Interessen treffen.

Machen Sie zu diesem Text ein Thesenblatt: Versuchen Sie, die wesentlichen Aussagen in jeweils ein bis zwei Sätzen wiederzugeben. Notieren Sie auch, als Hinzufügungen erkennbar, Ihre Notizen, Ihr Weiterdenken, Ihre Fragen, Ihre Einwände ... Dann resümieren Sie: Was kann die Lektüre „gebracht" haben?

Gemäß meinem Arbeitsnotat könnten in unserer Situation folgende Ergebnisse eine Lektüre gerechtfertigt haben:

---

[1] ... hrsg. von Siegmund Helms, Helmuth Hopf und Erich Valentin, Regensburg (Bosse), S. 95-106.

Musikunterrichten-lernen oder Musikpädagoge-werden?

- *(1) Wir haben zur Kenntnis genommen, daß es ein Bemühen um eine Musikdidaktik als Wissenschaft gibt und worum es dieser geht.*
- *(2) Wir haben den entsprechenden Gedankengang als einen musikpädagogischen kritisch mitvollzogen und uns entsprechend auch eigene Gedanken gemacht und notiert.*
- *(3) Wir haben möglicherweise auf dem Hintergrund eines solchen Bemühens um Musikdidaktik als Wissenschaft die (oben angesprochene) eigene Position eines Bemühens um Ausbildung deutlicher vor Augen.*

Zu (1)

Wir haben zur Kenntnis genommen, daß in der Musikpädagogik [verstanden als begrifflicher Rahmen für Theorie und Praxis des Musikunterrichts] sich ein neues Problembewußtsein gebildet hat, das einerseits [vielleicht bei den Lehrern] zu einer Verunsicherung in der Praxis, andererseits [vielleicht im hochschulischen Bereich] zur Konstitution einer Wissenschaft vom Musikunterricht (= Musikdidaktik) geführt hat. Musikdidaktik definiert Schneider hier als eine –wenn auch „gefährdete" – Wissenschaft vom Musikunterricht, als „Versuch, die Komplexität der Probleme mit und um Musikunterricht mit einer bestimmten methodischen Strategie, die zu begrifflicher Klarheit führen soll, so zu reduzieren, daß eine theoriegeleitete Praxis des Musikunterrichts gegenwärtig möglich wird".[1] Sie besteht im Kern als ‚eine', möglichst allgemeine Theorie, die von der Aufgabe der „Begegnung zwischen Mensch und Musik" ausgeht und den zentralen Begriff der „Vermittlung" in den Mittelpunkt stellt. Im entsprechenden Bemühen um diese zeichnet sich Gemeinsamkeit nicht nur in inhaltlicher und methodischer Hinsicht ab, sondern auch darin, das „Eigentliche der Musik" zur Geltung zu bringen, den funktionalen Aspekt zu thematisieren und überhaupt vokales und instrumentales Musizieren wieder stärker zu berücksichtigen. Die Lösung der Probleme des Musikunterrichts kann aber nicht allein eine Musikdidaktik leisten; sie muß in der Lehrerausbildung angelegt werden.

In solchem Begriff von „Musikdidaktik", den wir uns traditionell eigentlich näher an der Berufspraxis vorgestellt haben, spiegelt sich tatsächlich ein Sich-Entfernen (hochschulischer) Lehre von den in praxi Betroffenen:

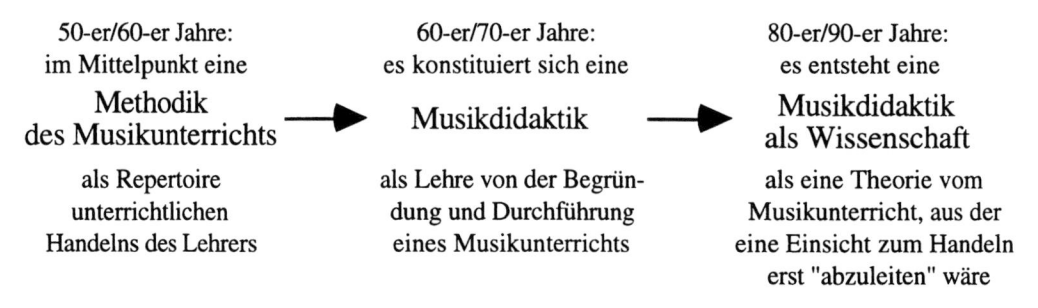

50-er/60-er Jahre:	60-er/70-er Jahre:	80-er/90-er Jahre:
im Mittelpunkt eine	es konstituiert sich eine	es entsteht eine
Methodik des Musikunterrichts →	**Musikdidaktik** →	**Musikdidaktik als Wissenschaft**
als Repertoire unterrichtlichen Handelns des Lehrers	als Lehre von der Begründung und Durchführung eines Musikunterrichts	als eine Theorie vom Musikunterricht, aus der eine Einsicht zum Handeln erst "abzuleiten" wäre

Auch über solche „Entwicklung" wird im Studienbereich Berufspraxis zu reden sein.

---

[1] Beachten Sie: Zentrale Definitionen sollten wir in unsere Notizen immer als Zitate übernehmen. Da die Lektüre dieses Textabschnitts die unmittelbar vorangehende Auseinandersetzung mit Schneiders Aufsatz voraussetzt, werden keine Belegstellen nachgewiesen.

Musikunterrichten-lernen oder Musikpädagoge-werden?

Zu (2) und (3)
Wir haben gleichzeitig uns eingelassen in eine unser Fach betreffende Argumentation: Wir haben ein Stück weit mit-gedacht, vielleicht auch weiter-gedacht und Fragen (an uns) gestellt. Gleichzeitig haben wir auch die eigentlich „offene Frage" Schneiders wahrgenommen, der einerseits eine Musikdidaktik als jene Wissenschaft propagiert, aus der eine theoriegeleitete Praxis wieder möglich werden soll, anderseits die Lösung der Probleme des Musikunterrichts nicht allein in dieser Wissenschaft, sondern auch – wie wir hier vor allem – in der Lehrerausbildung vermutet. Dabei bleibt die (für mich) eigentlich zentrale Frage, welche Rolle diese Wissenschaft (wie) innerhalb von Ausbildung spielen soll, traditionell ungestellt.

Ein gewichtiger Fragekomplex betrifft den vermeintlichen Gegenstand dieser Wissenschaft, den Musikunterricht.

(a) Die Objektivierung hin zu einer Wissenschaft im Dienste begrifflicher und argumentativer Klarheit ist einerseits sinnvoll und notwendig. Die Frage (des Wissenschaftlers), was Musikunterricht an und für sich sei, kann auch für unser Denken wichtige Einsichten abwerfen. Doch führt sie einerseits über Musikpädagogik hinaus (zur Frage, was eben Unterricht an und für sich sei), anderseits ebnet sie genau jene Vielgestaltigkeit allen möglichen musikbezogenen Unterrichtsgeschehens ein, die uns zumindest ebenso interessiert.

(b) Schwierigkeiten bereitet die Existenz des Gegenstandes. Abgesehen davon, daß Musikunterricht als stets vorübergehendes Geschehen der exakten Beobachtung nur schwer zugänglich ist, wird die Fragestellung des Wissenschaftlers vor allem stattgefundenen, also vergangenen Musikunterricht betreffen. Unser Interesse aber richtet sich zentral auf unseren und damit auf einen zukünftigen Musikunterricht. Gleichzeitig: Während ein Wissenschaftler Musikunterricht als Untersuchungsobjekt herzustellen sich bemüht, ist es unser Interesse, daß sich Musikunterricht als „Vorstellung" des Subjekts konstituiere; solches definieren wir als Fähigkeit, die zu lernen ist, indem wir sie von drei Fragen her aufzubauen versuchen:
– *als Konzeption: Warum soll Musikunterricht wie funktionieren?;*
– *als beobachtbare Wirklichkeit: Wie funktioniert Musikunterricht in Schule heute?;*
– *als eigene Praxis: Was tue ich, damit mein Musikunterricht als Prozeß ‚sinnvoll' abläuft?*
Alle drei Vorstellungen sind aufeinander und auf den Studierenden persönlich bezogen.

(c) Erweist sich „Musikdidaktik" also einerseits kaum als eigenständige Wissenschaft, sondern eher als spezialisierter Teil einer schulpädagogischen Unterrichtsforschung (→ a), und interessiert uns diese zwar als Ergebnis, weniger aber als Teilhabe am forschenden Vorgehen (→ b), so erscheint uns doch der Begriff „Musikdidaktik als Durchgangsstelle" brauchbar. Von unserem Interesse her könnten wir ihn verstehen im Sinne von Bündelung wissenschaftlicher Erkenntnisse unter dem Blickpunkt einer „praktischen" (= aufs eigene Handeln bezogenen) Vernunft. Solche Bündelung stellt aber einen operativen Vorgang dar und besitzt nur je vorübergehend objektiven Charakter. Musikdidaktik, so verstanden, konstituiert sich also als stets eher momentanes Bemühen des Subjekts.

Ein zweiter gewichtiger Fragenkomplex betrifft das Zentrum der angestrebten „allgemeine[n] Theorie des Musikunterrichts", den Begriff der Vermittlung. Einem solchen Begriff kommt zweifellos für unser Denken große Bedeutung zu.

(a) Doch: Wer vermittelt warum wem was und wie ... ? Schneider versteht Vermittlung in Bezug zu einen vermeintlichen Konsens über die Hauptaufgabe des Musikunterrichts, „Begegnung zwischen Mensch und Musik zu ermöglichen"; Vermittlung heißt, gemäß einem offensichtlich fraglos unterstellten eher gegenständlichen Musikbegriff, Beziehung herzustellen zwischen zwei getrennt Existierenden. Solches Verständnis, in welchem das eigentlich Fragwürdige (→ „Begegnung", „Musik", „Mensch") schon festzustehen scheint, birgt nicht nur die Gefahr in sich, daß Musikdidaktik letztlich doch nur zu einer Lehre von der Technik der Vermittlung (einer „gründlichen Auseinandersetzung mit Musik") verkommt, es wird auch selbst fragwürdig, sobald man den an Musik als „Werk" orientierten Musikbegriff in Frage stellt. Es zeigt sich, daß auch hier, sobald man eine Musikdidaktik als Wissenschaft betreibt, sich das Zentrum des Bedenkens wiederum nach ‚außen' verlagert, diesmal ins Befragen dessen, was Musik ist, also in eine Musikwissenschaft (ebenso wie in das Fragen nach dem Menschen, also in eine Anthropologie).

(b) Legt man der Ausgangsfrage einen tätigkeitsorientierten Musikbegriff zugrunde, dann verändert sich der Begriff der Vermittlung fundamental, möglicherweise zu einem Verständnis vom Herstellen jener Situationen, in denen musikalisches Tätigsein von Menschen als ein sinnvolles zustande kommen kann. Gleichzeitig relativiert sich das Problem künstlerischer Praxis, das dort, wo Musiklernen sich (wie in der Theorie von der „Didaktischen Interpretation") an einem Sachanspruch orientiert, nicht lösbar scheint. Gleiches gilt (dann) für die „Aufarbeitung des funktionalen Aspekts von Musik" als (vermeintliche) Aufgabenstellung des Musikunterrichts usw.

(c) Doch interessiert uns die Ausgangsfrage eher in einer anderen Formulierung: Wer soll / kann / darf / muß / will etc. warum wem was und wie vermitteln? Erst so gestellt, weist sie nicht nur, unserem Studieninteresse gemäß, in die Zukunft; sie bezieht auch sofort das erste der Fragepronomen in das Bedenken als wesentlich ein: die Vorstellung vom Musiklehrer. Diese ist zu konkretisieren
– in der Vorstellung von sich selbst in dieser Rolle
– im gesamten Ausbildungsprozeß
– als operatives Zusammenführen von Ergebnissen vieler Fragebemühungen,
vor allem fachwissenschaftlicher und erziehungswissenschaftlicher Art. Musikdidaktik definiert sich dann als persönliche und vorläufige Beantwortung der Ausgangsfrage.

Aus dem Bemühen um eine Musikdidaktik als Wissenschaft (im Rahmen einer Lehrerausbildung), das wir als es selbst durchaus als frag-würdig ansehen können, bleibt der Weg von der wissenschaftlichen Aussage zur Handhabung des einzelnen (wahrscheinlich) gerade ausgeklammert. Damit wird das zentrale Problem eines auf Berufspraxis zielenden Studiums, das Problem des sog. Praxisbezugs, nicht nur nicht gelöst, sondern eigentlich auch erst geschaffen. Unser (in der Einführung skizzierter) Ansatz verlegt die Problemzone in den Lehrer, in seine Qualifikation als eine wissenschaftliche: Wichtig scheint uns nicht die Konstitution einer neuen Wissenschaft von der Praxis, sondern die Konkretisierung interessegeleiteten und wissenschaftlichen Denkens im einzelnen Lehrer im Bezug auf eine selbstverantwortete (= seine) Praxis.

4

Statt in einem strengen Curriculum organisiert sich der Studienbereich in einem offenen System von Themenstellungen und Arbeitsvorhaben; das Ziel ist, sich auf den Weg zu machen.

Wie stelle ich mir das Arbeiten im Zusammenhang der leitenden Aspekte konkret vor? Grundsätzlich versuchen wir, die (text-)analytische Frage danach, „was war/ist warum und warum so?", mit einer vergleichsweise synthetischen danach, "was wird sein, was soll warum sein?", zu konfrontieren.

(a) Am Beginn des Studiums im Studienbereich Berufspraxis kann der Aspekt KONZEPTION stehen: sich im Studium eine Vorstellung davon entwickeln, *warum* Musikunterricht sinnvoll ist, *für wen* er veranstaltet wird und *wie* er sinngemäß zu sein hat/hätte. Eine solche Vorstellung entsteht vor allem durch die kritische Rezeption vergangener oder geltender konzeptioneller Ansätze, mit dem Ziel des Anlegens eines eigenen, persönlichen, begründeten Standpunktes, der mit den eigenen musikalischen Fähigkeiten korrespondiert. Dazu dienen:
- die Problematisierung des Denkens und Formulierens von Aufgabe und Zielen eines Musikunterrichts durch
- die Lektüre und kritische Aufarbeitung von Theorien der Musikpädagogik und didaktischen Ansätzen aus der Geschichte unseres Faches sowie durch
- die Problematisierung und Skizzierung von Modellen konzeptionellen Denkens und durch erste Begriffe; schließlich durch
- Auseinandersetzung mit Vorschlägen aktueller konzeptioneller Überlegungen, u. a. seitens des Hochschullehrers[*].

(b) Dazu erscheint es sinnvoll, im Zusammenhang mit dem allgemeinen Praktikum, Schule und Musikunterricht unter dem Aspekt der INSTITUTION zu befragen: sich im Studium eine Vorstellung davon entwickeln, daß und welche Faktoren Musikunterricht als institutionalisierte Veranstaltung bestimmen, um diese einschätzen, ja durchschauen zu können. Dem dient:
- die Sammlung und der Reflex (aus dem mitgebrachten Wissen heraus) darüber, was für Arten des Musikunterrichts es gibt, welche Faktoren bestimmend hervortreten und wie es vor allem mit Schule und darin mit schulischem Musikunterricht steht;
- deren Vertiefung durch Erkundung im Praktikum: Hospitationen, Beobachtungen, Erfahrungen mit (auch eigenem) Musikunterricht in verschiedenen Klassen;

---

[*] Vgl. hierzu auch den folgenden Text, *Einige Stichpunkte zu einer Konzeption*.

- deren Auswertung: Perspektiven zur Veranstaltung von Schule und Musikunterricht im Interesse der Realisation einer sinnvollen Konzeption.

Auch hier verbleibt Studieren nicht im kritischen Aufnehmen dessen, was sich uns als Schule und Musikunterricht heute darstellt; vielmehr impliziert es stets das (auch) utopische Entwerfen von Schule als Lebenswelt von Kindern und Jugendlichen, die sich bei aller Alternativität nicht als Gegenwelt von der außerschulischen Lebenswelt absondert.

(c) In einem sozusagen zweiten Schritt wenden wir uns dem Aspekt der SITUATION zu: Im Studium beginnen, Musikunterricht als einen auf eine konkrete Schulstufe bezogenen umfassend zu entwerfen. Dem dient:
- die Problematisierung der Vorstellung davon, was Musikunterricht für uns ist und sein kann, die vom Begriff der „Situation" ausgeht und Konzeption entfaltet;
- das Erarbeiten unterschiedlich akzentuierter Unterrichtskonzepte und -felder als Auf- und Vorbereitung des in der Literatur Vorgestellten gemäß eigenem konzeptionellen Denken und schließlich
- dessen Erweiterung durch Auseinandersetzung mit Unterrichtsmaterialien (als Vorrat möglichen Unterrichts).

Erst ein dritter Schritt geht dann, im Zusammenhang mit einem eventuellen Fachpraktikum, zur konkreten einzelnen Unterrichtsplanung und -realisation über: Im Studium beginnen, einen Musikunterricht themen- und projektbezogen zu skizzieren, ihn von den eigenen Fähigkeiten und künstlerischen Schwerpunkten her zu entwerfen, gleichzeitig ihn als einen Prozeß zu denken und zu planen, an dem wir selbst beteiligt sein wollen (= Musikunterricht im Ansatz als einen eigenen also konkret werden zu lassen).

Der Studienprozeß arbeitet also vorwiegend mit der Analyse und Diskussion von Texten anderer. Solche Texte (z. B. sog. *Richtlinien*) werden jeweils unter wechselnden Aspekten verwendet. Wenn wir uns mit Begriffen und Ansätzen z. B. einer Musikdidaktik beschäftigen, dann können wir dies mit dem Ziel unternehmen, uns selbst *in allen drei* genannten persönlichen Perspektiven voranzubringen. Ansätze der Musikdidaktik interpretieren wir dabei
- als Vorschläge zur (partiellen) eigenen Konzeptionsbildung;
- als (auch historische) Anschauungen von einem Musikunterricht, die selbst faktische Wirksamkeit auf eine herrschende Praxis von Musikunterricht entfalten (bzw. entfaltet haben) oder solche Praxis spiegeln;
- als Handleitung zur Praxis, aus der wir uns Hilfen zu bestimmten Problemen des Planens und Realisierens von Musikunterricht ableiten.

Nichts würde unser Bemühen falscher interpretieren, als die Vorstellung, hier gehe es um einen Stoffkanon einer Wissenschaft oder um einen normierten Ausbildungsgang. Im Gegenteil: Die o. a. leitenden Aspekte verstehen sich als eine mögliche und vorübergehende *Ordnungsperspektive für Studienzumutungen*, keinesfalls aber für das uns gegenüberstehende Material! Und andererseits: Nur *das stets sich neu organisierende Bemühen* um einen (immer nur „momentanen") orientierenden Überblick sowie um ein problemorientiertes Denken kann dem Lehrenden schließlich jenen „Mut zum Torso" geben, ohne den er unsere 40-Semesterwochenstunden-Musiklehrer kaum verantworten könnte. *Indem wir den Weg des eigenen Arbeitens als Vorstellung vom Erwerb der eigenen Qualifikation mitthematisieren, weisen wir die entscheidende Richtung, in Selbständigkeit fortzufahren.*

Zusammenfassung und Literaturhinweis

Der Studienbereich BERUFSPRAXIS zielt auf einen zentralen Bereich Ihrer Qualifikation, auf Unterrichtspraxis. Diese umfaßt aber mehr als ‚nur' ein Unterrichtenkönnen. Grundsätzlich ist einzuschränken, daß Hochschule Ihnen keine unterrichtspraktische Kompetenz im Sinne einer Fertigkeit vermitteln kann. Statt dessen geht es ihr um eine *Disposition für Praxis*: Diese gilt es anzulegen.

- Der *Weg* zur Disposition führt über den Erwerb einer Vorstellung vom Vorgehen des eigenen Qualifizierens. Das Vorgehen wird von Hochschule über die Lösung zweier Aufgaben unterstützt:
  - Literatur als sog. MATERIAL aufzuschließen, (um an ihm)
  - das eigene Bewußtsein vom zukünftigen Handeln als einen eigenen HORIZONT zu konstituieren.
- Was verstehe ich unter solcher Disposition? Ich verstehe darunter
  - einen musikpädagogischen Standpunkt haben;
  - wissen, was und wie Musikunterricht ist (Einblick in die Wirklichkeit);
  - in der Lage sein, unterrichtsbezogen (planend etc.) zu denken.
- Die drei Bereiche der Disposition meinen:
  - Einmal – um mit dem letzten Punkt zu beginnen – die *Fähigkeit*, Musikunterricht zu be-denken, zu planen und zu realisieren, wobei der Schwerpunkt eindeutig in der Planung liegt und zur Reflexion tendiert;
  - zum zweiten ein *Wissen* darüber, daß Musikunterricht unter Bedingungen stattfindet und von Faktoren bestimmt wird, die man einschätzen können muß;
  - zum dritten den Besitz einer *Anschauung* davon, was ich als Lehrer in und mit (meinem) Musikunterricht will; eine (persönliche) Konzeption also, die nicht zu trennen ist von einem konzeptionellen *Denken*.

Von allen dreien sollen Studientexte einen wegweisenden Ausschnitt vermitteln.

Das Bemühen um Studieren im eben angedeuteten Sinn kann nicht sich auf Vermittlung durch hochschulische Veranstaltungen beschränken. Auch die KOPF- ODER ZWISCHENTEXTE wollen nur initiieren, helfen, begleiten. Im Zentrum steht die *eigene Initiative zum Selbstlesen* – gerade nicht nur dieses Textes hier. Doch wo beginnen?

Zwei Interessen müssen zum Zuge kommen. Das eine, quasi einen festen Boden unter die Füße zu bekommen, indem man sich über Begriffe und Abgrenzungen klarwird und über das faktisch als „Musikdidaktik" Vorliegende informiert, befriedigt man mit einem immer wieder neuen Blick in Lexika (→ *Lexikon für Musikpädagogik; Kritische Stichwörter zum Musikunterricht*; allgemeine Lexika zu Erziehung und Bildung) und Handbücher (→ *Handbuch der Musikpädagogik, Handbuch für Schulmusik; Handbuch für den Musikunterricht in der Grundschule* bzw. *Primarstufe* o. ä.). Solche Bücher sind *Arbeitsmittel*, die man jetzt auswählt und anliest, über die man sich informiert und Notizen im Zettelkasten anlegt, um sie in wechselnden Arbeitssituationen jeweils themenspezifisch intensiver zu benutzen resp. auszubauen.

Zum anderen Interesse, dem nach Erweiterung des Blickfeldes über die mitgebrachten Vorstellungen und Sehweisen hinaus, sollte man beginnen, Gedanken, Meinungen, Erfahrungen zum Berufsfeld als Lehrer (→ z. B. H. Giesecke, *Pädagogik als Beruf*, München ³1992), als Musiklehrer (→ z. B. R.-D. Kraemer (Hrsg.), *Musiklehrer. Beruf. Berufsfeld. Berufsverlauf*, Essen 1991; H. J. Kaiser (Hrsg.), *Musik in der Schule?...*, Paderborn 1982) bzw. als Pädagoge im weiten Bereich der Kultur (→ z. B. H. Hoffmann, *Kultur für morgen*, Frankfurt 1985 o. ä.) aufzunehmen. Auch hier sind die Literaturhinweise nicht als Aufforderung zu verstehen, die angegebenen Bücher alle gleich jetzt ein für allemal zu lesen; eher geht es darum, sie anzulesen, Teile zur Kenntnis zu nehmen, über den (gesamten) Inhalt sich Notizen für später zu machen.

Anknüpfend an die eingangs gestellte Frage, worauf Musiklehrerausbildung abziele, stellen wir fest, daß jenes „Musikpädagogewerden" wohl die wichtigere, weil wahrnehmbarere Aufgabe darstellt. Gezwungen, die Ansprüche im Hinblick auf berufspraktische Ausbildung zurückzunehmen, muß wissenschaftliche Hochschule aus der Not eine Tugend machen: Da wir Studierenden ein Unterrichtenkönnen unter den gegebenen Umständen gar nicht vermitteln können, machen wir sie (im Ansatz) zu Musikpädagogen, d. h. zu musikpädagogisch denkenden Menschen, mit einer (begründeten) Vorstellung vom Erwerb der eigenen Rolle und der inhaltlichen Voraussetzungen sowie mit der Perspektive, diese und damit sich in einem *Selbstlernprozeß* weiterzuentwickeln. Das ist auch keine schlechte Lösung – und damit auch eine ganz gute Voraussetzung, beim Unterrichtenlernen in der zweiten Ausbildungsphase über sich selbst mitzubestimmen.

V
Einige Stichpunkte zu einer Konzeption

Die kritische Auseinandersetzung mit wesentlichen Ansätzen der Musikpädagogik (zumindest) im 20. Jahrhundert im Zusammenhang eines Studienbereichs BERUFSPRAXIS ist einerseits Voraussetzung für den kritischen Umgang mit aktuellen Überlegungen; nur aus ihrer historischen Entwicklung ist die heutige Situation der Musikpädagogik zu verstehen. Anderseits soll solches Sich-Befassen das Anlegen persönlicher Vorstellungen von einem eigenen Musikunterrichten eröffnen. Deshalb bildet der folgende Text ganz bewußt den Abschluß einer (ersten) Studienphase, die sich unter der Themenstellung KONZEPTION mit dem sich wandelnden Selbstverständnis einer Musikerziehung und eines schulischen Musikunterrichts beschäftigt hat.

Den Weg zu einer konzeptionellen Kompetenz zu vermitteln kann jedoch nicht allein hinter die Vermittlung des Denkens anderer sich zurückziehen. Ihm ist ‚schließlich' auch ein eigener Vorschlag zur Verfügung zu stellen, freilich nicht im Sinne der ‚einen' Didaktik des Ausbildenden, auf die Studierende einzuüben wären. Dementsprechend gibt sich der folgende Text bewußt thetisch bzw. essayistisch; er soll/kann Denken öffnen, auch mit dem Hintergedanken, „zukunftsorientiert" mit den didaktischen Entwürfen der Literatur umzugehen. Eine seiner wesentlichen Funktionen als Torso besteht schließlich darin, einen Rahmen für all das aufzuzeigen, was an Denkbereichen vor allem aus dem sog. Systematischen Bereich in eine eigene konzeptionelle Vorstellung einzubringen sein wird.

*

Ich nenne meinen konzeptionellen Ansatz MIT MUSIK LEBEN. In ihm geht es darum, Menschen durch musikalische Unterweisung dazu zu bewegen, Musik, verstanden als eigenes Tätigsein, jetzt und lebenslang in ihr Dasein zu integrieren.

1. Musik ist Tätigkeit.

Das eigene Selbstverständnis geht mit einem bestimmten *Musikbegriff* um. Musik ist Erklingendes; aber *als Musik* erklingt nichts von sich aus. Es wird von Menschen erstellt; dies trifft im Prinzip auch für alle mediale Vermittlung zu. Musik ist für (mich als) Musikpädagogen nicht Objekt; Musik ist Vollzug; sie ist *mögliche menschliche Tätigkeit*.

Deshalb spreche ich statt von „der Musik" lieber vermittelnd von „der Erstellung von Erklingendem (als Musik)". Solche *Erstellung von Erklingendem (als Musik)* ist tendenziell vom je eigenen Selbst erfüllt, schöpft anderseits darin latent die „in der Musik" angelegten Möglichkeiten aus. Auch und gerade Hören betrachten wir als eine Tätigkeit, mit/in der wir Erklingendes als Musik (quasi *in* uns) zustandebringen.

Ich betrachte das, was (in Form von Noten) vermeintlich als „Werk" vorliegt, als Dokumentation ehemaliger oder als Entwurf zukünftiger/möglicher Erstellung von Erklingendem. An solcher Perspektive verändert sich auch dort nichts grundsätzlich, wo der Notentext sich selbst als „Werk" im emphatischen Sinn versteht; solches Verständnis gehört zu den je zeitgenössischen Bedingungen der Tätigkeitsvollzüge „Musik".

Wenn Heinrich Schütz ein *Geistliches Konzert* komponiert(e), dann entwarf er für ein Hofmusikkollegium im Zusammenhang einer festgelegten Situation einen Prozeß des Singens und verwirklichte darin (s)eine zeitgenössische und situationsbezogene Vorstellung von Singen. Singen bedeutet(e) hier – kurz angedeutet –, einen Text mittels dem Tönen der Stimme(n) auf eine solche (und analytisch zu erhellende) Weise auszusprechen bzw. aussprechen zu lassen, durch die die Singenden bzw. die Hörenden, in deren Namen die Singenden artikulieren, sich als Gemeinde der diesen Text (auch) *selbst* Meinenden zur Geltung bringen, als Gemeinde der ihren Glauben im Aussprechen des Textes *selbst* Vollziehende.[1] Wenn wir heute diese Motette singen, dann singen *wir*; wir verwirklichen eine/unsere zeitgenössische Vorstellung vom Singen, die sicher in erster Linie von einem individuellen Sich-zur-Geltung-Bringen im vor allem klanglichen Vollzug bestimmt ist. Aber wir tun dies mittels Schützens „Komposition", in deren Struktur und Selbstverständnis Schützens Vorstellung enthalten ist. Letzteres meine ich mit „Ausschöpfen der in der Musik angelegten Möglichkeiten". Vor allem meint „Ausschöpfen ..." aber das Wahrnehmen einer bestimmten (durch sog. „Kunst" definierten) Qualität des eigenen Tätigseins.

Wesentlich für den hier eingebrachten Musikbegriff als eine menschliche Tätigkeit ist: In ihm ist *der Mensch* von Anfang an als konstitutiv mitgedacht.

Die „Erstellung von Erklingendem (als Musik)" geschah und geschieht in der Europäischen Musikentwicklung stets bezogen auf *Situationen*, die in der Regel gesellschaftlich vermittelt waren/sind.[2] Die typische europäische Musiksituation ist durch zwei parallel verlaufende Vorgänge geprägt; beide, das Zum-Erklingen-

---

[1] Nicht also in einer sog. Struktur der Musik, sondern im Selbstverständnis des Tätigseins (= in einer situationsbezogenen Vorstellung von ihm, deren Realisation dann freilich notwendig für uns heute sog. strukturelle Folgen zeitigt) erweist sich die historische Bedeutsamkeit, hier die Bedeutsamkeit Schützens innerhalb einer epochalen Entwicklung zum aufgeklärten Menschen des 18. Jahrhunderts hin.

[2] Der Begriff „Situation" wird in verschiedenen Denkzusammenhängen auch unserer Disziplin MUSIKPÄDAGOGIK in unterschiedlichen Abstraktionsniveaus gebraucht. Während er einerseits, z. B. im Zusammenhang der Unterrichtsplanung innerhalb der *Musikdidaktik*, eher für die zufälligen und austauschbaren personalen und räumlichen Bedingungen des Lehrerhandelns steht, meint er in *konzeptionellen Erörterungen* eine prinzipielle „Situativität" des Menschen, wie sie spätestens seit Beginn der 70-er Jahre zur „Lebenswelt"-Diskussion gehört.

bringen (als Musik) und das Wahrnehmen (als Musik) erweisen sich bei näherem Hinschauen stets als *Teile der tätigen Teilhabe an einer* (per se nicht ‚musikalischen') *Situation*; beide verlaufen als sie selbst und werden durch die Situation im Akt der tätigen Teilhabe an ihr (als Singen oder Spielen bzw. als Hören) in Beziehung gesetzt.[1] Solche Situationen können Gottesdienst, höfisches Fest oder Konzert als Ort bürgerlicher Begegnung sein. Heute, in der aktuellen und Neuen Musik (als sog. „Kunst") ebenso wie im mit sog. „alter" Musik umgehenden Musikbetrieb, definiert sich solche Situation tendenziell als eine des *Selbstbedenkens, des auf sich selbst Gestelltseins, des mit seiner Existenzialität im Akt des Hörens Konfrontiertseins.*

Wesentlich für uns: Der eine Vorgang als gleichsam reale Erstellung von Erklingendem moderiert die Teilhabe der Hörenden an der Situation selbst. Anderseits setzen das Singen, Spielen oder Hören die (per se nicht-musikalische) Teilhabe an der Situation voraus; erst letztere eröffnet dem Singen, Spielen oder Hören (= dem eigenen musikalischen Tätigsein) Sinn und Mitbestimmung, und damit im Besonderen dem mit der Teilhabe vollzogenen Lebensabschnitt.

Singen, Spielen, Hören (vielleicht nicht in gleichem Maße Tanzen) erscheinen uns heute nur schwer vorstellbar ohne Verbindung zu einem *„Gegenstand"*: Wir singen *etwas*, z. B. ein Lied, spielen z. B. ein „Stück", hören z. B. einen „Titel". Unsere Vorstellung von Musik und musikalischer Unterweisung ist nicht von vornherein an eine bestimmte Gruppe solcher Gegenstände gebunden, z. B. an jene, die der Begriff „Kunst" bezeichnet. Anderseits ist es nicht ausgeschlossen, daß wir gerade diesen eine besondere Rolle zumessen. Denn grundsätzlich ist der Prozeß des Tätigseins in seinem Verlaufen nicht unabhängig zu denken von den Eigenschaften dessen, was wir „Objekt" nennen.

Gleichzeitig können wir den Gedanken auch umdrehen; denn entwickelte „Objekte" ermöglichen Tätigsein in einem entwickelten Sinn. Je mehr musikalische „Objekte" uns zur Verfügung stehen, um so vielgestaltiger und vielleicht reichhaltiger können wir unser musikalisches Tätigsein aktualisieren. Das Gleiche läßt sich „andersherum" für unsere Situation feststellen.

2. In Musik als situationsbezogenem Tätigsein entfalten wir uns.

Immer wieder anzusetzen ist an der Einsicht, daß das eigene musikalische Tätigsein eine besondere Weise der Teilhabe an einer Situation darstellt und umgekehrt, daß die Situation auch die Teilhabe mitbestimmt. Unter „Situation" verstehe ich dabei nicht (nur und in erster Linie) die zufälligen Begleitumstände

---

[1] Eine solche Auffassung meint gleichzeitig ein Zurückweisen eines Konfrontations- und Kommunikationsmodells, das unsere musikunterrichtliche Wirklichkeit weitgehend bestimmt: so, als sei Musik dazu da, *als sie selbst* gesungen, gespielt oder gehört zu werden, gleichsam als Information wiedergegeben oder aufgenommen (und also verstanden) zu werden.

einer Tätigkeit, sondern vor allem die je standardisierten objektiven und subjektiven räumlich-zeitlichen Bedingungen des menschlichen Handelns und Erlebens.[1]

Das Subjekt, existenziell gesehen das Ich, entfaltet sich nicht nur in der Tätigkeit – wir „tun" immer etwas –, sondern immer auch in einer Situation, aus deren Einbezug das Subjekt seinem Tätigsein überhaupt erst Sinn zumessen kann. Erst aber die Sinnunterstellung läßt uns das Tätigsein wiederum als solches aktualisieren, also letztlich uns selbst.

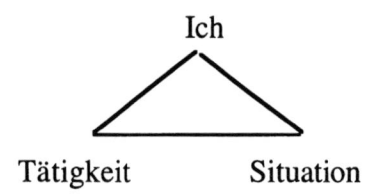

```
            Ich
           /\
          /  \
         /    \
    Tätigkeit  Situation
```

Die drei Momente „Ich", „Tätigkeit" und „Situation" bilden so eine Einheit intensiver Beziehung, eine Quasi-Identität. Wir können sagen: Wir realisieren uns in Tätigkeiten, die de facto die Situation (h)erstellen, resp. wir sind stets befangen in Situationen, die sich in Tätigkeiten niederschlagen.[2]

Zum anderen: Wenn wir musikalisches Tätigsein als eine Entfaltung des Subjekts begreifen, dann definiert das sog. musikalische Objekt nicht nur die Dimensionen der Entfaltung, sondern konstituiert darin (über die Ermöglichung der Tätigkeit!) eben auch das Subjekt. Andererseits ist das Objekt selbst nicht wirklich existent: Musik als Erklingende, so die obige Annahme, „existiert" als Tätigsein (resp. in dessen Reproduktion) und ist damit – auch dies haben wir oben festgestellt – stets an Situationen gebunden. Das musikalische Objekt ist so nicht nur als Dokumentation eines vergangenen oder zu aktualisierenden Vorgangs von Tätigsein zu betrachten, sondern auch als „etwas", das die Situation – denken wir nur an sog. Kirchenmusik – mit erschafft bzw. wesentlich mitbestimmt.

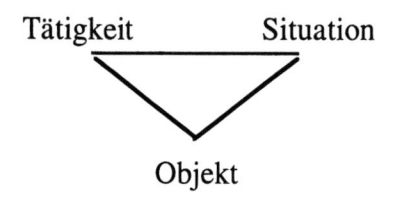

```
    Tätigkeit    Situation
         \      /
          \    /
           \  /
           Objekt
```

Auch hier verschmelzen die drei Momente; das musikalische Objekt existiert ‚eigentlich' nur als Tätigsein von Menschen innerhalb einer entsprechenden Situation.

---

[1] Vgl. E. Luther, Art. *Situation*, in: H.-J. Sandkühler (Hrsg.), *Europäische Enzyklopädie zu Philosophie u. Wissenschaften*, Bd. 4, Hamburg 1990, S. 297.

[2] ...wobei wir jetzt vorläufig nicht expressis verbis mitthematisieren, daß „Situation" meistenteils durch die Mitwirkung Dritter zustandekommt; wir sollten diese Tatsache aber für das Erziehungskriterium „Verantwortung" im Kopf behalten. Bei diesem ginge es demnach nicht nur um *den/die anderen*...!

Einige Stichpunkte zu einer Konzeption

Schließen wir hier schon eine mögliche Einsicht an: Ein ganz wesentliches Problem heutiger Wirklichkeit, aber eben auch, damit zusammenhängend, heutigen Musikunterrichts, besteht darin, daß Objekte (Schülern) scheinbar unabhängig von Situationen erscheinen, daß demnach ihrem Singen, Spielen oder Hören von ihnen (einfach gesagt) gar kein Sinn zugemessen werden kann. Solcher wird dann pädagogisch oder bildungsargumentativ substituiert: als ein Sinn, der angeblich in den Objekten selbst liege, in deren Realisation oder im Aufnehmen von dessen Bildungs- oder Informationsgehalt. Das Gleiche gilt für Singen und Spielen: Es gilt offenbar vordergründig der Erstellung von angeblich wertvollen Liedern oder großer Kunst, als sei in solcher Erstellung bzw. in diesen selbst ein Sinn beschlossen ...

Beide geäußerten Annahmen und damit Skizzen sind zusammenzudenken. Das Resultat prägt eine bestimmende horizontale Mittelachse „Tätigkeit" – „Situation" aus.

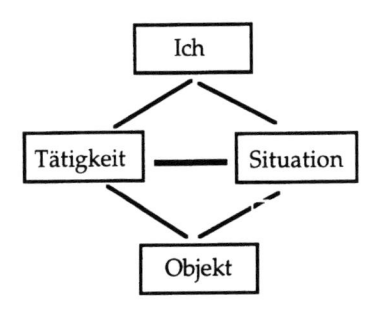

```
          Ich
         /    \
  Tätigkeit — Situation
         \    /
         Objekt
```

„Ich" und „Objekt" erscheinen (mir) tendenziell wegdenkbar bzw. reduzierbar: Indem ein Kind von drei oder vier Jahren, auf der Schaukel sitzend, frei vor sich hinsingt, alle Gedanken und sprachliche Artikulation in einer Art Sing-Sang fassend, geht es gleichsam (noch) im Tätigsein (und in der ihr zugehörigen Situation des Schaukelns) innerhalb seines Lebensraums auf, das selbst keineswegs objektbestimmt ist, sondern unmittelbar erfindend verfährt. Es bleibt sozusagen die Mittelachse übrig; „Objekt" und „Ich" wären von hier als Ergebnisse der Ausdifferenzierung dieser Mittelachse im Laufe (der Geschichte und) der psychischen Entwicklung begreifbar.

Selbstverständlich ist die letzte Skizze als vereinfacht zu betrachten. Aus dem oben Angedeuteten ergibt sich zumindest, daß eigenes Tätigsein und eigene Situation in der Regel nicht identisch sind mit jenen Vorstellungen resp. Bestimmungen davon, die eine vor allem vergangene Musik impliziert. Deshalb müßte die Skizze zumindest beide doppelt ausweisen[1]:

---

[1] Trotzdem bleibt das Skizzierte, das mit nur drei bis vier Elementen umgeht, eine notwendige Vereinfachung zum Nutzen der grundsätzlichen Klärung. Vor allem ist die so wesentliche „Vorstellung von" hier noch ausgeschieden; sie wird im nächsten Abschnitt angesprochen.

Einige Stichpunkte zu einer Konzeption

```
           ┌─────┐
           │ Ich │
           └─────┘
          ╱       ╲
┌──────────┐    ┌──────────┐
│Tätigkeit │────│Situation │
└──────────┘    └──────────┘
┌──────────┐    ┌──────────┐
│Tätigkeit │────│Situation │
└──────────┘    └──────────┘
          ╲       ╱
           ┌──────┐
           │Objekt│
           └──────┘
```

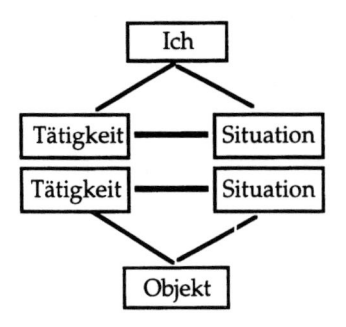

Gerade die Nichtidentität der beiden inneren Beziehungen stellt jenes Problem dar, in welchem eine musikalische Unterweisung u. a. zu vermitteln hat.[1] Auch wird an der Skizze unmittelbar einsichtig, daß der penetrante Versuch von Musikunterricht, eine unmittelbare Beziehung zwischen „Ich" und „Objekt" herzustellen, als möglicherweise widersinnig angesehen werden muß.

3. Die Selbstrealisation durch musikalisches Tätigsein als Verfügung über Objekte bedarf der Vorstellung(en) von sich.

Musik steht dem Subjekt heute in einer spezifischen Weise offen: jeder in dieser Gesellschaft ‚kann' heute selbst singen, spielen und hören, und dies - so nehmen wir an - in einer tendenziell selbstbestimmten Art.[2] Wir sagen gewöhnlich: Jeder kann heute singen, spielen oder hören, „was" er will.

Solche Auffassung ist aber eine Funktion einer oberflächlichen Wahrnehmung: Musik verschiedener gesellschaftlicher Gruppen wurde und wird tendenziell immer von Menschen „gemacht", die dieser Gruppe zugehör(t)en resp. in ihnen eine Funktion ausüb(t)en. Alle Musik stellt(e) stets ein Tätigsein mit starker Identifikationsfunktion dar; dieses wurde und wird in seiner Aktualisierung notwendig als „das eigene" begriffen; Singen, Spielen und/oder Hören dien(t)en (von sich aus) der Realisation der eigenen Identität.

Wenn wir feststellen: Noch nie stand eine so große Vielfalt an „Musik" so vielen Menschen (durch einen sowohl anbietenden wie allerdings auch unterdrückenden Markt) zur potentiellen Verfügung, dann müssen wir gleichzeitig feststellen, daß diese „*Musik*" – und das ist wesentlich – eben *heute nicht von vornherein „die ihre"* ist, sie also von sich aus nicht wirklich zur Verfügung steht.

---

[1] Eine besondere Bedeutung käme hier auch den Kulturprogrammen der Rundfunkanstalten zu. Statt jene CDs pausenlos abzunudeln, die sich heute eh jeder am Markt besorgen kann, hätten sie, vor allem über die Bearbeitung, die Rezeptionssituation selbst propädeutisch mitzugestalten ... Ausnahmen sind äußerst selten: Ich erinnere mich an eine Sendung mit Haydns sieben Adagios zu den Sieben Worten Christi am Kreuz, alternierend mit kurzen Vorträgen zu je einem dieser sog. Sieben Worte von Walter Jens. Obwohl (und gerade weil) die Texte von Jens nichts mit Haydn aber umso mehr mit uns (und damit mir) heute zu tun hatten, gestaltete sich das Hören der Haydn-Sätze intensiv wie nie: als durch Haydn provoziertes Erleben und Bedenken seiner selbst, dem die Texte von Jens notwendig Substanz gaben ...

[2] "Selbstbestimmtheit" meint zuerst, (a) daß das Tätigsein nicht in allem durch soziale Strukturen vorausbestimmt ist; im weiteren aber (b) wäre sie selbst noch zu definieren. (Vgl. u.)

Verfügen kann man nur innerhalb von Vorstellungen von sich, seinen Tätigkeiten und seinen Situationen; diese sind in der Regel nicht als sie selbst bewußt, sondern Teil der Kultur (im weiteren Sinne), der wir angehören.

Verfügung bedarf, entwicklungslogisch gesehen, der Aneignung, in der besonderen Weise, die wir „Anverwandlung" nennen können. Beginn und Entwicklung unserer musikalischen Kultur sind ebenso wie Beginn und Entwicklung der kulturellen Identität eines Menschen durch ein Sich-Einverleiben einer an sich fremden Art, Tätigsein zu aktualisieren (= zu favorisieren und auszugestalten) charakterisiert. Jedes Lied, das wir lernen, bedeutet erst einmal Fremdheit. Es bedeutet, daß das eigene(!) Tätigsein (hier: des Singens) erst einmal vom „Sich"(-Artikulieren) wegstrebt und ein Fremdes dafürsetzt, das für ein (scheinbar) objektiv Situatives steht. Gerade das Fremde aber kann die Situation zu einer besonderen hin verwandeln: Im Zusammenhang der Bearbeitung der Situation (durch den Tätigkeitsinhalt) verwandelt das Tätigsein (einfach gesagt) auch den Tätigen und wird als So-Gestaltetes (über Erlebnis und/oder Auseinandersetzung) zum Teil des Selbst.

Aneignung als Überformung eigenen Tätigseins (durch Anverwandlung sog. musikalischer Objekte als Optionen kulturell überformten eigenen Tätigseins) bildet zuerst einmal eine Komponente personaler Entwicklung. Solche Aneignung bedeutet gleichzeitig die Aneignung von (mit Tätigsein und Situation verbundenen) „Vorstellungen von" und damit die Herausbildung eines Lebenskonzeptes (als eines eigenen); die Aneignung ist als solche den Gesetzen der körperlichen und psychischen Entwicklung des Menschen unterworfen. Gleichzeitig beinhaltet sie die Konstitution einer an den Gegebenheiten der eigenen Umwelt orientierten Lebenswelt mit deren einzelnen (typischen) Situationen.

In unserer Ausgangsüberlegung fehlt demnach noch ein wesentliches Moment; doch wurde es von Anfang an mit angesprochen. Denn das, was Tätigkeiten und Situationen zu in entwickeltem Sinne menschlichen macht, ist die (sich entwickelnde) Fähigkeit, von sich abzusehen und Tätigkeiten wie Situationen als *Vorstellungen von* sich wahrzunehmen bzw. zu konkretisieren. Solche Bestimmung ist nicht (nur und in erster Linie) materiell gemeint; im Großen und Ganzen sind Vorstellungen davon, in welchen Tätigkeiten und Situationen wir wie unser Leben verbringen, gesellschaftlich vermittelt. Wesentlich gemeint ist die eigene Sinnerfüllung dessen, was wir tun, der selbst (mit-)vollzogene und selbstverständlich begründete Akt der Sinnstiftung. Er bezieht sich in unserer Kultur – und darin ist die besondere Leistung der griechischen Antike und unserer zweitausendjährigen Geschichte für uns fruchtbar geworden – heute tendenziell auf das einzelne, persönliche, verantwortliche Subjekt.[1]

---

[1] Nicht zufällig spricht es, unmittelbar auf Musik bezogen, am Beginn einer der wesentlichen Wurzeln unserer kulturellen Tradition Paulus, der Vermittler hellenistischen Denkens, an (I. Kor., 13.1): „Wenn ich mit Menschen- und mit Engelzungen redete und hätte der Liebe nicht, so wäre ich ein tönend Erz oder eine klingende Schelle". Ich folgere: Tätigsein (hier: Singen und Beten als Aussprechen von Text mit der Sing- und Sprechstimme) und Teilhabe an Situation (hier: Gottesdienst im weitesten Sinn) werden erst zu menschlichen Handlungen in einem entwickelten Sinn, wenn sie von

Einige Stichpunkte zu einer Konzeption

Grundlage meiner konzeptionellen Argumentation hier ist also eigentlich nicht ein Dreieck, sondern ein Tetraeder, das je nach Sach- und Argumentationszusammenhang auf jede der vier Flächen als Grundfläche gestellt werden kann.

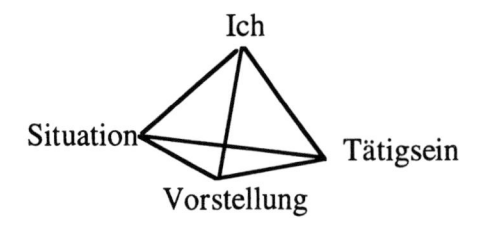

```
              Ich
Situation           Tätigsein
         Vorstellung
```

Über Musik verfügen hieße demgemäß, sich die Vielfalt der gewachsenen Möglichkeiten einer historisch ungemein hoch und differenziert entwickelten Musikkultur *für die Selbstwahrnehmung* nutzbar zu machen, indem man sie als Option *eigenen Tätigseins* be- bzw. ergreift, die man innerhalb *seiner* Lebenssituationen in einer *seinen Vorstellungen von sich* entsprechenden *selbstverständlichen* Weise aktualisiert.

In der Er- und Vermittlung von Vorstellung(en) sehe ich das eigentliche (musik-)pädagogische Problem: Vorstellungen, die sich mit einem möglichen und einem „eigenen" musikalischen Tätigsein, mit möglichen und „eigenen" Situationen verbinden und damit schließlich Vorstellungen von Möglichkeiten, „sich" zu entfalten und zu entwickeln. Wissen wir noch, wer die, die wir musik-unterrichten, sind und werden wollen?

4. Im Widerspruch
zwischen einem Defizit „menschlicher" Vorstellungen (von sich) und einem Streben nach persönlicher Autonomie kann eine tätigkeitsorientierte Musikpädagogik eine Grundlage des Bedenkens bilden.

Es liegt nahe, (Musik-)Pädagogik die Aufgabe zuzuweisen, die angesprochene Verfügung zu vermitteln.

Für den Pädagogen problematisch erscheint dabei nicht nur die Notwendigkeit, das Verhältnis von Ich, Vorstellung, Tätigkeit, Situation und Objekt[1] als ein lebensgeschichtlich sich entwickelndes zu begreifen, sondern auch die Einsicht in seine *beständige epochale Veränderung*. Besonders irritiert uns als Musikpädagogen eine heute theoretisch allen offene Pluralität von Konzepten und Lebenswelten

---

einer *Vorstellung* davon getragen sind, was der Einzelne *mit* dem, was er verrichtet, eigentlich tut. Letzteres interpretiere ich hier als ein *Denken an* den und *Sich-verbunden-Fühlen* mit dem Nächsten sowie mit einem Numinosen; dies meint wohl der Begriff „Liebe".

[1] Aus Gründen der einfacheren Argumentation bleibt hier und im folgenden unberücksichtigt, daß auch die „Objektseite" gemäß der Skizze des vorhergehenden Abschnitts zusammen mit einer *Musikauffassung* als Tetraeder auszugestalten wäre.

gleichsam ineinander (statt nebeneinander). Diese scheint einerseits geprägt von wachsenden Gegensätzlichkeiten und Widersprüchen; anderseits glauben wir, solche Pluralität als sie selbst durch Vermittlung als Darstellen und Erklären von Musik *von Anfang an* eröffnen zu sollen.

Unsere problematische Lage ist in der Tat eigentlich nicht zu bereinigen; wir können uns nur auf den Weg des Bedenkens begeben.

(1.) Kultur in subjektiver Bedeutung besteht im *Besitz von Tätigkeiten*, in deren besonderer, personaler Ausprägung zu „eigenen" hin, sowie im *Besitz* von Situationen als eigenen Lebenssituationen. Objektiv zwar erscheint Kultur uns abstrakt, höchst gegenständlich, als Vielfalt von Waren. Je abstrakter uns Kultur aber erscheint, d. h. je weniger die Gesellschaft herkömmlich über ihre Sozialisationsagenturen Situationen bereitstellt, in denen ein den Gegenständen entsprechendes Tätigsein (gleichsam:) „sich" aktualisiert, umso mehr tendiert die Vermittlung solcher Gegenstände über den Markt zur *impliziten* Vermittlung von Vorstellungen und damit von Lebenskonzepten (→ „Lifestyle"). Solche Vermittlung wiederum speist sich immer mehr aus einem primär kommerziellen Interesse. Das „Eigene" (vor allem solcher Vorstellungen) erweist sich, auch im sog. Klassik-Bereich, immer mehr als Produkt industrieller Verwertung; ein unmittelbares Interesse von Menschen für Menschen scheint nicht (mehr) vorwiegend bestimmend, eher störend. Lebenskonzepte werden immer weniger durch Menschen (und durch deren Verantwortlichkeit für andere) und immer mehr durch Verkaufsstrategien bestimmt, auf der Seite der Betroffenen durch Bedürfnisse scheinbar unmittelbar befriedigende Teilhabe am medialen Konsum. Pädagogen bemühen sich, (unbewußt) Vorstellungen (einer bürgerlichen Kultur) zu vermitteln, und sie versuchen dies auf dem (falschen) Weg der Aufklärung über die Gegenstände. Die Veranstalter der medialen Welt wollen Gegenstände verkaufen; und sie tun dies über die Konstruktion einer Schein-(Lebens-)Welt, an der teilzuhaben als Lebenskonzept be- und ergriffen wird.

(2.) Subjekte begreifen und beeinflussen wir im Zeitalter nach der Aufklärung als zu einer relativen Autonomie, zu relativer Selbstbestimmtheit hin sich entwickelnde. Eine Art ideal-zeitgemäßes Ergebnis solcher Entwicklung kennzeichnet (für mich) das in der aktuellen E-Musik selbst angelegte Verhältnis zu ihr. Es schlägt sich notwendig in einem Hören nieder, das sich als selbstbestimmte Rekonstruktion akustischen „Materials" zu „Musik" versteht; und es schlägt sich in Situationen des Mit-sich-Seins nieder, in denen der Hörende sich als autonomes Subjekt erlebt, in denen er also sich als (musikalisch) *kompetent*, selbstreflexiv *gefühlsmächtig* und *in Verantwortung für sich* und seine Existenz in der Welt unmittelbar zur Geltung bringt. Solche Situation tendiert (in Nachfolge des bürgerlichen Konzertes) zur Lebenssituation per se; mediales Musikhören ist (wie Lesen eines aktuellen avancierten Romans) eine den entsprechenden Lebenszeitabschnitt erfüllende Tätigkeit. Solche Tätigkeit und Situation und Vorstellung kann man Kindern und Jugendlichen als sie selbst nicht vermitteln; sie sind

Ergebnis lebensgeschichtlicher Entwicklung, frühestens ab dem dritten Lebensjahrzehnt.

Demgegenüber tendiert Musikhören der Jungen (vor allem im U-Musik-Bereich) zur Integration in den Alltag: zu dessen Bestücken mit einer „eigenen" akustischen Dimension. Hören gestaltet sich als zuerst einmal Sich-Wahrnehmen in der eigenen Körperlichkeit und (geborgten) Eigenschaftlichkeit innerhalb der eigenen Lebenswelt durch die mitvollzogene Gegenwärtigkeit des Erklingenden. Auch in solchem Hören ist Entwicklung feststellbar, Entwicklung hin zu einem Art und Inhalt des Erklingenden für sich reklamierenden Geschmack. Die entsprechende Situation des In-seiner-Welt-Seins hat durchaus mit Autonomisierung des Subjekts zu tun. Gerade die aktive Entwicklung hin zu einer persönlichen Autonomie in einer immer komplizierteren Welt, die aufgrund eines notwendig immer längeren Lernens das eigentliche Ziel immer mehr hinausschiebt, führt zu einer immer früher einsetzenden selbstbestimmten Befriedigung der (gerade durch das Angebot!) als „eigene" wahrgenommenen Bedürfnisse, die sich entwicklungsgemäß (je früher, desto) mehr auf einer quasi-körperlichen und materialen Ebene konkretisiert. Kinder und Jugendliche, immer weniger in eine „eigene" Welt der Familie oder der Jugendgruppen hineinwachsend und damit immer weniger von dieser Seite her mit Tätigkeiten, Situationen und Vorstellungen ausgestattet, bedienen sich umso mehr der Angebote des Marktes, um gerade durch sie ihr Streben nach Selbständigkeit in einem mit den Waren übernommenen Lebenskonzept in einer medial bestimmten Lebenswelt umzusetzen, das sich von dem der Alten vor allem durch ihr Defizit an Verantwortlichkeit für sich und die anderen unterscheidet.

(3.) Den angedeuteten Positionen gemeinsam ist zwar, daß sie ihre „Musik" in der Regel aus dem Angebot des kommerziell beherrschten Marktes beziehen; gemeinsam ist ihnen vielleicht auch eine letztlich bestimmende Tendenz zum Alleinsein, zum Auf-sich-gestellt-Sein, in der das Hören eine wesentliche Rolle spielt. Zwar realisieren sich in ihnen unterschiedliche Konzepte von Autonomie; gleichzeitig realisiert sich in ihnen aber eine mehr oder weniger *gedachte* Teilhabe an den jeweils Vielen, an der (gleichfalls medial evozierten) gedachten Gemeinde der Intellektuellen, an der Gemeinschaft der Wir-sind-wer-Bürger oder an der Masse der Jung-Seienden.[1]

Hinter solchen Beobachtungen scheinen mir Wandlungen epochaler Art verantwortlich: Das Überlagern (und Ersetzen?) des (im 20. Jahrhundert sich einebnenden) Nebeneinanders unterschiedlicher Klassen- oder Schichtkulturen durch ein „Übereinander" unterschiedlicher Alterskulturen ist in vollem Gange. Auch

---

[1] Solche Verknüpfung der eigenen Lebenswelt mit der „großen" Welt findet ihre insuläre (Schein-)Erfüllung möglicherweise im Event, in der Inszenierung der gemeinsamen Konsumtion. Doch tritt eben das Moment der Inszenierung in den Vordergrund: es degradiert die Artikulation des Einzelnen zur geplanten Funktion des Gesamten; während der einzelne „sich" auszuleben wähnt, erscheint er, von „außen" gesehen, für solches Ausleben instrumentalisiert. Letzteres unterliegt nicht seiner Entscheidung, nicht seinem verantworteten Mitvollzug; es beraubt ihn seiner Autonomie.

das bürgerliche Lebenskonzept verengt sich zu einer Alterskultur bzw. mutiert zu einem Felderstrang in einem „Schachbrett" der Kulturen.

Kann, angesichts eines Bedarfs an Lebenskonzepten und eines Defizits des Angebots solcher „menschlichen" Charakters, Musikerziehung sich auf eine vermeintlich objektive, „erklärende" Vermittlung zurückziehen, die das Defizit an *gelebter* Selbständigkeit und Selbstverantwortlichkeit durch eine bloße Wissenskompetenz zu kompensieren sucht?

Aus unserer Anschauung von Musik als Tätigsein und von diesem als Weise einer spezifisch menschlichen Artikulation können wir versuchen, uns ein brauchbareres und trotzdem inhaltlich nicht von vornherein festgelegtes, „humanistisches"[1] Selbstverständnis von (Musik-)Erziehung aufzubauen. Gemäß diesem ...

- ... muß dem Menschen Handlungsfähigkeit – streng genommen – nicht vermittelt werden; er ist qua definitionem ein Handelnder bzw. (wie ich sage) ein Tätiger; Handlungsfähigkeit (im engeren Sinn) ist Ergebnis seiner *Entwicklung* und in dieser Ergebnis der Überformung seines Tätigseins durch wachsende (und wachsend selbstverantwortliche) Teilhabe an einer Kultur;
- ... bezeichnet Kultur die Gesamtheit der *je besonderen Ausprägung* aller jener Tätigkeiten, durch die Menschen als sie selbst sich (re)produzieren; in der besonderen Ausprägung bringen sie *sich* und als „ihrer" Kultur teilhaftig zu Geltung; dies geschieht in der Regel mittelbar;
- ... spielen jene Tätigkeiten (für ein Leben in Selbst-Bewußtsein) eine besondere Rolle, die wir im weitesten Sinn mit *Ästhetischer Praxis* bezeichnen, für uns besonders Musik; der aus einem Selbstbewußtsein vollzogenen Teilhabe an durch künstlerische Tätigkeiten geprägten Situationen kommt der besondere Zweck zu, daß Menschen sich in ihnen gleichsam *unmittelbar* als die, die sie „sind" bzw. gerade zu sein sich vorstellen, zur Geltung bringen (können).

Als solche sind letztere für den Menschen als Kulturwesen (über-)lebensnotwendig. Selbstaktualisierung stellt nicht nur (als Drang) die Haupttriebfeder des Lebens dar; sie ist eben gleichzeitig (als Erlebnis) auch die wichtigste Bedingung für eine ausgeglichene Selbstentwicklung. Die Aufgabe von Erziehung besteht demnach darin, den Heranwachsenden die Möglichkeit zu eröffnen, ihre Weisen des Tätigseins auf jenen Stand der besonderen Ausprägung hin entwickeln zu helfen, die es ihnen ermöglicht, *sich* als ihrer Lebenswelt je entsprechend kompetente, selbst- und mitbestimmende und fortschreitend verantwortliche Wesen zur Geltung zu bringen. Den künstlerischen und vor allem musikalischen Tätigkeiten kommt dabei die besondere Bedeutung zu, sich in ihnen vergleichsweise „unmittelbar" aktualisieren zu können.

(Musik-)Erziehung verstünde sich demnach als aus dem höchstkulturellen Stand unserer Gesellschaft einerseits und aus der menschlichen Sorge für die nächste Generation anderseits zu begründende Hilfe zur Selbstentwicklung innerhalb einer sich formierenden Alterskultur.

---

[1] Der Begriff steht hier als Hinweis für den Bezug zu einer „Humanistischen Entwicklungstheorie".

Ein entsprechendes Konzept hat Musikpädagogik mit- und weiterzudenken, ohne sich dabei zu korrumpieren oder *inhaltlich* in allem festzulegen. Das sog. eigene Lebenskonzept beinhaltet aber – auf Grundschule bezogen – zuerst einmal wohl das Angebot *bestimmter* Vorstellungen im Zusammenhang *bestimmter* Tätigkeiten in *bestimmten* Lebenssituationen. Solches Konzept hat in der bürgerlichen Welt einst die Familie übermittelt, vertieft und (seit Kretzschmar und Kestenberg tendenziell auf die Gesamtheit der Bürger) ausgeweitet durch die weiterführende Schule. So notwendig einerseits (in einer bestimmten Entwicklungsphase) eine entsprechende Verfestigung in der Herausbildung *eines* je eigenen Lebenskonzeptes und *einer* je „eigenen" Lebenswelt erscheint, so notwendig erscheint anderseits heute (in einem lebenslangen Lernprozeß) dessen „Überwindung", sprich: dessen Überführung in ein persönliches reflexives Umgehen mit sich (und seinem Konzept). Solche Verfügung über das Konzept im Dienste einer (sagen wir) *zeitlich* offenen Identität, die eine Verfügung über sich tendenziell einschließt, setzt (ganz allgemein gesprochen) Bildung voraus, die Fähigkeit zum lebenslangen Arbeiten an sich selbst.

5. Aufgabe einer Musikerziehung als Hilfe zur Selbstentwicklung im Rahmen einer eigenen Lebenswelt ist die Förderung von Musikalität.

Musikerziehung als Hilfe zur Selbstentwicklung im Rahmen einer durch künstlerische Tätigkeit wesentlich mit-konstituierten „eigenen" Lebenswelt fasse ich als Vermittlung und Förderung von *Musikalität*. Ich verbinde damit aber ein eigenes Verständnis.

Musikalisches Tätigsein hat für mich als ein momentanes zuerst einmal einen quantitativen und einen qualitativen Aspekt; hinzukommt die Veränderung dieses qualitativen Aspekts in der Zeit als eine dynamische Komponente. Für deren Bezeichnung setze ich die Begriffe *Musikalität*, *Begabung* und *Talent*, Begriffe, die in der Literatur zum Teil synonym, z. T. in wechselnder Abgrenzung verwendet werden.

(1) Den quantitativen Aspekt musikalischen Tätigseins nenne ich *Musikalität*. Wer viel singt, oder spielt oder hört, der sei musikalisch genannt; wer wenig singt oder spielt oder hört, der sei wenig-musikalisch genannt; wer nichts von allem tut, der sei unmusikalisch...

Musikalität sei also ein Begriff für die Quantität momentanen musikalischen Tätigseins als Singen, instrumentales Spielen und/oder Hören. Gemessen wird in der Zeit (als Häufigkeit innerhalb eines Tages z. B.), aber möglicherweise auch in der „Breite" (Vielseitigkeit). Solcher quantitativer Begriff korrespondiert mit der Beobachtung in Allgemeinumfragen: Die meisten jungen Menschen halten sich heute selbstverständlich für musikalisch; solche Selbsteinschätzung basiert auf der in hoher Quantität sich niederschlagenden Selbstverständlichkeit, das eigene Dasein mit Musik (= Hören) zu versehen.

Einige Stichpunkte zu einer Konzeption

Der Begriff besagt erst einmal nichts über „Inhalt" und momentane Qualität des musikalischen Tätigseins. Auch die adjektivisch hinzugefügte Vielseitigkeit musikalischen Tätigseins muß von sich aus keinen qualitativen Wert bedeuten: gerade Hochleistungen auf einem Instrument gehen ebenso notwendig mit einer gewissen Einseitigkeit einher, wie die Musikalität des „normalen" Hörens Jugendlicher heute.

Aber Tätigsein ist (für uns) untrennbar mit Situationen verknüpft: derjenige ist letztlich musikalisch, der solche Lebenssituation(en) besitzt, an der/(denen) er als musikalisch Tätiger teilhat. Der „Besitz" von Situation(en) ist erstrangig an Sozialisation gebunden; Situationen werden als eigene innerhalb einer Kultur (durch tätige Teilhabe an ihnen) erworben. Allerdings beobachten wir die Tendenz, daß immer mehr Situationen (in einer bestimmten Weise) musikalisiert werden, vom Wahrnehmen einer Geschichte (als Anschauen eines Films, nicht mehr als Lesen eines Buches) bis zum Einkaufen und zum Wandern in der Natur (mit Disc-Player). Daß solche Musikalisierung von Lebenssituationen in der Regel aus ökonomischem Interesse geschieht, dies sollte uns eine wichtige Einsicht sein.

Musikalisch sind demnach in gewisser Weise heute alle; aber sie sind es – siehe oben – in einer einseitigen, eher unentwickelten Art.

(2) Den momentanen qualitativen Aspekt musikalischen Tätigseins nenne ich *Begabung*: wer gut oder „richtig" singt oder spielt oder hört, der sei begabt; wer schlecht singt ... oder „falsch", der sei wenig oder un-begabt.

Begabung sei also ein Begriff für den Grad der momentanen (Über-)Formung (Veränderung) eigenen Tätigseins gemäß den qualitativen Selbstverständnissen (Normen) einer Kultur; diese jedoch befinden stets sich in Bewegung. Begabung ist ein Maß für die (besondere) „Tiefe" oder „Höhe" einer Musikalität. Sie wird durch Lernen vermittelt, durch Bearbeiten des eigenen Tätigseins als Singen, Spielen und/oder Hören (oft gerade ohne unmittelbarem Zusammenhang mit Situationen).

Der qualitative Aspekt ist in der Regel korrelativ zum Entwicklungsstand. Während Begabung sich nur über das (situative) Aktualisieren von Tätigsein einstellen/ergeben kann, ist umgekehrt der Erwerb und die Sicherung von Situationsbesitz wohl nicht in gleicher Weise abhängig zu denken von einer (sich entwickelnden) *besonderen* Qualität eigenen Tätigseins. (Solche Entwicklung wird auch in den meisten Fällen in einem bestimmten Alter stehenbleiben oder gerade umgekehrt erst sich in einem Alter einstellen, in dem sie gewöhnlich nicht mehr als „Begabung" ausgemacht wird.) Musikalität und Begabung sind zwar aufeinander angewiesen, doch bedingen sie sich nicht in gleicher Weise gegenseitig.

(3) Begabtsein bedeutet Ergebnis eines steten Begabt-Werdens resp. Sich-Begabens (auf der Grundlage stillschweigend zu unterstellender Anlagen). Es basiert (als ein besonderes) auf einem potenziert dynamischen Prozeß, der mit der motorischen, der intellektuellen und der emotionalen Entwicklung einhergeht. Das Zusammenspiel beider, des Erwerbs von Situationen und der besonderen Bearbeitung von Tätigsein, verläuft in der Zeit. Als Begriff für die (besondere) „Steilheit" des Vorgangs, für die schnelle oder langsame Veränderung des Tätigseins,

sei der Begriff *Talent* verwendet. *Talent bezeichnet den Grad der Fähigkeit, sich zu begaben und begabt zu werden*, also den Grad der Fähigkeit, das eigene Tätigsein des Singens, Spielens und/oder Hörens zu einem Positiven hin überformend zu verändern. Ein „großes" Talent hat, wer sein Tätigsein rasch (= rascher als andere) herausragenden Normen einer Kultur anpassen resp. annähern kann.

Im Unterschied zu Talent wäre Begabung hier von mir als eher statischer Begriff gebraucht; er bezeichnet den momentanen Stand der qualitativen Ausformung der eigenen Gaben (= der eigenen Fähigkeit, *so* tätig zu werden).[1] Ich verwende also „Talent" gerade in dem Sinn, in dem meistens von Begabung gesprochen wird. Trotzdem kann auch ich von Hochbegabten sprechen: ich meine damit jene, die zu einem bestimmten Zeitpunkt einen gegenüber durchschnittlich entwicklungslogischer Erwartung deutlich höheren Grad der Überformung eigenen Tätigseins erreicht haben. Solche Feststellung läßt auf Talent schließen.

Selbstverständlich ist uns Musikalität nicht ohne Mindestfertigkeiten vorstellbar. Das Hören Jugendlicher heute ebenso wie das Singen der Väter im Männerchor (die nach 20-jähriger Sangesbruderschaft immer noch Notenschrift und einfaches Blattsingen nur sehr begrenzt beherrschen) subsumieren wir aber kaum unter dem Begriff „begabt". Den Begriff der Begabung verwenden wir eher dort, wo schon eine außergewöhnliche Tätigkeitsfähigkeit vorliegt. Diese mißt sich an einer zeitgenössischen Professionalität. Solche Begabung ist in der Regel nur durch den sog. Einzelunterricht zu fördern bzw. durch eine Ausbildung (Studium).

Gehen wir davon aus, daß jene Talente, die einen zur außergewöhnlichen Begabung führenden Unterricht legitimieren, eine Minorität darstellen, während die Mehrheit das ist und bleibt, was wir musikalische Amateure bzw. Dilettanten nennen, wird uns sofort die Unstimmigkeit eines Musikunterrichts heute bewußt, der das instrumentale Spielen (im Wettbewerb „Jugend musiziert") und das Hören von und Sprechen über Musik (besonders in Schulbüchern zur Sekundarstufe II) an der Vermittlung professionellen Tätigseins orientiert, ohne sich recht um einen Situationsbesitz zu kümmern. Solcher Unterricht ist eindeutig an der Vermittlung einer Begabung orientiert; und diese wiederum an Professionen des bürgerlichen Musiklebens, an einem *künstlerisch*-reproduktiven Singen und Spielen sowie an einem *wissenschaftlichen* Reden über Musik.

Gleichzeitig vermögen wir auch historische Erscheinungen kritisch zu bewerten, z. B. die Jugendmusikbewegung, der es oft um Vielseitigkeit musikalischen Tätigseins und um das Anlegen von Situationen (z. B. „Morgenfeier") ging, wo viele eben mehrere Instrumente leidlich spielten und dazu auch laienmäßig singen konnten. Solche auf intensive und breite Musikalität ausgerichtete Vermittlung orientierte sich freilich an einer *ideologisch* bestimmten Lebensvorstellung.

---

[1] Das ist, zugegeben, ein sehr einfacher und enger Begabungsbegriff. Doch wenn man sagt, ein besonderer Aspekt des Begabtseins bestehe in der Fähigkeit, sich in seinem Tätigsein selbst situationserfüllend zur Geltung zu bringen, dann erfüllt das Subjekt darin für mich eher *ein besonderes* Maß an Kompetenz, Autonomie und möglicherweise Verantwortung für sich selbst. Über entspr. Kriterien vgl. das nächste Kapitel.

Einige Stichpunkte zu einer Konzeption

Immerhin kann uns spontan klarwerden, daß *Musikunterricht der allgemeinbildenden Schule* sich primär an der *Förderung von Musikalität* (im angesprochenen Verständnis) zu orientieren haben wird, die eine Förderung eines entwicklungslogischen Maßes an Begabung stillschweigend einschließt. Dies zum einen, weil er die Majorität betrifft, zum andern, weil er als Klassenunterricht geschieht. Dabei schließt er ein, jenes gleichsam natürliche Niveau von Begabung herzustellen, zu aktivieren und aufzunehmen, das eine musikalische Teilhabe an den eigenen Lebenssituationen garantiert.

6. Die für Musikerziehung wesentliche qualitativ-dynamische Komponente einer Förderung von Musikalität bezeichnen die Intentionen „Kompetenz", „Autonomie" und „Verantwortung"

Förderung von Musikalität zielt auf deren entwicklungsgemäßes Anwachsen und damit auf einen qualitativen Aspekt über und um „Begabung". Der eigentliche *lebensgeschichtliche* und mit den humanen Perspektiven „Entwicklung" und „Sozialisation" korrelierende qualitativ-dynamische Aspekt einer Förderung von Musikalität (wie auch einer Begabung) ist für mich mit den Begriffen „Kompetenz", „Autonomie" und „Verantwortlichkeit" bezeichnet.[1] Solche Qualifikationen lassen sich aus unserer Annahme von Musik als vorstellungsgeprägtes und situationsbezogenes Tätigsein, durch das der Mensch sich als der, der er ist bzw. zu sein beansprucht, tendenziell unmittelbar zur Geltung bringt, ableiten; ich verstehe sie als begriffliche Benennung der Verhältnisse zwischen den Konstituenten:

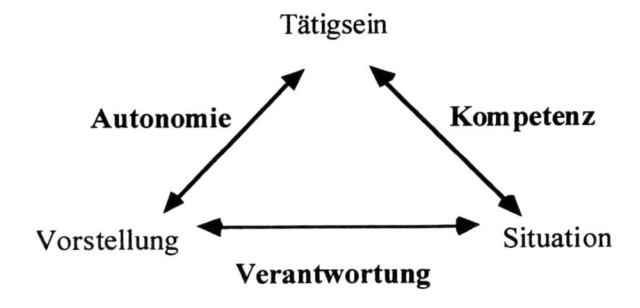

```
                    Tätigsein
                      ↗ ↖
           Autonomie /   \ Kompetenz
                    /     \
                   ↙       ↘
          Vorstellung ←——→ Situation
                   Verantwortung
```

Dabei sei (musikalische) *Kompetenz* im Besonderen eine Bezeichnung u. a. für die Fähigkeit, die eigenen Lebenssituationen durch eigenes musikalisches Tätigsein auszufüllen bzw. (umgekehrt) eigenes musikalisches Tätigsein zu Lebens-

---

[1] In diesen drei Intentionen folge ich Wolfgang Schulz, *Unterrichtsplanung. Mit Materialien aus Unterrichtsfächern*, München (3. Aufl.) 1981, verändere aber dessen dritte Intention „Solidarität" in „Verantwortung": Letzteres scheint mir der breitere Begriff; vor allem schließt er die Verantwortung für sich selbst ein.
Die Aneignung des Schulz'schen Ansatzes für das musikdidaktische Denken ist einem eigenen Text vorbehalten. An Schulz knüpfen, wenn auch eher lose, die beiden von Günther/Ott/Ritzel herausgegebenen Bände *Musikunterricht 1-6* und *... 5-11* (Weinheim 1983) an.

situationen auszugestalten; *Autonomie* sei eine Bezeichnung für jene Fähigkeit, u. a. das eigene musikalische Tätigsein als Realisation „eigener" Vorstellungen zu leben resp. solche Vorstellungen aus/mit dem eigenen musikalischen Tätigsein zu entwickeln und umgekehrt; und *Verantwortung bzw. Verantwortlichkeit* schließlich hieße jene Fähigkeit, Vorstellungen (von sich als musikalischen) z. B. zu eigenem und anderer Nutzen in entsprechenden Situationen zu prospektieren bzw. (umgekehrt) in/aus solchen Situationen Vorstellungen von sich (und anderen) zu erleben, zu bestimmen und zu tolerieren.

Die Qualifikationen, die sich nur in ihrem gegenseitigen Zusammenhang erfüllen können und die letztlich stets alle drei Konstituenten einbeziehen, sind *nicht als sie selbst zu verfolgen*, auch nicht im Bereich Musik; sie sind als Ergebnis einer durch schulisches Lernen unterstützten Entwicklung zu ermöglichen.

‚In Musik' kompetent, autonom und verantwortlich zu werden hieße also, nicht nur über Musik als Option von Tätigkeit zu verfügen, sondern gleichzeitig über einen entsprechenden nicht nur markt- sondern wesentlich selbstorientierten Situationsbesitz, durch den das Tätigsein als eigenes und sinnvolles wahrgenommen wird. Der Weg zur Kompetenz z. B. besteht ja dann eben nicht nur darin, im eigenen Tätigsein über genügend eigene (= verinnerlichte) Objektivationen zu verfügen (vulgo: viele Lieder zu kennen), um z. B. Singen in verschiedenster Weise in die eigenen Lebenszusammenhänge „einbauen" zu können, oder (noch häufiger) über jene besondere Spielfähigkeit zu verfügen, die es erlaubt, sich der schwierigsten Stücke zu bemächtigen, – das wären furchtbar technokratische Vorstellungen –, sondern umgekehrt gerade darin, gleichzeitig über jene „Situationen" zu verfügen, in denen der Ausdruck des eigenen Selbst sich in selbstbestimmter musikalischer Tätigkeit niederschlägt, das Singen, das Spielen, aber vor allem das Hören zum Ausdruck des Selbst beiträgt. Solche Verfügung basiert aber schon aus einem Vorstellungsbesitz, wie ihn, noch ganz unreflektiert, vor allem Grundschule erst einmal vorbereiten muß. Für den weiterführenden Musikunterricht folgt, daß die Verfügung dann, wenn sie immer weniger durch soziale situative Vorgaben (wie z. B. das bürgerliche „Konzert") vorausbestimmt ist, umso mehr der Selbstbestimmtheit zu er-öffnen ist: Sie ist den ideologischen (→ vor allem auf das „Werk" und dessen bürgerlichen Verhaltenszwang bezogenen) und ökonomischen (→ vor allem auf die Marktstrategien und deren „modischen" Verhaltensimplikationen bezogenen) Vorausfestlegungen zu entziehen.[1] Vor allem wird die Art und Weise optimierter Selbstbeteiligung in der Aneignung eines eigenen Lebenskonzeptes mit dafür einstehen, über eine lebenslange Nurrealisation des einen z. B. schicht- bzw. altersspezifischen Konzeptes hinauszugelangen.

---

[1] Das zentrale Problem einer Musikvermittlung heute besteht, „praktisch" gesehen, in der „Vermittlung" einer *Fähigkeit zur Gestaltung von Situation* als einer eigenen Lebenssituation, die mehrheitlich nicht mehr als gesellschaftlich vermittelte vorgefunden wird. Dieses Problem, das die Musikschule ebenso wie den Musikunterricht der allgemeinbildenden Schule betrifft, kann aber, näher betrachtet, als Defizit von Vorstellungen identifiziert werden: wir haben keine Sicherheit mehr darin, *wer* sie, denen unsere Sorge gilt, jeweils sein und werden (sollen).
Die Frage nach konkreten Vorstellungen wird im Zuge der Auseinandersetzung über einzelne Tätigkeitsfelder im musikdidaktischen Zusammenhang anzugehen sein.

Einige Stichpunkte zu einer Konzeption

7. Musikalitätsförderung
geschieht durch „Musikalisierung" und „Aufklärung"

Während die Förderung von (musikalischer) Kompetenz, Autonomie und Verantwortlichkeit in der hier versuchten Definition kaum als sie selbst zu realisieren ist, erweist sich auch die Förderung von musikalischem Tätigsein, von Situationsbesitz und von Vorstellungsfähigkeit als voneinander abhängig; alle drei sind nur im gegenseitigen Zusammenhang zu fördern; einen solchen Zusammenhang bildet die eigene Lebenswelt.

Die Realisation der Vermittlung und Förderung einer Musikalität als Vermittlung musikalischen Tätigseins (im Zusammenhang entspr. Situationen) fasse ich (von der vergleichsweise sachlichen Seite her) mit den Begriffen „Musikalisierung" und „Aufklärung"; beide geben übergeordnet die *praktischen Aufgaben* musikalischer Unterweisung an.

Unter dem Begriff Musikalisierung fassen wir das „Musikalisch-Machen" des Subjekts (= das Überformen eigenen situationsbezogenen musikalischen Tätigseins) durch betont künstlerische Arbeit im/als Musikunterricht (auch etwa parallel dem Kunstunterricht), das Hören als vergleichsweise künstlerische Tätigkeit einbezieht. Unter dem Begriff „Aufklärung" fassen wir den Weg der Öffnung zu einer Selbständigkeit und einer Vorstellungs- und Verantwortungsfähigkeit hin. Beide Begriffe sind im folgenden auf einen didaktischen Rahmen hin näher zu erläutern.[1]

Dabei ist ein impliziter und wesentlicher Aspekt meines Begriffspaares „Musikalisierung und Aufklärung" stets zu bedenken. Musik erscheint in Konzeptionen in der Regel (und im Prinzip) als Invariable im pädagogischen Prozeß (ebenso, wie im Prozeß entwicklungspsychologischer Untersuchung). Variabel erscheinen Schüler, Verhalten, Situationen ..., aber nicht „Musik": Sie, als einzelne, betrachten wir stets als quasi-gegenständlich unveränderlich vorhanden; ein bestimmtes Lied bringen wir in den Prozeß als immer dieses und „so" zu beschreibendes ein. Wir tun so, als sei eine bestimmte Auffassung der klingenden Wirklichkeit quasi naturgegeben, statt sie eben „nur" als eine mögliche und (heutigem zivilisatorischem Standard gemäß) notwendige Voraussetzung zu betrachten, sich auf einer bestimmten Ebene der Kommunikation über Musik (z. B. in Wissenschaft und Ausbildung) annähernd objektiv zu verständigen. Denn genau diese Auffassung ist als eine Auffassungs*fähigkeit* (in Korrelation zur „Beschaffenheit" des so nun Aufgefaßten) erst im Laufe des 18. Jahrhunderts entstanden. Und sie entsteht

---

[1] Der Begriff der Musikalität ist (ebenso wie der Begriff „Musik") zweideutig: Allgemeinsprachlich bezeichnet er für mich jedes musikalische Tätigsein, auch das des Kindes z. B. im Kindergarten; s. o. Gleichzeitig wäre er als Ergebnis eines erfolgreichen Musikalisierungs- und Aufklärungsprozesses einzustufen: Musikalisch im *engeren* Sinn ist demnach *erst* der, der sich in seiner Lebenswelt mit einem zu bestimmenden Maß an Kompetenz, Autonomie und Verantwortlichkeit als Singender, Spielender und/oder Hörender zur Geltung bringt. Die Verbindung zwischen beiden Verständnissen bzw. Bedeutungen stellen dort die Begriffe „Musikalisierung" und „Aufklärung" her, wo sie auf das Subjekt bezogene Aufgaben pädagogischer Beeinflussung bezeichnen.

immer wieder im Heranwachsen als zu entwickelnde Fähigkeit, von seinem Tätigsein reflexiv zu abstrahieren, – oder eben auch nicht.

Eine tätigkeitsorientierte Musikpädagogik versteht demnach diese scheinbare Invariable „Musik" als die entscheidende Variable: wenn Musik vorstellungsgeprägtes und situationsbezogenes Tätigsein darstellt, dann definiert „sie" sich (im einzelnen „Fall") eben durch den Menschen, der das Tätigsein jeweils ausübt. Das, was Musik „ist", ist dabei u. a. abhängig vom Entwicklungs- und Bewußtseinsstand jenes Menschen, der entsprechend tätig ist, abhängig von ihm als einzelnen (→ Entwicklung) und als gesellschaftliche Spezies (→ Bewußtsein).

Während Musikalisierung in praxi das Musikalisch-Machen des Subjekts mittels Musikalisierung seiner Lebenswelt betreibt, bezieht sich Aufklärung auf die „Öffnung" von dessen subjektiver Dimension, auf die qualitative Verbesserung des eigenen Beteiligtseins im Sinne der oben angesprochenen Intentionen. Beide schließen einen Fortschritt des motorischen, kognitiven und emotionalen Beteiligtseins ein.

8. Musikalisierung und Aufklärung stellen Rahmenbegriffe zum persönlichen Bedenken musikdidaktischer Entwürfe dar.

Zur *Musikalisierung* stellt sich die Frage: welches Tätigsein im Rahmen welcher Situation und Vorstellung von sich können wir als einen erstrebenswerten Richtpunkt derzeitiger musikalischer Unterweisung annehmen? Wenn wir es *nach meinem (Interesse und) Verständnis* von jenem Tätigsein als Hören ableiten, durch das ich die aktuelle (E-)Musiksituation tendenziell bestimmt sehe, dann beinhaltet es wenigstens die folgenden drei Verhaltensaspekte:
- alles *auf- und wahrzunehmen* (ohne es gleich als „es" zu identifizieren), also offen zu sein für Klang und für dessen Wirkung in mir, für das, was er auslöst;
- Musik (als erlebten Zusammenhang zwischen Tönen/Klängen) als sie selbst dabei gleichsam zu *produzieren*: Beziehungen zwischen Klängen in mir herzustellen;
- Klang (noch) auf eine physische Materialität zurückzuführen, die Rekonstruktion seiner Entstehung vorzunehmen, ihn in mir (im einfachsten Fall als verinnerlichtes Singen oder Spielen) zu *reproduzieren*.

Wenn wir das Ziel musikpädagogischer Bemühung (gem. unserer Musikgeschichte) als ein solches Hören und dieses als ein selbstreflexives Umgehen mit sich selbst ansehen, dann könnte Musikdidaktik, sich orientierend an der Einsicht, daß Musik als „Musik" im zeitgenössischen Sinn sich erst im Laufe des Lebens „bilden" kann (denn ein entspr. Tätigsein setzt Alter und Reife voraus!), drei modellhafte Wege der Propädeutik bedenken.[1]

---

[1] Diese drei Wege betrachte ich als idealtypische Konstruktionen in zweierlei Hinsicht: Einmal umreißen sie die gesamte Wirklichkeit als eine Art Rahmen, ohne sie selbst abzudecken; zum anderen

Einige Stichpunkte zu einer Konzeption

- Der eine Weg stellt den Aspekt des *musikalischen Tätigseins* als einer zeitgemäßen *Artikulation* in den Vordergrund. Er orientiert sich an *Neuer Musik im Sinne aktueller E-Musik*. Und er favorisiert (zuerst) die musikalische *Produktion*, das Erfinden von Musik. Meyer-Denkmann hat dazu Anfang der 70-er Jahre einige Ansätze angeregt. Eine entsprechende Musikerziehung wäre eine Art „idealer" Weg einer *intellektuellen (Musik-)Erziehung*. Kontinuierlich entwickelt wird die selbstproduktive Seite des Hörens heute. Hören selbst erscheint in diesem Weg zuerst als Funktion zum eigenen Produzieren hin.
- Ein zweiter Weg bestünde darin, am Aspekt der *Situation* (als Hörsituation) anzusetzen. *Er holt im Prinzip „Historie" nach*, in Parallelität zur Entwicklung zu jenem Selbstbewußtsein hin, das wir mit dem adäquaten Hören aktueller Musik verbinden. Idealerweise ist dies ein Weg, der die *Rezeption*, das Wahrnehmen selbst, zu einem heutigen Hören hin entwickelt. Ein entsprechender Unterricht orientiert sich am Gesamt der *historischen Musik*; Produktion und Reproduktion treten als integrale Bestandteile auf. In ihm ginge es darum, Lebenssituationen als Hörsituationen (= als vom Erklingen[den] bearbeitete Situationen) zu erfahren, auszugestalten, mit wachsender Verantwortlichkeit für sich in der entsprechenden Situation; solche stellt z. B. der Ansatz der „Szenischen Interpretation" in den Mittelpunkt (eines Musikunterrichts in der Sekundarstufe II). Ebenfalls hierher gehören auch Tanzen und Malen zur Musik.
- Ein dritter, musiktypischer Weg wird eigentlich in der Musikerziehung der letzten Jahr[hundert]e favorisiert: Es ist der Weg, (scheinbar) altersgemäße *Vorstellungen vom So- und Selbstsein* zu rekonstruieren. Typischerweise führt er vom *gemeinschaftlichen* Singen sog. Kinder- und Volkslieder über die jugendliche Arbeits*gruppe* mit instrumentaler (Band-)Aktivität zu einem *reproduktiven* Hören. Er orientiert sich an einer relativ *aktuellen bzw. projizierten Wirklichkeit des Musiklebens* und ordnet (recht unbewußt) die unterschiedlichen Entwicklungsphasen einzelnen Sparten unterstellten unterschiedlichen Mentalitätsanforderungen zu. Der Weg geht wesentlich mit *Reproduktion* um. Von daher die Bezeichnung „musiktypisch": Nur in der Musik gibt es ein rekonstruktives Singen und Spielen, aber auch Hören. Der Weg führt oft über ein Singen und Spielen als sich in einer tendenziell privaten Situation selbst Hörenmachen zu einem Hören als verinnerlichtem Singen und Spielen. Einen solchen Weg gehen typischerweise viele über ihren persönlichen Instrumentalunterricht, wenn auch dessen inhaltliche Unstimmigkeit mehr und mehr in Sackgassen (sprich: zum Abbrechen) führt.

Es ist keine Frage, daß sich (fast) keiner der konzeptionellen musikpädagogischen Ansätze des 20. Jahrhunderts eindeutig einem der „Wege" zuordnen läßt; das kann auch nicht sein, da alle drei „Wege" eine der notwendigen Dimensionen musikalischer Entwicklung jeweils in den Vordergrund rücken, wie auch die je-

---

stellen sie selbst ideale Verfahren dar, die nicht die Wirklichkeit abbilden, sondern je „äußerste" (extreme) Zuordnungen konstruieren.

weils zugeordneten Objektbereiche sich wesentlich überschneiden. Grundsätzlich lassen sich aber die drei Modelle als Denkrahmen ansehen, aus dem man sich eine Freiheit zur Konstruktion persönlichen didaktischen Vorgehens ableiten kann: aus ihm sind persönliche Wege zu begründen und auf die o. a. Aufgabe der Musikalisierung hin zu realisieren. Entscheidungen richten sich primär an den persönlichen *künstlerischen* Fähigkeiten des Lehrers und – wie bekannt – an den Voraussetzungen der Schüler und an den unmittelbaren Bedingungen des Lernens aus. Wichtig aber für die Entfaltung eines Unterrichts wäre die Einsicht, daß sie alle – über Schule hinausgedacht – zu bestimmten Vorstellungen vom So- und Selbstsein führen, die sich (wohl letztlich) im Hören im Rahmen medial bestimmter Hörsituationen zu realisieren hätten.

Musikalisierung meint keineswegs die Favorisierung einer musischen Genügsamkeit. Sie beinhaltet zwingend ein Anwachsen der Fähigkeit, Musik (als eigenes Tätigsein) sich (als z. B. „etwas") vorzustellen. Der angedeutete Primat einer Tätigkeitsvermittlung beinhaltet also durchaus auch die Entwicklung jener uns vertrauten materialen und gegenständlichen Vorstellung von Musik; auch diese hat ihren Platz in jener anderen Dimension musikalischer Unterweisung, die ich unter dem Begriff *Aufklärung* fasse.

Unter diesem Begriff verstehen wir die (Vermittlung von) Einsicht und Einsichtsfähigkeit *über* Musik im Sinne von Musik als (die eigene) Tätigkeit. Beide Aufgaben, Musikalisierung und Aufklärung, werden nicht nur im Denken, sondern auch in der Unterrichtspraxis funktional aufeinander bezogen. „Aufklärung" meint nicht von sich aus jene „Aufklärung über" eine Musik als Quasi-Gegenstand (als Lehre von der Sache), wie sie vorwiegend der gymnasiale Musikunterricht betreibt und betrieben hat. „Aufklärung" als Aufgabe von Musikunterricht bezieht sich primär auf das eigene Tätigsein; sie ist eine Dimension desselben! Sie beginnt mit dem das Tätigsein selbstverständlich begleitenden sprachlichen Umgang, führt über die bewußtseinsmäßige Trennung von Tätigsein und „sich bildendem" Tätigkeitsinhalt, in welcher die Notation eine zentrale Rolle einnimmt, über das Sammeln und Ordnen eigenen und möglichen Tätigseins in das reflexive Gestalten von Situation, schließlich in das Bemerken und Bestimmen des eigenen Beteiligtseins, auch über das Bemerken und Bestimmen dessen, was sich sozusagen musikalisch zuträgt, bei „mir" und anderen. Umgekehrt meint „Musikalisieren" eben nicht Training eines musikalischen Verhaltens im Sinn einer (abstrakten) Hör-, Sing- und Spielfähigkeit, als Quasi-Voraussetzung, mit Musik umzugehen, sondern solches Umgehen selbst im Zusammenhang je sinnstiftender Situation.

„Aufklärung" als Aufgabe musikalischer Unterweisung soll letztlich den einzelnen fähig machen, *sich* als Hörenden, Singenden, Spielenden *wahrzunehmen* in einem umfassenden Sinn. „Wahrnehmen" meint zum einen die Wahrnehmung des eigenen Interesses auf eine allseits entwickelte Persönlichkeit, auf ein notwendig ästhetisch selbstbestimmtes Leben, und damit auf die Selbst- und Mitbestimmung jener Situationen, denen das eigene musikalische Tätigsein zugehört;

und es meint zum anderen *sich* selbst wahrzunehmen im musikalischen Tätigsein (in seinem Denken, in seinem Fühlen ...); je reicher und aktueller die Musik, um so reicher und aktueller die Selbstwahrnehmung.

Die Koppelung der Wahrnehmungsverständnisse kann als Tendenz hin zu dem verstanden werden, was wir (im engeren Sinn) Kunst nennen. Beide Wahrnehmungsweisen treffen sich in der eigenen Vorstellungsfähigkeit: „Musikalisierung" und „Aufklärung" als Aufgabe musikalischer Unterweisung realisieren wir in der Weise, daß wir den einzelnen mit „Musik" (im geschichtlich definierten mitteleuropäischen Sinn als Teil einer entwickelten Kultur) in einen *solchen* tätigen Zusammenhang bringen, daß ihm die Erstellung von Erklingendem als (eigenes!) Singen, Spielen, Hören nicht nur zu einem selbstverständlichen, sondern auch zu einem *selbstbestimmten* Teil seines Lebens wird. Beide Aufgaben, vielleicht z. T. getrennt begonnen, verschmelzen also letztlich in der Vorstellung vom Vollzug eines „eigenen Lebens (mit Musik)". Der Begriff der Selbstbestimmung meint in diesem Zusammenhang zwar möglicherweise auch das Mitbestimmen über Auswahl der musikalischen Gegenstände oder über die Realisation eines Notentextes; er meint aber vor allem und zentral das Mitbestimmen darüber, was „ich" in und mit der Tätigkeit mit „mir" selbst eigentlich anfange, durch eigenen reflexiven Einblick vertiefe, für mich an persönlichem Sinn vergrößere.

Die hier angedeutete Zuordnung impliziert ein scheinbares zeitliches Hintereinander. Bezieht sich „Aufklärung" auf das musikalische Tätigsein des Subjekts, so muß jenes quasi vorauslaufen, gelernt werden, für Aufklärung im weiteren Sinn aktualisierbar sein. Mit Kritik (i. S. v. entwickelter „Aufklärung") kann (genetisch) kein produktives Verhältnis zur Welt (zur „Musik") entstehen: sie geht ‚mich' nichts an, wenn ich von vornherein in Distanz zu ihr aufwachse. *Distanz muß erst als Lernakt hergestellt werden* zu etwas, *weil* es mich etwas angeht! Produktive Teilhabe setzt die Fähigkeit zum Machen von etwas voraus; sie baut auf deren verinnerlichter Erfahrung auf.[1] Doch ist „Aufklärung" von Anfang an *implizit* beteiligt, vor allem im sprachlichen Benennen.

---

[1] Aus meiner Erfahrung vermute ich: Mündigkeit als Ergebnis setzt den zu überwindenden Zustand der Unmündigkeit voraus! Man kann sich dies exemplarisch am *Liedermagazin* (hrsg. von H. Segler u. a., Kassel etc. ²1975) verdeutlichen. Dieses Buch mit Liedern, aus einer differenzierten Tätigkeitsvorstellung angelegt, kann für Heranwachsende eine brauchbare Hilfe zur Selbstentwicklung abgeben, wenn diese sich in einer bestimmten Entwicklungsphase notwendig in ein Verhältnis zu dem setzen, was sie tun (= wer sie sind), hier: zum eigenen Singen (= zu sich als Lieder Singende). Solchen Nutzen vermittelt es aber nur jenen Jugendlichen, die sich als Kinder Singen vielseitig aneignen konnten. Für die anderen bleibt der Inhalt des Buches un-sinniger Stoff; Erstinteresse am Singen wird es gerade seiner Intention nach nicht mehr wecken.
Wenn die Herausgeber aber glauben, „auf neuer Ebene, befreit von den Zwängen zum Singen, mögen sich Schüler und Lehrer wieder den Motivationen und Funktionen des Singens zuwenden" (S. 9), dann huldigen sie hier einer „Vorstellung von": bestimmend ein intellektuell spielerisches Umgehen mit dem eigenen Singen zum Nutzen der probeweisen Wahrnehmung möglicher Wirkung bestimmter Objektivationen auf einen selbst. Eine solche Selbstsouveränität setzt aber wohl zumindest das dritte Lebensjahrzehnt voraus.

9. Im Mittelpunkt eines tätigkeitorientierten Musikunterrichts steht das musikalische Tätigsein der Betroffenen

Im Mittelpunkt eines der Konzeption MIT MUSIK LEBEN entsprechenden Musikunterrichts steht *musikalisches Tätigsein* der Betroffenen. Unter solchem Tätigsein verstehe ich zuerst einmal und grundlegend Singen, Spielen[1] und Hören (mit allen denkbaren zugehörigen Verhaltensweisen wie z. B. Lesen, Denken, Sprechen, Sich-Verständigen, Schreiben usw.). Aufgabe eines Musikunterrichts (in jeglicher Form) ist es demnach, musikalisches Tätigsein selbst zu vermitteln, d. h. zu *ermöglichen* und zu *entwickeln*. Solche Aufgabenstellung klingt selbstverständlicher als sie in der Praxis sich realisiert. Denn tatsächlich werden im Musikunterricht der Schulen traditionell eher *Lieder* vermittelt, die weitgehend als sie zu singen sind (und deren Vermittlung sich dann zum didaktischen Problem entwickelt ...[2]), nicht aber situationsteilhabendes Singen, als *dessen* Funktion Lieder erscheinen. Mit dem Hören ist es noch extremer: Ein Musikunterricht à la „Musik um uns" tendiert in der Praxis gymnasialen Musikunterrichts nicht selten zum 5-Minuten-Hörbeispiel als *Illustration* eines zu vermittelnden Stoffes.

Deshalb und anderseits geht es im Zusammenhang von Musikunterricht nicht um „die Musik", weder um deren sog. „Verstehen" noch um sie als Handlungsbereich sui generis. Musik ist (und war immer) einerseits Tätigkeit und anderseits als solche ein sinnvoller Bestandteil verschiedener *nichtmusikalischer* Daseinsbereiche, die das Leben des Einzelnen konstituieren. Aufgabe musikalischer Unterweisung ist es deshalb gleichzeitig, solches Tätigsein im Rahmen notwendig *situativer Kontexte* anzubieten, aus denen das eigene Tätigsein je als sinnvoll erfahren wird. Musikunterricht ist nur effektiv, wenn durch ihn „Musik als Tätigsein" als eine persönliche Teilhabe an „eigenen" und ernstgemeinten(!) Situationen wahrgenommen wird. *Das eigene musikalische Tätigsein als Singen oder Spielen oder Hören ist als Teil jener Situationen zu betreiben, aus denen das eigene Leben sich rekrutiert.*

Will man einen solchen Auftrag, Musik in einen situativen Kontext und damit in *sein* Dasein zu integrieren, als generelle Aufgabe musikalischer Unterweisung annehmen, so ist – will man nicht ein Leben des Einzelnen vorausbestimmen, was gemäß den o. a. Intentionen ein Widerspruch wäre – solche nur unter der Voraussetzung einzulösen, daß ein Leben mit Musik sich (auch) jetzt täglich bei den Schülern vollzieht/vollziehen kann. Das spätere Dasein musikbezogen be-

---

[1] „Spielen" meint im konzeptionellen Erörterungszusammenhang immer das musikspezifische „Spielen auf Instrumenten".

[2] Vergleiche die Diskussion der 90-er Jahre um das Vermitteln von Liedern, sprich: um das Ersetzen der abgewerteten sog. Papageienmethode. Doch ist solches „Problem" schlicht eine Folge des eigenen Musikbegriffs. Eine tätigkeitsorientierte Musikpädagogik wird auf den (vor)singenden Lehrer gerade nicht verzichten: Nur er als selbst Singender kann ein Tätigsein glaubhaft vorzeigen und vermittelnd entwickeln helfen. Ist er selbst ein Singender nicht, muß er einen anderen Weg wählen ... Maßgebend für den didaktischen Erfolg (in der Grundschule) ist, wie er die *Vorstellung* von sich als (in einer Situation) mit Musik Lebender *verkörpert*. Solche Vorstellung schlägt sich, in reflektierter Weise freilich, didaktisch nieder.

Einige Stichpunkte zu einer Konzeption

stimmen kann man – wenn überhaupt – nur, wenn man das jetzige Dasein als solches zu gestalten lernt.

Bildungsinstitution hat also so sich zu organisieren, daß sie einerseits solches Tätigsein vermittelt, daß sie anderseits sich selbst als Lebenswelt versteht und aktualisiert und daß sie sich als solche mit der Lebenswelt außerhalb der Institution möglichst eng verbindet. Für Bildungsinstitution heute heißt das: *Als Lebenswelt von Kindern hat sie sich in solchen altersspezifischen Situationen zu realisieren, in denen musikalisches Tätigsein als deren Teil und damit als sinnvoll erfahren und gelernt werden kann (und d. h. primär im Rahmen nicht-musikalischer Lebenssituationen).*

Schule und besonders Musikunterricht muß die Chance ergreifen, eine auf das Autonomiestreben ausgerichtete je altersgerechte Lebenswelt mitzuentwickeln. Das entscheidende Problem einer musikalischen Unterweisung im umfassenden Sinn sehe ich nicht in der Vergegenwärtigung unterschiedlichster Musik, auch nicht in deren notwendiger Transformation in Tätigkeit. Das entscheidende Problem besteht in der Vergegenwärtigung begründeter Vorstellungen von „sich", zusammengefaßt: von Lebenswelt, die weder sich als modisch um die Gunst der Schüler werbender Fortsatz des kommerziell bestimmten Musikbetriebes versteht, noch sich als eine musische Gegenwelt abschließt, noch bloße „didaktische" Verkindlichung der Teilhabe an der Erwachsenenwelt betreibt. Kinder und Jugendliche haben einen Anspruch auf Hilfe bei der Einrichtung einer eigenen Lebenswelt, auf Hilfe beim Finden von Regeln und Ordnungen, schließlich auf ein nicht-kommerzielles Angebot für deren Erfüllung aus Sorge um *sie*.

Konstitution von Lebenswelt bedeutet Abbau der Unwahrhaftigkeit von Schule; „Lebenswelt" darf nicht als „didaktische Maßnahme" begriffen werden. *Einen gangbaren Weg bietet ein relativ kompromißlos projektorientierter Musikunterricht an.*

Nicht untypisch hierfür das Beispiel „Weihnachten", an dem es in Schule üblich ist, das Singen weihnachtlicher Lieder oder das Hören weihnachtsbezogener Musik im Unterricht als Vorlage für eine vermeintlich „aktuelle" Musikerziehung zu gebrauchen, die auf einen Situationsbezug außerhalb von Schule vertraut bzw. in der Lern*intention* in der Regel mit dem Bezug nichts zu tun hat.[1] Solches Aktualisieren der Vermittlung entspricht gängiger Praxis. Gemäß unseren Überlegungen aber müßte Schule selbst versuchen, jenen „Rahmen" bereitzustellen, in welchem das Singen von Liedern, das Spielen von weihnachtlicher Musik und ihr Hören für alle und für den einzelnen Schüler *Sinn* erhält. Solcher Sinn könnte darin bestehen, Weihnachten zu *feiern*, z.B. mit der ganzen Schule, mit den Eltern oder einfach nur in der Klasse. Musikunterricht – und vielleicht nicht nur dieser allein – wäre dann dazu da, *feiern zu lernen*. Feiern aber bedeutet ein Stück Leben; es zu lernen ein Stück Leben zu lernen, das sich dann auch fächerverbindend zu vollziehen hätte ...[2] (Solche Ausrichtung entspricht sicher nicht dem tradierten inhaltlich und fachlich definierten Selbstverständnis von Schule.)

---

[1] Vgl. z. B. das Thematisieren von „laut" und „leise" am *Concerto grosso*, op. 6, Nr. 8, von A. Corelli, o. ä.

[2] Selbstverständlich ist die Diskussion darüber, ob und in welcher Form uns Feiern wann (nach den Erfahrungen des 19. und 20. Jahrhunderts) überhaupt noch möglich und altersbezogen realisierbar sein kann, erst noch zu führen.

Einige Stichpunkte zu einer Konzeption

Die Beziehung zwischen „Musik" und „Leben" dreht sich gewissermaßen um: Lernen fungiert als Funktion des vorgestellten (und geplanten) Stückes Leben; aus ihm leiten sich die Anforderungen für den Musikpädagogen ab; aus ihm auch resultieren die Zumutungen für die Betroffenen. Doch wesentlich ist auch die umgekehrte Sichtweise mitbeteiligt: Der „Anlaß" integriert musikalische Fähigkeiten und Fertigkeiten als Voraussetzung; je mehr man spielen/singen/hören, also musikalisch investieren kann, umso „besser" wird die „Teilhabe" an der Situation z. B. des Feierns gelingen.[1] Die konzeptionelle Perspektive MIT MUSIK LEBEN enthebt den einzelnen also nicht des musikalischen Lernens. Sie fordert aber, Lernansprüche möglichst weitgehend von unmittelbar aktualisierten Lebenszusammenhängen abzuleiten.

Möglicherweise besteht eine wesentliche Schwierigkeit dabei, Schule Schritt für Schritt in eine Lebenswelt von Kindern umzuwandeln, darin, die notwendigen persönlichen Lernprozesse zu organisieren. Hier bietet sich eine *Verbindung mit der Musikschule* an. Denn so, wie Schule gerade als eine Lebenswelt von Kindern darauf angewiesen ist, daß diese mit ernsthafter und sich entwickelnder musikalischer Tätigkeit erfüllt wird (die Schule selbst gerade nicht vermitteln kann), so ist jenes Tätigsein, das Kindern in der Musikschule vermittelt wird, auf einen sinnstiftenden Kontext angewiesen, den Musikschule so gut wie nicht und Familien und Freunde in der Mehrzahl kaum noch bereitstellen können. Schule immerhin könnte es versuchen. Die enge Verbindung von Musik- (und Kunst- ...) Schule und allgemeinbildender Schule vermittelt beiden die Möglichkeit, ihren Aufgaben im Sinn der eigentlich Betroffenen gerecht zu werden.

Solche Verbindung geschieht *in* der Organisation von Musikunterricht als situationsorientiertes Tätigsein. Sie rechnet dabei mit einem vielleicht typischen Phänomen entwickelter Kultur: mit der Beauftragung von Spezialisten, im Namen „aller" künstlerisches Tätigsein auszuführen, in einer Weise, die diesen „allen" die besondere Mitbestimmung über das (u. a. hörende) Teilhaben eröffnet.[2] Schule, die lehrt, eigene Situationen als selbstgestaltete zu durchleben, hat wohl

---

[1] Das (mit der Zeit) immer weitere Hinausschieben der Aktualisierung des Lebenszusammenhangs ist einerseits typisch für Schule: Lernen für eine (dabei notwendig:) *selbst vorstellbare* Zukunft muß gelernt werden. Doch gleichzeitig eröffnet der Lebenszusammenhang die Schülerbezogenheit; gerade er erlaubt Mitbestimmung, während die fachliche Gegenständlichkeit Sache des Fachmannes ist und bleibt.

[2] Beachte: Während der spätmittelalterliche Kantilenensatz dem Adeligen die Möglichkeit eröffnete, sich als ausgestattet mit Kostbarkeit wahrzunehmen, vermittelte ein Geistliches Konzert des 17. Jahrhunderts den Höflingen die Möglichkeit, über den auf besondere Weise gesungenen Text sich als diesen Text auf menschliche bzw. besondere Weise selbst Meinende zu realisieren; ebenso vermittelt(e) der Pianist des 19. Jahrhunderts, der sich in seinem „interpretatorischen" Spielen in der Begegnung des Konzerts hören macht(e), dem Zuhörer die Möglichkeit, sich als vergleichsweise Interpretierenden wahrzunehmen.
Nicht Mozart hat den „Idomeneo" geschaffen; dies tat eigentlich der bayerische Hof, der, um sich ein Fest zu veranstalten, für sich(!) ein Thema und eine diesem entsprechende Handlung auswählte, einen Dichter beauftragte, eine entsprechend textliche Fassung herzustellen und schließlich Mozart beauftragte, Musik dazu vorzubereiten. Umzusetzen hatten all dies im Namen des Hofes Ensemble und Apparat des Hoftheaters. Entsprechend beteiligte sich die Gesamtheit der Höflinge auch am Mitvollzug dessen, was man sich als Fest zum Karneval „gab", z. B. durch Mitlesen des Textbuches; und entsprechend reagierte man ungehalten, wenn z. B. die Musik (= das Singen und Spielen des Theaterapparates) den Selbstvollzug der Handlung nicht in der erwarteten Weise vermittelte.

Einige Stichpunkte zu einer Konzeption

Abschied zu nehmen von der Vorstellung, Musikunterricht habe allen Kindern und vor allem Jugendlichen musikalisch das Gleiche zu vermitteln. Mag in der Grundschule eine interne Differenzierung in den Ansprüchen an das Singen und Spielen der Kinder noch hinreichen, so führt die wachsende Mitbestimmung der eigenen Situation als eigene zu notwendig unterschiedlichen Aktivitäten.

Am Beispiel: Weil in einer Realschulklasse Schüler sich ungebührlich zu Bewohnern eines nahen Altenheimes verhalten haben, beschließt die Klasse, in der kommenden (Vor-)Weihnachtszeit in dem Altenheim mit den Bewohnern eine Weihnachtsfeier mit Liedersingen zu veranstalten. Über eine Fragebogenaktion im Altenheim eruieren die Schüler Prioritäten unter den von den Bewohnern gewünschten Liedern. Diese werden gesucht, zusammengestellt und gelernt bzw. geübt. Immerhin bedeutet Singen (in der Feier) das besondere Teilhaben an einer besonderen sozialen Situation mit den alten Menschen; um diese geht es, nicht primär um das Singen, wenn diesem auch darin eine besondere Rolle zukommt. Einerseits bezieht das Singen (und damit das Lernen) seinen Sinn aus dem Anlaß; anderseits ist solcher Bezug, typisch für Schule, auf eine Zukunft verwiesen; Lernen bereitet vor, entwickelt Tätigsein als Teilhabe an der Situation. Damit impliziert es bereits ein wesentliches Maß an Vorstellungsfähigkeit.

So wenig ein solcher Musikunterricht typisch für unsere Schule ist – er bildet eher den sicher öfters vorkommenden Ausnahmefall –, so typisch ist er darin, daß alle letztlich doch das Gleiche lernen: eine Reihe „gewünschter" Weihnachtslieder zu singen. Geht es aber wirklich darum, daß Schüler lernen, individuell an *ihren* Lebenssituationen teilzuhaben, dann wäre möglicherweise anders vorzugehen. Vielleicht so: Vorausgesetzt, die Frage ob und wie eine gemeinsame Situation mit den alten Menschen zu gestalten wäre, sei argumentativ geklärt, dann wären die Schüler, die Instrumentalunterricht haben, (durch die Klasse) zu beauftragen, mit ihrem Spielen einzutreten; der Lehrer wäre (durch die Klasse!) zu verpflichten, entsprechende Sätze zu besorgen, zu machen oder zu bearbeiten. Für diese Schüler gestaltet sich (eine Zeit lang) Musikunterricht als Proben für *ihre* Art der Teilhabe an der von ihnen vorstellungsmäßig entworfenen Situation; in solches Proben ist ihr Unterricht an der Musikschule aktiv einzubeziehen. Schüler, die von sich aus singen, lernen die Lieder. Aber Schüler, die dies – aus welchen Gründen auch immer – nicht können, beschäftigen sich mit den Bedingungen der Situation, mit (den) Liedern, mit deren situativer Ein- und Herrichtung und dabei auch mit deren Texten und möglicherweise Melodien; vielleicht gelingt es ihnen, noch zusätzliche als „eigene" Aktivitäten ausfindig zu machen, d. h. vielleicht gelingt es ihnen, eine Vorstellung von *ihrer* Teilhabe an der Situation des Feierns zu entwerfen. An der Situation des Feierns dann haben alle auf ihre Weise teil: die, die spielen, die, die (gerne) singen, aber eben auch die auf ihre Weise, die hören, moderieren, Musik evtl. medial einbringen: Auch sie nehmen über das Mitvollziehen *sich* als plötzlich in der Situation mit den alten Leuten auf diese besondere Weise verbunden und das heißt kompetent, relativ selbstständig und verantwortlich wahr; sie erleben einen kleinen Fortschritt in der Vorstellung von sich selbst.[1]

---

[1] Natürlich ist hier u. a. die Voraussetzung einzubeziehen, daß solchen Schülern im Zusammenhang von Grundschule ein gewisser Situationsbesitz vermittelt wurde, mit dem sie nun beginnen, eigenverantwortlich umzugehen.

Einige Stichpunkte zu einer Konzeption

Einschub

Lesen Sie den Text Der fächerübergreifende Arbeitszusammenhang als „Instrument" der Musikvermittlung!*)

Versuchen Sie, diesen Text in seinen wesentlichen Abschnitten zu verstehen.

Notieren Sie wesentliche Grundgedanken und ordnen Sie Ihre Notizen hinter dem Text ein.

Beachten Sie: Der Text stellt eine Skizze dar. Er entwirft aus der Kritik eines musikunterrichtlichen Ansatzes der 70-er Jahre eine eigene Perspektive einer Hörerziehung *(für die Grundschule), eine der sog. Polyästhetischen Erziehung entsprechende Rezeptionsdidaktik.[1] Daß mein Entwurf – er stammt aus den frühen 80-er Jahren – von einer Kritik der Polyästhetischen Erziehung ausgeht, entspricht unserem Vorgehen, die eigene Position aus der kritischen Rezeption vorhandener Ansätze zu gewinnen. Begründbar ist diese „Didaktik" freilich auch aus den konzeptionellen Grundgedanken: Unser Leben ist heute in großem Maße durch das Musikangebot vor allem durch/der Medien bestimmt; dieses ist immer gleichzeitig ein über sich selbst hinausreichendes Angebot im Sinne einer Verführung zu einem „adaequaten" Verhalten, ja Dasein in der Welt: Erst die Erzeugung einer „mitgelieferten" Verbrauchermentalität sichert die Nachfrage. Gerade dieses Angebot entmündigt, und Pädagogik hat hier „gegenzusteuern", nicht durch eine Antihaltung, sondern durch Vorschläge, in den Umgang mit Medien sich selbst einzubringen, einzubringen hier durch eine Aktivität (= Produktivität) eigener Art.*

An ihr werden unsere Begriffe „Aufklärung" und „Musikalisierung" nochmals deutlich. Musikalisierung bezieht sich hier auf Hören von Musik; dieses Hören wird aber nicht als es selbst operationalisiert, sondern als im weitesten Sinn künstlerisches Umgehen mit dem Angebot (und dem Hören), das diesem einen eigenen Sinn verleiht. Entspricht es dem Selbstverständnis von Schule, dieses Umgehen zu verbessern, so wäre zu diesem Zwecke im Zusammenhang mit entsprechenden Techniken Aufklärung über Struktur und Interessen des Hörens einzubringen, um das Umgehen bewußter und bestimmter zu gestalten.

Beachten Sie beim Lesen, daß der Entwurf nur einen kleinen Teilbereich des Musikunterrichts (→ vor allem Hören) betrifft, keinesfalls also einen umfassenden Anspruch stellt. Auch will er nicht den *Musikunterricht ersetzen ...*

10. Ein tätigkeitsorientierter Musikunterricht kann, soll und muß Schule verändern

Ziehen wir aus dem skizzierten Ansatz sowie aus dem gelesenen Text einige Konsequenzen!

---

*) Der Text ist hier wiedergegeben; vgl. den folgenden Text in diesem Band.

[1] Die Bezugstexte findet man in: W. Roscher (Hrsg.), Polyästhetische Erziehung. Klänge – Texte – Bilder – Szenen, Köln 1976; W. Roscher (Hrsg.), Ästhetische Erziehung – Improvisation – Musiktheater, Hannover 1970,

Einige Stichpunkte zu einer Konzeption

"Mit Musik leben" lernt man, indem man mit Musik lebt, – in Schule freilich in einer (der Verfaßtheit von Schule angemessenen[1]) organisierten Form, die aber prinzipiell nicht hermetisch sich vollzieht, sondern eher Studiocharakter hat. Schule und ihr Lernen sind selbst ein Anwendungsfall des zu Lernenden, eines Lebens mit Musik.

Hier muß das Denken scheinbar eine Gratwanderung vollführen. Denn Schule als eine Lebenswelt ist auch und gerade verpflichtet, Möglichkeiten des Lebens mit Musik aufzuzeigen, die das immer weitgehender von ökonomischen Interessen bestimmte Leben außerhalb von Schule nicht oder kaum mehr aufweist. Damit ist immer real die Gefahr der Konstitution einer Gegenwelt gegeben. Auf der anderen Seite aber ist die Beziehung selbst zu thematisieren: Wie kann eine solche zwischen den Lebenswelten aussehen? Vorausgesetzt, meine Annahme von der ökonomisch geprägten Lebenswelt (die die Interessen des anderen zur eigenen Profitmaximierung zu erstellen, ja zu diktieren versucht) ist richtig, dann käme vor allem eine kritische Beziehung infrage: Schulische Lebenswelt hat fortschreitend ein selbst- und mitbestimmtes Umgehen mit den Angeboten der Welt draußen zu vermitteln. In solcher Vermittlung könnte angesichts einer vor allem auf Konsum gerichteten Tendenz ein produktives Umgehen, das sich die Angebote über eigene „Maßnahmen" anverwandelt, eine besondere Rolle spielen. Im Mittelpunkt stünde – einfach gesagt – das Bearbeiten von Musik für die eigenen Interessen.[2]

Die konzeptionelle Überlegung MIT MUSIK LEBEN geht implizit mit drei stets zu überdenkenden Punkten um:
- mit einer Vorstellung vom Menschen (die je entwicklungslogisch sich zu realisieren hat),
- mit einer Vorstellung von Welt
- und mit einer Vorstellung vom Dasein des Menschen in dieser Welt (das selbst herkömmlichen gesellschaftlichen Normen tendenziell immer weniger zu unterliegen scheint).

Alle drei lassen sich kaum trennen; denn ebenso, wie die Vorstellung vom Menschen sich in dessen Handeln konkretisiert, so ist Handeln stets eine Funktion von Welt, auf die es bezogen, durch die es bedingt ist.[3]

Denken wir in das Gerüst dieser drei festen Punkte „Musik" hinein, so stellt sich die Frage, wohin diese denn gehörte.

Einerseits: Musik ist Teil der Welt, in sie integriert und in praxi gar nicht herauslösbar. Wenn Erziehung die Aufgabe hat, den einzelnen auszustatten für ein Handeln in einer Welt, in der Musik integriert ist, dann hätte Handeln ebenso-

---

[1] Was nicht bedeutet, Schule so zu akzeptieren, wie sie sich uns heute darstellt. Gemeint ist die Anerkenntnis der Notwendigkeit von Schule angesichts des Standes gesellschaftlicher Entwicklung und des prinzipiellen Anspruchs, Lernprozesse zu organisieren und dazu auch deren Sinn und Zweck vorauszudenken.
[2] Solches Bearbeiten u. a. bezeichnet eine besondere Form der Ästhetischen Praxis des Musikpädagogen.
[3] Trotzdem kann es nützlich sein, die drei Punkte im Denken zu trennen; andererseits weist die Bezogenheit auf Konsequenzen: eine Vorstellung vom Menschen zieht immer eine entsprechende Vorstellung von Welt nach sich u. u.

wenig als nur musikalisches zu erscheinen, wie Musik nicht nur als sie selbst uns gegenübertritt. Musikerziehung hätte die Aufgabe, den *Zugang* zu dieser Welt zu öffnen und zu ebnen, über Wege freilich, die sich *entwicklungslogisch* anbieten. Impliziert wäre *ein* Verständnis dessen, was wir „Aufklärung" genannt haben.

Anderseits: „Musik", verstanden als Tätigkeit, bedeutet eine Option des Subjekts, sich in einer eigenbestimmten Art zu verhalten, „Welt" selbst zu erstellen resp. zu gestalten. Musik ist in solchem Verständnis selbstbestimmte Tätigkeit des Subjekts, ist *eigenes* Singen, Spielen oder Hören. Musik verstünde sich also nicht als Teil von Welt, sondern als Teil von „mir": Sie ist etwas, was dadurch (für mich) „ist", daß ich (es) tue, und durch das ich wiederum mich (gegenüber mir und Welt bzw. gerade zusammen mit den „anderen") als der zur Geltung bringe, der ich bin oder zu sein mir vorstelle. Musikerziehung hätte von hier aus die Aufgabe, das eigene Tätigsein zu fördern, entstehen und sich verbessern zu lassen; und sie hätte die Aufgabe, dem eigenen Tätigsein *Eingang* zu verschaffen in ein selbstbestimmtes Dasein, in ein „eigenes" Leben, in dessen nicht primär musikbezogene Handlungszusammenhänge. Dafür steht vor allem die Aufgabe der „Musikalisierung".

Wesentlich erscheint mir nun, daß Musik als Tätigsein sich nicht aktualisieren kann ohne Musik als Teil von Welt (wie auch umgekehrt)[1]. Aber es läßt sich (angesichts einer vorgenommenen Vorstellung vom Menschen (→ Selbstbestimmung ...) in einer vorwegbestimmten Struktur von Welt (→ Ausrichtung auf Konsum; Kommerzialisierung aber beinhaltet auch die Chance des Angebots ...) eine Priorität des Lernens prognostizieren: Das eigene Tätigsein muß der Auseinandersetzung mit Welt stets gleichsam vorausgehen. Gleichzeitig ist es möglichst so zu lernen, daß es in die Chance zur Gestaltung von (eigener) Welt einbezogen wird: Schule hat selbst „Musikalische Wirklichkeit" im Sinne einer Lebenswelt zu organisieren (in der musikalische Tätigkeiten eben als sinnvoller Teil größerer Handlungszusammenhänge auftreten), die sich mit der Lebenswelt „draußen" freilich in ein begründetes Verhältnis setzt.

Versuchen wir, für diesen Ansatz die Beziehungen zwischen den geläufigen Konstituenten von (Musik-)Unterricht zu skizzieren[2], für das Pädagogische Subjekt, für den Erzieher und für Musik als sog. Objektbereich, dann thematisiert er zentral das Verhältnis dieser drei Konstituenten zur musikalischen Wirklichkeit, einer Wirklichkeit aber, die Kinder und Jugendliche mit unserer Hilfe tendenziell selbst erstellen:

---

[1] Gemeinhin können wir (im entwickelten Sinn dessen, was wir als Musik ansehen) nicht Klavier spielen, ohne das Angebot gedruckter Musik zu benützen; aber unser Klavierspielen ist nicht auf die Erfüllung des Angebots und seiner Verhaltensimplikationen bezogen, sondern es geht um die quasi umgekehrte Beziehung, darum, das Angebot für uns, für unsere Interessen fruchtbar zu nützen ...

[2] Der folgende Absatz schließt – im Zusammenhang des Studiums – an einen Text „Modelle musikunterrichtlichen Denkens" an, in welchem drei solcher Modelle als je spezifische Beziehung zwischen den Konstituenten ‚Erzieher', ‚Pädagogisches Subjekt' und ‚Objektbereich Musik' untereinander und gleichzeitig zu einer ‚Musikalischen Wirklichkeit' dargestellt sind.

Einige Stichpunkte zu einer Konzeption

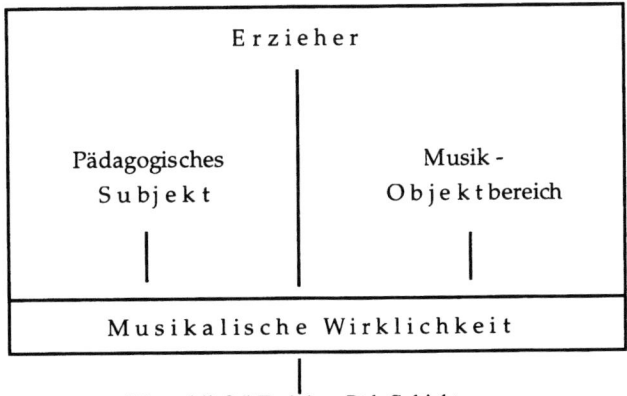

```
┌─────────────────────────────────────────────┐
│                 E r z i e h e r             │
│                                             │
│      Pädagogisches        Musik -           │
│      S u b j e k t        O b j e k t bereich│
│           │                   │             │
│      M u s i k a l i s c h e   W i r k l i c h k e i t │
└─────────────────────────────────────────────┘
                    │
        "Umschließt" Erzieher, Päd. Subjekt
        und Objektbereich; orientiert sich an
        einem Leben außerhalb von Schule
```

Alle drei Verhältnisse haben miteinander zu tun: Das Verhältnis des Schülers kann nur so vorstellbar werden, wie das Verhältnis des Lehrers als Musiker in praxi verläuft. Mehr noch: Im Akt des Handelns werden Subjekt und Gegenstand quasi identisch. Auch die Musikalische Wirklichkeit ist nicht mehr ein Konstituent u. a., sondern sie schließt den unterrichtlichen Kommunikationsprozeß sozusagen ein; Schule erstellt selbst „Musikalische Wirklichkeit" im Sinne einer Lebenswelt der Kinder und Jugendlichen. Damit ist das „Dreieck" (Erzieher – Pädagogisches Subjekt – Objektbereich) nicht außer Kraft gesetzt; aber es muß als ein je *altersgemäß kommunikatives* Verhältnis bestimmt werden in einer Weise, die den Schüler als sein Tätigsein, seine Situation und seine Vorstellung von sich sukzessive mitbestimmenden einbezieht.[1]

Als Leitlinien können vorläufig gelten:
- Priorität musikalischen Tätigseins;
- dessen Zusammenhang mit nicht-musikalischer Handlung
- im Zusammenhang sinnstiftender Situationen.
- (Darin) Zusammenhang mit anderen Weisen der Artikulation und des Darstellens;
- Priorität gleichsam produktiver Anverwandlung von Welt (die durchaus auch in einer Art produktiver Rezeption geschehen kann, die nicht das/so zu hören akzeptiert, was eine Musik scheinbar intendiert ...)
- Schließlich ein spielerischer Charakter (der des Ernstes nicht entraten muß), der aus der Bedingung der Verfügung heute erwächst: Wir verstehen uns nicht mehr als Teil eines festgeprägten Musiklebens mit bestimmten Verhaltensweisen; wir sind selbst verantwortlich dafür, wie wir mit welcher Musik

---

[1] Vgl. das Kapitel zur „Perspektivplanung", in: Wolfgang Schulz, *Unterrichtsplanung. Mit Materialien aus Unterrichtsfächern*, München ³1981. Für das o. a. „kommunikative Verhältnis" im Zusammenhang von Unterricht hat sich der Begriff der „Schülerorientierung" eingeführt. Vgl. hierzu: Günther/Ott/Ritzel, *Musikunterricht 5-11* (Weinheim 1983), S. 30 ff.

umgehen; „alles" steht uns zur eigenen Verfügung; diese Freiheit (und diese eigene Verantwortung!) gilt es zu nutzen und aufzubauen.

Eine weitere wesentliche Konsequenz des Ansatzes könnte sein: Neben den Fachunterricht (und für ihn?) tritt die Tendenz zu einer gegenseitigen Erfüllung der „Fächer". Gerade Integration bedarf dabei des Fachlehrers, der sich zur Verfügung stellt.

Wo anfangen? Schule selbst stellt, auch so wie sie heute ist, eine Lebenswelt dar. In ihr wird geschrieben, gelesen, nacherzählt, sich bewegt, gespielt und vieles mehr. Warum können diese Tätigkeiten nicht u. a. mit Musik in Verbindung gebracht werden? Dabei geht es nicht um die alte „Funktionalisierung der Musik für" (→ vgl. Religion: Glaubenswahrheiten gesungen lernen), weder im inhaltlichen noch im methodischen Sinn (→ Musik als Auflockerung und Ausgleich), sondern um das selbstverständliche Einbeziehen von Gegenständen aus allen Kulturbereichen: Wenn Nacherzählen, warum nicht auch (im Deutschunterricht!) eine Oper nacherzählen; wenn Malen, warum nicht auch (im Kunstunterricht!) ein Bild zu Musik malen, wenn „Beschreibung", warum nicht auch (im muttersprachlichen Unterricht) Musik beschreiben, wenn Sich-Bewegen, warum nicht auch (im Sportunterricht!) zu unterschiedlicher Musik sich bewegen, wenn Werken, warum nicht (in diesem „Fach"!) einfache Instrumente bauen usf.[1]

Nicht nur Musikunterricht also ist als „Lebenssituation" zu gestalten; sondern ebenso und gerade: die Lebenswelt „Schule" ist zu musikalisieren. Erst dann erfüllt sich eigentlich das hier angedachte Konzept.

---

[1] Hier kann eine ganz andere Art von Lehrerfortbildung ansetzen: nicht den Deutschlehrer auch noch schmalspurig zum Musiklehrer machen; sondern: den Deutschlehrer dazu bringen, daß er in seinen Deutschunterricht selbstverständlich „musikalische Gegenstände" mit einbaut. Hier lassen sich mannigfache Verbindungen ziehen! Das gleiche gilt für Kunst; für Sport sowieso.

VI
Der fächerübergreifende Arbeitszusammenhang als "Instrument" der Musik-Vermittlung - eine didaktische Skizze[*]

Das Bemühen um eine eigene didaktische Kompetenz des Musikpädagogen befindet sich seit Beginn der 80-er Jahre in einer eigenartig neuen Lage. Weder kann es ihm dabei um das bloße Annehmen didaktischer Ansätze vor allem der 70-er Jahre noch (wie noch zu Zeiten der Curriculumreform) um die Kritik und die Überwindung eines vorausgegangenen Zustands von Musikunterricht gehen. Im Rahmen einer sog. Wissenschaftlichen Lehrerausbildung gefragt ist vielmehr die *spezifische Aneignung* von vergleichsweise bereitliegenden Ansätzen über eine argumentative Auseinandersetzung, durch die die eigene ästhetische Praxis und die mit dieser verbundene Lernerfahrung dem didaktischen Denken verfügbar wird.

Im folgenden geht es um einen konstruktiven Beitrag zu einer solchen Aneignung. Der Entwurf richtet sich nicht *gegen* eine andere Didaktik, nicht gegen Rezeptionsdidaktik, nicht gegen Produktionsdidaktik und darin auch nicht gegen eine Polyästhetische Erziehung. Im Gegenteil; das *gedankenexperimentelle* und mitunter kritische Anknüpfen versteht sich als eher vereinnehmender Akt: Die Skizze möchte eine Rezeptionsdidaktik andenken, die an der von W. Roscher formulierten Polyästhetischen Erziehung ansetzt. Die Konstruktion greift bereitliegende Momente und manches Erprobte und Selbsterfahrene auf, setzt es aber in einen – wie ich meine – eigenen Begründungszusammenhang, um es dadurch dem persönlichen systematischen Weiterdenken verfügbar zu machen.

Wovon handelt der Entwurf?

Gegenstand ist – wenn man so will – die Vermittlung bereits vorhandener Musik über ein Produzieren in einem („anderen") Bereich ästhetischer Gestaltung. Der Entwurf zielt darauf, *Prozesse der Annäherung zwischen Subjekt und bereits vorhandener Musik in Prozesse des Malens und Zeichnens, des Sich-Bewegens, der schriftlichen und sprachlichen Artikulation, schließlich der musikalischen Produktion zu integrieren*, einerseits, um *solche Prozesse* selbst als eine legitime Weise des Umgehens mit Musik zu erfahren, andererseits, um diese selbst qualitativ zu verändern in einem künstlerischen Sinn.

---

[*] Vortragsmanuskript – Anfang 80-er Jahre

Dreierlei wäre anzudeuten:
- die Notwendigkeit des Verfahrens, vor allem in Hinblick auf Schule;
- die Möglichkeit eines solchen Verfahrens, also dessen Realisierbarkeit;
- schließlich die mögliche zentrale Funktion solcher Prozesse bei der auf eine Vermittlungsqualifikation zielenden hochschulischen Vermittlung in unserem künstlerisch-wissenschaftlichen Fach.

Ich will im folgenden versuchen, einige Anmerkungen zu den ersten beiden Punkten zu machen.

1
Zur Begründung

Die Begründung einer solchen Didaktik ist im Begriff der *Annäherung* angelegt.

Ich verwende diesen Begriff als vor-läufigen Ersatz für die Begriffe „Hören" und „Verstehen", um die Argumentation hier zu vereinfachen und vom theoretischen Ballast zu befreien, der den Begriffen heute anlastet. Ich suspendiere „Hören" und „Verstehen" aber auch – und darum geht es in erster Linie – um geläufige Mißverständnisse auszuschalten: beim Begriff des „Hörens" das Mißverständnis, als ginge es im didaktischen Zusammenhang dabei um einen technischen, objektivierbaren Akt der Informationsaufnahme zum beliebigen Gebrauch; beim „Verstehen" das Mißverständnis, als könne man Musik ‚final' verstehen, als wäre also der Punkt vorstellbar, an welchem wir Schönbergs *Kammersymphonie op. 9* etwa verstanden haben, um sie für immer abzuhaken und uns einem anderen Stück zuzuwenden. Der Begriff der Annäherung betont demgegenüber ein umfassendes Verhältnis zwischen Menschen und „Werk" (als Realität und Intentionalität des Erklingens), und er betont die Prozeßhaftigkeit. Er bildet eine Analogie zu dem, was zwei Parallelen (nur scheinbar) tun: Sie nähern sich *im Verlaufen* an, um sich doch nie ganz zu treffen. Annäherung ist also ein Begriff für die persönliche Teilhabe am Prozeß des musikalischen Vollzuges. Teilhabe bezeichnet nicht nur einen Begriff für etwas, was man tut, sondern für etwas, was man selbst ist.

Dies soll näher erläutert werden.

Zu W. Roschers „Konzeption Polyästhetischer Erziehung" heißt es: „Der >Gesang der Jünglinge im Feuerofen<[1] (zur babylonischen Judenverbrennung durch Nebukadnezar), >Guernica<[2] (zu den Massakern im Spanischen Bürgerkrieg) und die >Leningrader Symphonie<[3] (zur nationalsozialistischen Umzingelung der Stadt) sind durchaus auch für die Automechaniker bei Ford gemeint, so wie die Sophokleische Tragödie auch durchaus für die Athener Garköche gemeint ist. Nur

---

[1] Gemeint hier: die Komposition Karlheinz Stockhausens.
[2] Gemeint hier: Pablo Picassos Bild.
[3] ... von Dmitrij Schostakowitsch.

nicht als Erholung. Nicht ohne die Mühe des Lauschens, des Schauens, des Denkens ..."[1]

Akzeptieren wir dieses Postulat in dem allgemeinen Sinn, daß eben Stockhausens und der anderen „Werke" heute(!) allen zur Verfügung stehen, so bleiben doch drei wichtige Anmerkungen zu machen, die möglicherweise eigene Konsequenzen für die rezeptionsdidaktische Praxis einer Polyästhetischen Erziehung nahelegen:

- Es ist wohl so, daß die Verfügung im uns heute geläufigen Sinn über die daseiende Komposition von Stockhausen nur dadurch möglich ist, daß eine Industrie aus kapitalverwertendem Interesse diese zur Verfügung stellt (und andere Kompositionen nicht), sie also dasein läßt, in einer Art, die in ihrer Präsentation als sog. Kulturgut die Rezeption vorbestimmt in einem durchaus anti-emanzipatorischen Sinn.
- Wäre es deshalb nicht schlüssig und notwendig, jene Aufklärung, die - wie Roscher sagt - „den verhangenen Himmel der Kulturzwänge aufklaren hilft ..." (und „nicht nur in der Beschreibung der Beschaffenheit und Zusammensetzung der Wolken beharrt"), wäre es also nicht schlüssig – so frage ich – jene Aufklärung, die im Roscherschen Sinne die „sinnlich-künstlerische Bildung des Menschen" meint, dort ansetzen zu lassen, wo „Musikzwang und Kulturterror gegen die sinnliche Würde des Menschen"[2] (sich) richtet (und nicht nur in einem abgegrenzten subkulturellen Bereich der Musischen Bewegung und ihrer Nachfahren)?
- Und schließlich: Der Grund dafür, daß der Automechaniker bei Ford die Möglichkeit nicht freudig ergreift, liegt wohl nicht nur darin, daß ihm niemand das Stockhausensche Stück bisher nahebrachte – er also die Segnungen herkömmlicher Rezeptionsdidaktik in Form von „Werkhören" nicht erfahren hat –, sondern er liegt auch und gerade darin, daß der Automechaniker ein gesellschaftlich vermitteltes Konzept von Leben verwirklicht, in welchem die Rezeption eines solchen Stückes nicht vorgesehen ist. In seiner (vorbewußten) Vorstellung von Leben, in seinen Handlungsmustern kann ein solches Stück und der Umgang mit ihm keine Rolle spielen; dies würde ihn seiner eigenen Lebenswelt entfremden.

Für Musikerziehung als eine Hörerziehung ist daraus eine zweifache Aufgabenstellung abzuleiten. Zum einen *kann* sie natürlich sich stets darum sorgen, daß der (zukünftige) Automechaniker *Zugang* findet zum musikalischen „Werk"; zum anderen aber *hat* sie dafür zu sorgen, daß das „Werk" und der Umgang mit ihm *Eingang* finden in den Lebensvollzug der Betroffenen, daß dieser (als Hören) sich verbindet mit Handlungszusammenhängen (Besorgungen), die (dem Betroffenen) alltäglich erscheinen.

---

[1] Wolfgang Roscher, *Zur Konzeption Polyästhetischer Erziehung...*, in: *Polyästhetische Erziehung. Klänge. Texte. Bilder. Szenen. Theorien und Modelle zur pädagogischen Praxis*, hrsg. von W. Roscher, Köln 1976, S. 14.
[2] Ebenda, S. 22 und 18.

Im Begriff des *Eingangs* ist aufgehoben, was Reinecke[1] mit seinem Begriff des Kontaktes als Voraussetzung und Anreiz für ein weiteres Eindringen und tieferes Musikverstehen meint, und was Abraham[2] mit dem Begriff der „Vertrautheit" anspricht:

„Wie weit Musik zugänglich ist, hängt vom Grad der Vertrautheit mit ihr ab, Motivation zur Beschäftigung mit einer Musik hängt von ihrer Zugänglichkeit ab, Intensität und Umfang der Beschäftigung mit Musik (Analyse) hängen vom Grad der Motivation ab."

In Anlehnung daran läßt sich die Art der Verknüpfung zwischen beiden Aufgaben bestimmen: Zugang- und Eingang-Schaffen als Vermittlungsaufgaben sind aufeinander bezogen. Erst dadurch, daß Musik Eingang findet, eröffnet sich eine Weise des Zugangs. Sie eröffnet sich aber nicht allein und von selbst. Erst wenn mit dem Prozeß des Eingehens in den Lebensvollzug eine künstlerische Transformation des Gegenstandes verbunden ist, erst wenn dieser Prozeß als ästhetischer Prozeß sich ereignet[3], wenn er also zum Akt veränderter Selbstwahrnehmung geworden ist – so können wir aus der Theorie der Polyästhetischen Erziehung folgern[4] –, erst dann entsteht als Frucht jene Bewußtseinsveränderung, die eine neue Wahrnehmung des Gegenstandes ermöglicht. Erst jetzt nämlich geht er *mich* an.

Im Begriff der Annäherung verstehe ich beide Prozesse als (im Prinzip) aufeinander bezogen aufgehoben, die Prozesse des – einfach gesagt: Hören-Lernens und des Hörer-Werdens. *Letzteres hat ersterem vorauszugehen.* Der Begriff der Annäherung, und darin vor allem der Teil des „Eingang-Schaffens", ist aber auch qualitativ als ein Prozeß bestimmt, in welchem das Vorhaben polyästhetischer Erziehung, nämlich Ausbildung der Sinne zum Zwecke glückserfüllter Emanzipation (nun aber nicht vom Kulturbetrieb, sondern im Kulturbetrieb) die zentrale Funktion zukommt, gleich einem Ferment emanzipatorische Selbstverwirklichung zu entwickeln.

2
Zur Möglichkeit ...

Wie – so wäre nun zu fragen – kann Schule der Aufgabe vor allem des Eingang-Schaffens gerecht werden? Wie wäre ein Weg vorstellbar, Umgang mit Musik in den Lebensvollzug zu integrieren und solche Integration mit ästhetischer Praxis zu verknüpfen?

---

[1] H.-P. Reinecke, *Nutzen und Gefahren der elektrischen Musikübertragung für die Hörerziehung von Kindern und Jugendlichen,* [wieder abgedruckt] in: B. Dopheide (Hrsg.), *Hörerziehung,* Darmstadt 1977, S. 164.

[2] Vgl. *Über die Aktualisierung des Geschichtlichen im Musikunterricht,* in: *Aktualität und Geschichtsbewußtsein in der Musikpädagogik,* = Musikpädagogik. Forschung und Lehre, hrsg. von S. Abel-Struth, Bd. 9, Frankfurt 1973, S. 81.

[3] ... wenn dieser Prozeß mich also persönlich erfaßt und einbezieht, mich schließlich verändert ...

[4] Vgl. W. Roscher, *Ästhetische Erziehung - Improvisation - Musiktheater,* Hannover 1970, S. 18.

Schule fungiert (in unserer Gesellschaft immer noch) einerseits als Institution von Informationsvermittlung im weitesten Sinn. Sie bildet aber auch eine wesentliche Lebenswelt von Kindern und Jugendlichen. Beide Funktionen gilt es zu berücksichtigen und aufeinander zu beziehen, auch, um zu vermeiden, in alte unpraktikable Lösungen zu verfallen, nämlich:
- mit Musik, d. h. mit einer angepaßten Musik ein Lebenskonzept (wie z. B. „Gemeinschaft") gleich mitvermitteln zu wollen, wie es die Musikerziehung in der Musischen Bildung sich vorgenommen hatte;
- Schule als eine künstliche Lebenswelt zu erstellen, über jene ‚Durchdringung des Schullebens mit Musik' ein angeblich ästhetisches Schulleben vorzutäuschen (wie frühere Richtlinien dies taten und die neuen Richtlinien der 80-er Jahre dies wieder anklingen lassen).

Ich gehe davon aus, daß die Aufgabe, Annäherung zu organisieren, *in* Schule nur eingelöst werden kann, wenn man den Vorgang hörender Teilhabe in jene existierende Lebenswelt integriert, die Schule selber darstellt, ja wenn man sie der letzteren unterordnet.

Mein Vorschlag, Eingang-Schaffen (und um diesen geht es im folgenden) als „Lernen" zu organisieren, lautet demnach:

Schule hat den rezeptiven Umgang mit Musik, der die kindliche Lebenswelt bestimmt,
  - *den Umgang in der Schule im Zusammenhang einer Hörerziehung,*
  - *wie auch den Umgang mit den musikalischen Medien einer sog. Kinderkultur[1] innerhalb von Schule in jene Zusammenhänge zu integrieren, die Schule als Lebensvollzug (auch noch) ausmachen, in die Tätigkeiten des Lesens, Schreibens, Malens, Zeichnens, Sich-Bewegens, Sprechens und Erzählens, auch des Musikmachens.*

Sie hat dabei darauf hinzuwirken, daß solche Integration in Form einer künstlerischen Transformation stattfindet; daß sie darüber hinaus etwas Entscheidendes bewirkt: die selbstverständliche (und nicht außerordentliche) Musikalisierung des Menschen.

3
... und zur Realisation am Beispiel: Musik und Malen

Wie kann solche Integration praktisch aussehen? Ich möchte einige Leitlinien formulieren.

(a) Der Prozeß des Hörens von Musik wird gekoppelt mit einem produktiven Machen in einem (anderen) Kommunikationsbereich.

---

[1] Beachte: Anfang der 80-er Jahre bildete eine differenzierte Kinderkultur noch durchaus einen wichtigen Ansatzpunkt für musikpädagogisches Bemühen; solche Differenzierung ist im Zuge der Marktbereinigung einerseits und der eher plumpen Pädagogisierung anderseits heute weitgehend verloren gegangen.

Beispiel: Musik und Malen. Kinder malen *beim*, später *zum* Erklingen ausgewählter Musik. Eigene Versuche in dieser Hinsicht im Rahmen von Praktika haben die Erfahrung vermittelt, daß es keinen dauerhafteren und intensiveren Weg gibt, Hören als Zuhören der Musik zu operationalisieren. Der Prozeß des Machens macht wach, - nicht für „die Musik", sondern für das eigene Hören; er aktualisiert sich von sich aus als ein Prozeß des Nach- und Mitvollzugs, der vom berichtenden, einengenden Zweck befreit ist. Man hört, weil man nicht *etwas* hören muß. Es aktualisiert sich – so scheint mir – jenes von Fischer-Barnicol geforderte, „wache Wahrnehmungsvermögen", das eine, „existentielle Aufmerksamkeit wachruft".[1]

Die Auswahl, sie orientiert sich einerseits an der Vielfalt des Möglichen, anderseits an der aktuellen Situation der Kinder in ihrer von individuellen, sozialen, täglichen und jahreszeitlichen Bedingungen strukturierten Alltäglichkeit. Auch wir, die wir gelernt haben, Musik in unser Leben zu integrieren, wir wählen je unter dem Verfügbaren aus ...

(b) *Die Veranstaltung des Prozesses ist sich erst einmal selbst ein Grund; und das Ziel ist vor-läufig, ihn zu habitualisieren.*

Damit der Prozeß der Wahrnehmung in diesem Sinne funktionieren kann (= Kontakt resp. Vertrautheit zu erzeugen), muß er freigehalten werden von kurzfristiger rezeptionsdidaktischer Intention; er darf – ‚wie Reinecke sagt, – „nicht von vornherein von Vor- und Werturteilen durchzogen sein".[2] Was sich hier aktualisiert, ist einerseits eine „künstliche" Welt eines musikerfüllten In-der-Schule-Seins, anderseits eine sehr realistische zugleich: das eigene Tun ist mit Medienpräsenz durchzogen.

Die Begegnung mit Musik ist also so zu operationalisieren, daß ihre „Veranstaltung" ihren Zweck nicht unterläuft. Wenn es darum geht, Kinder in einen gleichsam selbstverständlichen Kontakt zur Musik zu versetzen, muß der Prozeß auch so organisiert werden, daß er sich nicht hinterher als zweckgerichtete didaktische Lüge entlarvt und so aus pädagogischer Intentionalität heraus seine eigene Intention unterläuft.

Im Bestätigen der Eigenwertigkeit solchen Verlaufs beginnen wir uns von geläufigen Funktionalisierungen solcher Prozesse abzusetzen. Gleichzeitig befinden wir uns damit durchaus in kritischer Distanz zum rezeptionsdidaktischen Ansatz der Polyästhetischen Erziehung selbst, die zwar mehrsinnlich, doch rein rezeptiv verfährt und damit bereits in ihrem Ansatz Welt in eine aufzunehmende und in eine selbst zu erstellende teilt. Solche Teilung wird hier von vornherein vermieden: „Welt" erscheint uns als eine stets vom Subjekt (als Wahrnehmung) zu erstellende, aber in der *Einheit* von Rezeption und Produktion.

(c) *Lernfortschritt realisiert sich als innere Differenzierung des sich vollziehenden Prozesses durch Einbezug des Moments der Reflexion, d. h. einer Aufmerksamkeit für den*

---

[1] Vgl. *Ästhetische Erfahrungen in interkultureller Verständigung*, in: Roscher (Hrsg.) 1976, S. 61.
[2] In: Dopheide (Hrsg.) 1977, S. 164 f.

Zusammenhang zwischen dem, was man hört (also nicht: was angeblich erklingt) und dem, was man malt.

Im Prinzip kann ich mir hierbei Stufen vorstellen (die lose mit Schulstufen korrespondieren könnten):
- eine *naive* Stufe, auf welcher der Verlauf des Hörens unreflektiert (vorbewußt bzw. spontan) in produktive Handlungen sich transformiert und dadurch Integration und Vertrautheit herstellt;
- eine *selbstbewußte* Stufe, in welcher einerseits so etwas wie Selbstbestimmung über die Einrichtung der Hörsituation erwächst, in welcher anderseits das eigene Malen thematisch bestimmter, farblich differenzierter sich vollzieht;
- eine *reflexive* Stufe, in welcher eine schon überdachte „Inbesitznahme" des Erklingenden, d. h. dessen, was da als Hörvorgang verläuft, durch den Akt der reflektierten Transformation sich ereignet; ihr gehört ein (thematisiert) unterscheidendes Hören ebenso an, wie ein Beziehung dazu herstellendes Malen;
- und schließlich eine *selbstreflexive* Stufe, in der ein Reflex des eigenen Transformationsprozesses in die künstlerische Produktion eingeht; sie gehört wesentlich nicht mehr der Schulzeit zu.

Die Vorstellung hier, die nur eine erste und persönliche Vorstellung sein kann, weil die vorauszusetzende integrative Zusammenarbeit mit der Kunstdidaktik ganz und gar aussteht, sie geht von der Metapher aus: „sich ein Bild machen". Sie nimmt sie wörtlich und wendet sie zum Programm: Es gilt, die Fähigkeit auszubauen, sich eine Vorstellung vom Bild zu entwickeln und als Akt der Selbstwahrnehmung auszubauen. Erst in diesen gelangt Musik zur Geltung. Und sie tut dies als Teil einer Situation, deren immer selbstbestimmtere Wahrnehmung auch das eigene Hören der Reflexion verfügbar macht.

Für die Vorstellung vom Bild wären strikte Vorgaben verfehlt; wohl aber sind solche materialer und technischer Art angebracht. Auch dort, wo Malen die reflexive Beziehung zum eigenen Hören herstellt, muß es keineswegs nur strukturell bzw. zeitverlaufend sich gebärden; es kann auch andere, erlebnisbezogene Perspektiven verarbeiten. Wichtig erscheint mir aber, daß naturgemäß das Ganze ins Bild kommt, daß das Bild eine Art synthetischen Überblick der Teilhabe an der Situation erfaßt (was ein Komplementär bildete zu einer analytisch verfahrenden und dadurch vermeintlich Zugang erschließenden Rezeptionsdidaktik).

(d) Die Erhöhung des Grades reflexiver Aufarbeitung als Prinzip des Lernfortschritts kann sich an vorbildlichen Produkten der Kunst orientieren.

Um das, „was" ich höre, also das, was sich beim Hören mir einstellt, sichtbar werden zu lassen, sind verschiedene Wege denkbar, Wege der interpretierenden, aber auch Wege eher dokumentierender Umsetzung. Unter letzteren verstehe ich Weisen, die entweder das Ablaufhafte der Musik mit grafischen Mitteln vergegenwärtigen oder den Prozeß des Hörens in Stadien dokumentieren. *Solche Weisen gewinnen besondere Bedeutung für die Entstehung einer eigenen nicht-reproduktiv erzeugten Vorstellung von Musik in der reflexiven Stufe.*[1]

Mit fortschreitender Verarbeitungstiefe geht dabei eine persönliche Spezialisierung einher, die (für den einzelnen Schüler) die Frage der Adäquatheit der künstlerischen Mittel aufwirft. Spätestens hier ist ohne Richtpunkte, die man (a) aus einer künstlerischen Sachbezogenheit und da aus einer Auseinandersetzung mit Bildproduktionen anderer bezieht und die man sich (b) aus einer persönlichen Affizierung setzt, nicht mehr auszukommen.

So, wie das Umsetzen auf der musikalischen Seite immer mehr das substanzielle Sosein des Hörens und damit einer Musik einbezieht, so motiviert es anderseits zur Auseinandersetzung mit den bildnerischen Mitteln.

(e) Das Konzept leistet für Musik so etwas wie den Ansatz zu einem künstlerischen Hören, einem Hören, das die Kraft der Imagination aus dem persönlichen Betroffensein heraus entwickelt und das jenes wissenschaftliche, sich über Begriffe Musik reproduzierende Hören zumindest komplementär ergänzt, wenn nicht möglicherweise ersetzt.

Gerade das Transformieren des Hörens in eine Gestalt, die etwas für sich ist und nicht primär in Funktionalität sich erschöpft[2], bewirkt, daß diese Gestalt Musik transzendiert in eine neue, andere Ebene des Begreifens; man setzt nicht etwas um, was die „Sache" ist – wie dies die üblichen Ansätze zu Musik und Malen anvisieren –, sondern das produktive Machen basiert darauf, daß das rezeptive Aufnehmen erst *in* einem sich niederschlägt. Und das Konzept leistet als künstlerischer Prozeß etwas, das man bei musikalischen Spielen beobachten kann, die ganz Spiel sind (und nicht ver-spielte Aufgabenstellung), wie etwa in D. Bedfords „Ein spannendes neues Spiel"[3]: Es wird in einer Weise ernsthaft, die auf den Gegenstand und das Verhältnis zu ihm zurückstrahlt und dadurch last but not least Kräfte und Motivation zur Beschäftigung freisetzt.

Hier spätestens wird auch deutlich, daß es im anskizzierten Konzept nicht darum geht, das eine Schulfach einseitig für das andere zu funktionalisieren. Im Gegenteil: Es wäre dahin auszuweiten, alle Bereiche ästhetischer Gestaltung in der angedeutet rezeptiv-produktiven Weise miteinander in Beziehung zu setzen.

4
Andeutungen zu Ausweitungen

Transformation führt schließlich zu dem so zentralen persönlichen Sich-Einlassen auf Musik, zu Musik als Anteil einer Selbstverwirklichung.

---

[1] Beachte: Musiklehrer sind in der Regel Menschen, die ihre Musikvorstellung über das eigene Singen und vor allem Spielen notierter Musik gewonnen haben. Das Notenbild stellt eine wesentliche Hilfe für ein dimensionales Vorstellungsvermögen dar. Solche Vorerfahrungen haben viele Schüler nicht ...

[2] ... also gerade nicht „die" Musik „wiedergibt"...

[3] = rote reihe, hrsg. von F. Blasl, Bd. 28, Wien o. J.

Wenn dies so ist, dann wäre solche Entwicklung parallel auszuweiten bzw. das angedachte Konzept alternativ zu übertragen auf die Felder des Sich-Bewegens und/oder der sprachlichen Äußerung.

(a) Erfinden von Text und sprachlicher Äußerung im Klassenzimmer während eine Musik erklingt, – darf das sein? Gerade diese Situation ist alltägliche Realität in den Kinderzimmern. Schule nimmt sie auf und führt sie mit der Zeit in eine, die nicht nur von den Schülern mitbestimmt wird, sondern die einer eigenen Teilhabe an ihr Sinn verleiht, persönlichen Sinn, durch In-Beziehung-Setzen einer erklingenden Musik als einer gewollten mit einer textlichen Produktion als einer intendierten.

Zimmerschied hat den naiven Vorgang einmal erstellt[1], um Musik als Einflußgröße nachzuweisen. Er hat Schülergruppen Bilder zum Beschreiben gegeben und dabei unter dem Vorwand, ein Tonband mit Musik abhören und umspulen zu müssen, einer Gruppe betont traurige und einer anderen Gruppe betont heitere Musik erklingen lassen. Die Beschreibungen wiesen signifikante Unterschiede auf, die deutlich mit der Art der Musik korrelierten.

Doch wozu diente uns solche Einsicht? Als Wissenschaft bleibt sie für sich und hermetisch. Als Praxis eröffnet sie die unfaire Chance, andere zu manipulieren. Einer herkömmlichen Rezeptionsdidaktik dient sie eher als „Inhalt": Schüler „sollen erkennen, daß" Musik Wirkungen habe, sie sollen sich über die Wirkungen auch auf sich selbst klarwerden. Wozu? Wir setzen dem entgegen, daß es darum ginge, auch in Schule sich zuerst einmal einzulassen, sich einlassen zu lernen(!), daß es darum ginge, sein Sich-Einlassen in einer eigenen Lebenswelt mitbestimmen und gestalten zu lernen, um schließlich „dann" (in einem sekundären bis tertiären Alter) auch Einsicht über sog. Wirkungen und das heißt Einsicht in sein eigenes entwickeltes Hören und damit über sich selbst zu gewinnen.

So und wohl *nur* so kann man eine Generation bilden, die in einer medialen Welt sinn-voll zu leben lernen soll; nicht mit Erklären, nicht mit Reflexion von vornherein.

(b) Für den Bereich Musik und Bewegung gibt es immerhin eine eigene Tradition, eine eigene Literatur. In der Regel verfährt der Bereich dort, wo er der sog. Rhythmik sich annähert, selbstgesetzlich, von Bewegung und Raumorientierung her „sich" aufbauend. Andererseits versucht er dort, wo Musiklehrer am Werke sind, von vornherein musik-pädagogisch zu verfahren, Bewegung von Anfang an mit einem Umsetzungsanspruch von „etwas" in der Musik zu belegen. (Auch hier wäre zuerst von einem Bewegen neben dem Erklingenden auszugehen.)

Konzeptionen, die analog unserem Beispiel des Malens ohne pädagogischen Hintersinn von der musikalischen Rezeption her denken, sucht man bisher vergebens. Anderseits stellen Ansätze, wie auch die Eurhytmie der Waldorfpädagogik (die selbst aber ideologisch verfährt), Bewegungsrepertoires zur Verfügung, die

---

[1] Vgl. D. Zimmerschied, *Musik als Manipulationsfaktor*, Musik und Bildung 1972, S. 80 ff.

alle Teile des Körpers einbeziehen. Die Ausgangslage ist von daher als gut einzuschätzen.

Es ist keine Frage, daß Bewegung ursprünglich das Zentrum dessen darstellte, was sich dann als sog. Orff-Schulwerk etablierte. Keine Frage auch, daß gerade dieser Aspekt gegenüber dem Singen und dem Instrumentalspiel nie wirklich von Schule aufgenommen wurde.[1] Doch wären hier zuerst überkommene Vorstellungen abzubauen. Für Grundschule zuerst die, als ginge es in ihrem Musikunterricht darum, die angebliche Ganzheit kindlicher Aktivität von Singen, Spielen und Sich-Bewegen möglichst lange aufrecht zu erhalten. Im Gegenteil: Lernfortschritt bedeutet Differenzierung, bedeutet den einzelnen Strang als solchen einer eigenen Steuerung unterwerfen zu lernen, die „Ganzheit" also erst einmal aufzulösen. Das ist die Intention der Grundschule: die getrennte Beherrschbarkeit der Weisen des Äußerns. Dafür sind möglichst viele unterschiedliche Möglichkeiten der Artikulation bereitzustellen, Möglichkeiten des stimmlichen, des körperlichen, des instrumentalen, des bildnerischen, des sprachlichen Äußerns. Sie sind jedoch als Teil kindlicher schulischer Lebenswelt bereitzustellen (vgl. o.). *Produktive* (und reproduktive) Integration *von vornherein*, die Kindern Singen, Instrumentalspiel und Bewegung als angeblich auszubauenden Zusammenhang aufzwingt (und für ein repräsentatives „Schulleben" abverlangt), verhindern die Chance, „irgendwann" selbst persönliche Integration (gerade im Sinne einer Polyästhetischen Erziehung) herzustellen.

(c) Das Konzept setzt die Präsenz von Musik voraus, die Präsenz von Kunst im Allgemeinen in Schule. Diese hat eine zu sein, die die schulischen Tätigkeiten durchdringt.

Solche Präsenz wird – das scheint wie ein Widerspruch – gerade durch den sog. Fachunterricht verhindert. Nehmen wir das Lesen: Musik lesen, vor allem aber etwas über Musik lesen, ohne musikdidaktischen Zeigefinger, es bleibt, wenn überhaupt, auf einen weiterführenden Musikunterricht beschränkt.[2] Warum, so frage ich mich, gibt es in Lesebüchern nicht wenigstens einige Geschichten, die etwas mit Musik oder Kunst zu tun haben? Warum kommt der Begriff Kulturgeschichte in Studienordnungen zum Fach Geschichte oft überhaupt nicht vor? Warum beziehen Kinder in ihrem *sprachlichen* Lernen nicht selbstverständlich Gegenstände der Kunst und Kultur mit ein? Warum gibt es zwar die sog. Bildbeschreibung, nicht aber eine solche in Bezug zu Musik? Kultur im engeren Sinn ist abgedrängt auf die Fachreservate, sie ist kein integraler Bestandteil der sich entwickelnden Vorstellungswelt von Kindern.

Ähnlich steht es im Bereich des Schreibens. Niemand würde heute auf die Idee kommen, einem Schüler oder einem Studierenden zuzumuten, (sich) ein Stück Musik abzuschreiben. Wozu gibt es Kopierer; sie reproduzieren das „Ding"

---

[1] Über die Gründe, die u. a. in der *Musik für Kinder* selbst liegen, muß gesondert nachgedacht werden.

[2] Immerhin hat Dankmar Venus in seiner *Unterweisung im Musikhören* (Wuppertal 1969) einen Ansatz des Musiklesens implizit angedeutet.

Musik doch viel bequemer und fehlerloser! Schauen wir aber zurück in die Musikgeschichte; Bach und Mozart lernten durch Abschreiben von Kompositionen! Solches Abschreiben bedeutete nicht nur das Sammeln von Mustern, sondern eine Art Nachkomponieren und darin Begreifen. (Und historische Musikwissenschaft, die im wesentlichen mit der musikalischen Analyse operiert, war durchaus der Meinung, daß derjenige, der ein Stück analysiert, es letztlich im Akt der Analyse mindestens einmal abgeschrieben habe, anders sei eine Analyse gar nicht möglich.)

Im Aufsatz: über Musik, über Kunst als Teil der täglichen Lebenswelt schreiben. Aber auch: Musik schreiben, abschreiben, nachschreiben, das ist – wie ich meine – eine grundsätzliche Erfahrung. Und: auch Schreiben läßt sich entfalten; auch mit Schreiben läßt sich gestalten, z. B. mit besonderen Federn. Solches Schreiben ist mehr als nur Reproduktion; es schafft Beziehung. Ein Stück kann man aber auch so schreiben, daß man dabei etwas von solcher Beziehung vergegenwärtigt.

(d) Hinzuweisen ist schließlich auf die Möglichkeiten narrativer und protokollierender Techniken im Bezug zum Hörvorgang. Sie habe ich oben einer dritten Stufe zugeordnet, die den Sekundarstufen zugehört.

Neben den angesprochenen bildnerischen, sprachlichen und bewegungsmäßigen Produktionen bieten sich die weiten Spielräume des darstellenden Spielens (inkl. Puppenspiel) an, die Möglichkeiten des Textierens von Musik und des Vertonens von Text, schließlich die Aufgabe, Erfahrung mit Musik selbst wieder in klangliche Vorgänge umzusetzen, also zu komponieren.

(e) Die Transformation im beschriebenen Sinn ist in freier und zusammengesetzter Weise auf den Umgang mit Musikmedien der Kinderkultur zu übertragen. Der gestufte Prozeß des Lernfortschritts ist dabei eventuell als ein gestufter Prozeß fortschreitender Rekonstruktion des Mediums aufzubauen.

Ich will dies am Beispiel „Zauberflöte" kurz erläutern. Es liegt vor: eine Bearbeitung für kinderkulturelle Vermittlung und eine Plattenhülle mit Bild.[1] Auf ihr wird die „Zauberflöte" vorwiegend als Story mit Hintergrundmusik per Synthesizer realisiert, ein Verfahren der Bearbeitung, das ich im Prinzip als den realen Möglichkeiten der Rezeption angepaßt halte.
- In der ersten, gleichsam naiven Stufe geht es darum, die Story mit Musik als eine Story anzunehmen und evtl. in Bilder zu übertragen, welche (die) Situationen der Handlung rekonstruieren und die illustrierte Plattenhülle als zusätzlichen (und bei Kindern notwendigen) Äußerungskanal ersetzen.
- In einer zweiten Stufe geht es darum, solche Situationen zur mitbestimmenden (wiederholenden) Auswahl zu stellen, das Repertoire auch gemäß der Er-

---

[1] *Eine kleine Zauberflöte*, "nach der Oper von W. A. Mozart/E. Schikaneder" bearbeitet von Graziani Mandozzi, Wolfgang Bücker und Jürgen Nola, Phonogramm (Fontana) 1979; (später?) auch als Kassette.

Der fächerübergreifende Arbeitszusammenhang ...

fahrung einzelner Kinder und die künstlerischen Mittel des Mitlebens auszuweiten.
- Eine dritte Stufe manifestiert sich darin, die Handlung entsprechend den Situationen als gesprochenen Text selbst zu rekonstruieren, um auch Teile der originalen Musik durch Plattenschnitt darin einzublenden (zur Story die Musik als deren integralen Bestandteil aushalten!); für ein entsprechendes Spielen existieren Vorschläge in der didaktischen Literatur.
- Eine vierte Stufe besteht darin, eine entsprechende Bearbeitung selbst in allem herzustellen, eine Bearbeitung aber, die nun viele Mittel der Gestaltung einsetzt, nicht um die Sache naiv zu vermitteln, sondern um sich im Spielen altersgemäß zu realisieren.

Die Rekonstruktion von Medien hat den Sinn, den Mitteln kulturindustrieller Vermittlung dadurch entgegenzutreten, daß man sich ihrer (vermittelnd) bedient, aber auf sich bezogen, d. h. in einem künstlerischen Sinn. Schule hat nicht „die Dinge" zu vermitteln, vielmehr den Umgang mit ihnen.

Es geht also auch bei der Rekonstruktion kinderkultureller Erzeugnisse nicht um ein Zurück zur Handarbeit, sondern darum, die mediale „Sache" im Sinn einer eigenen Interessenwahrnehmung be-greifen zu lernen, indem wir uns das Medium, das sie uns vermittelt, selbst erstellen, in einer Weise aber, die uns mehr vermittelt als nur die Sache.

Hier ist auch der Lehrer selbst in seiner ästhetischen Praxis gefragt. Hier kann und muß er selbst und fortschreitend mit Schülern gestalten, z. B. ein Medium zu einer Komponistenbiographie. Hier kann er mit Schülern eine Musik- und Kunstzeitung machen, ein Lieder- und Musikbuch anlegen, in videofilmisches Arbeiten sich begeben.

5
Zu Konsequenzen für das Studium

Sicher geht es darum, Schule neu zu denken. Doch bedeutet das nicht Auflösung der Fächer, zumindest nicht als Studienfächer. Aber es bedeutet, „Fächer" in eine Vielzahl von Aktivitäten einzubringen, die schulische Lebenswelt als eine mit der äußeren verbundene konstituiert. Solche Schule bedarf des Fachmanns, aber des Fachmanns, der nicht *sich* mit *seinem* Fach identifiziert, sondern der *sich* als künstlerisch in einem Bereich Kompetenter sowie als über sich als künstlerisch Tätiger verfügend einbringt in die stets neu zu entwerfende Aktivität von Schule.

Solches Sich-Einbringen kann die künstlerische Ausbildung nicht ersetzen! Aber es muß im Studium hinzukommen, im Studium schon erfahren, gelernt, für sich angenommen werden. Dazu dienen Arbeitsgemeinschaften, in denen der Studierende seine Musikalität lernt, zur Verfügung zu stellen. Dazu dienen auch fächerübergreifende Arbeitsgruppen, in denen der Studierende jene Zusammenhänge an sich erfährt, in die er sich selbst einzubringen hätte.

Der fächerübergreifende Arbeitszusammenhang ...

Nicht der Kulturpädagoge, nicht der ästhetische Mehrkämpfer ist das Ziel. Unser Ziel ist eine Schule, die bis in den einzelnen Unterricht hinein von einem Team von Fachleuten gestaltet ist. Allerdings: Das anskizzierte Konzept (zu Musik und Malen z. B.) kann nur jemand betreiben, der es selbst gewissermaßen an sich erfahren hat, wenn auch im tertiären Alter. Es ist nicht anwendbar im Sinne eines Rezepts; es setzt einen Lehrer voraus, der in beiden Bereichen selbst kompetent ist, der Hören tatsächlich als einen persönlichen Lebensbereich erfahren (und damit das nur-erklärende, sog. verstehende Hören als dessen dimensionalen Bestandteil integriert) hat, einen Lehrer auch, der Malen als eine persönliche Perspektive des Äußerns erfahren und ausgebaut hat. Anders gesagt: Konzepte des künstlerischen Lernens setzen je eine spezifische *persönliche* Kompetenz voraus; sie können *nicht wahlweise, sondern eher nur alternativ*, je nach persönlichen Voraussetzungen realisiert werden. (Welcher Albtraum für verwaltete Schule ...)

Schließen wir mit einer Anmerkung zum Musikessay der Bachmann. Er ist von mehreren Vertretern der Polyästhetischen Erziehung interpretiert worden, darunter von Wolfgang Roscher.[1] Am Schluß seiner Interpretation fragt Roscher, was man daraus lernen könne; und seine Antwort ist wichtig vor allem im Bezug auf produktive polyästhetische Arbeit. Auf die hier entworfene Rezeptions-Didaktik hin aber wäre noch etwas zu lernen: daß es so etwas gibt, ein Reden über Musik, in welches sich der Mensch, der dies schreibt, voll einbringt und nicht wegretuschiert, wie in unseren wissenschaftlichen Texten über Musik. Wäre es nicht sinnvoll, gerade diesen Text (auch) als ein Vorbild zu betrachten und jene Wege des Lernens zu nutzen, die Kultur in unserem Sinne doch letztlich tradiert haben: etwas Ähnliches zu machen, wie ...?

---

[1] Vgl. Roscher (Hrsg.) 1976, S. 265 ff.

VII

Ein Stück Praxis...
Singenmachen als Liedmachen[*]

A (1) Einige notwendige Vorbemerkungen

Im folgenden werden einige Melodisierungen vorgestellt, die der Autor mit Gedichttexten von JOSEF GUGGENMOS vorgenommen hat; und es werden einige Hinweise zur Entstehung und zum Bau dieser Melodisierungen gegeben. Die Ergebnisse erheben nicht den Anspruch, unbedingt neu oder einzigartig zu sein. Zwar gehen sie mit einer persönlichen Melodievorstellung um; diese entpuppt sich jedoch – kritisch betrachtet – als notwendigerweise abgeleitet, (im Sinn des Wortes) er-innert. Daß diese Melodien „eigene" sind, bedeutet nicht, daß sie in allem originell wären. Das Eigene besteht eher darin, tradierte und verarbeitete melodische Vorstellungen und Wendungen auf vorgefundene Texte in einer persönlich empfundenen Weise anzuwenden: Bestimmte Texte evozieren (im Subjekt = in mir) bestimmte Arten melodischer Verläufe. „Eigen" bedeutet also eher „subjektiv".

Warum dann trotzdem der Versuch, aufzuschreiben und mitzuteilen? Darüber soll erst in einem Abschnitt A (2) Auskunft gegeben werden. Die Bezeichnung „A (2)" meint, daß es der Autor zwar prinzipiell für notwendig hielte, zuerst über die Gründe zu sprechen, die ihn dazu verleiten, sein Arbeiten vorzustellen, daß es andererseits aber durchaus sinnvoll sein kann, erst über es selbst zu informieren, bevor in einem Kommentar über dessen Sinn und Bedeutung im (musik-)pädagogischen Zusammenhang gesprochen wird. Deshalb der Kommentar A (2) zum Schluß.

Daß hier Melodie erfunden wird, heißt nicht, daß es in erster Linie (nur) um sie gehen müsse. Es geht auch und letztlich um ein Verstehen von Text, das sich im

---

[*] Dieser Text, dessen Lieder 1983/84 u. a. für einen Kalender meiner Kinder enstanden, wurde 1984 formuliert und (zusammen mit dem folgenden) unter dem Titel *Ein Stück Praxis und eine Stück Theorie...* 1986 in 50 Exemplaren für Studierende und Kollegen vervielfältigt. Gewidmet war diese Quasi-Veröffentlichung damals „meinen Kindern Katerina, Dorotea und Barbara und – aus der Ferne und etwas spät (aber wie 1984 ursprünglich beabsichtigt) – Walter Gieseler zum 65. Geburtstag".

problembezogenen Umgang mit diesem einstellt. Der Weg der Erfindung läßt sich kaum prinzipiell oder regelhaft beschreiben. Er ist zum einen abhängig von Momenten des persönlichen Schaffens, zum anderen abhängig von zeittypischen Zugangsweisen zu Text.

Die folgende Beschreibung und dabei notwendigerweise sukzessive Darstellung (Gedicht – Arbeit mit Text – Lied/Gesang) könnte so verstanden werden, als gehe es hier um ein dreigestuftes Rezept, etwa im Sinne von: Analyse des Gedichts – Übertragung der Ergebnisse in musikalische Verläufe – musikalische Glättung des Melodieverlaufs. Dies wäre ein Mißverständnis. Die eigene Erfahrung – und nur diese kann man zugrundelegen – kennt eher folgenden Ablauf: Ausgangspunkt ist die Lektüre, das Blättern im Buch; dabei stößt man (mehrheitlich) auf Gedichte, die keine Resonanz erzeugen; (solche Gedichte läßt man; eine nochmalige Begegnung, morgen, kann schon zu anderen Ergebnissen führen …) und man stößt auf Gedichte, bei deren Lektüre sich an irgendeiner Stelle (z. B. an der Schlußzeile oder Anfangszeile) eine melodische Idee einstellt. Diese gilt es zuerst zu notieren; ich verwende hierzu einfaches Schreibmaschinenpapier, auf dem ich mir meine Notenlinien schnell selbst ziehe. Diese Melodiestücke versucht man dann voranzutreiben, zur ganzen Melodie zu entwickeln. Dies ist ein Prozeß des Hin und Her: Das melodische Entwickeln eröffnet die Augen für den Text; das Befragen des Textes (von der Position der eigenen musikalischen Idee her) eröffnet Hinweise, ja Forderungen für den Verlauf der Melodie.

Wenn es also Regeln zu befolgen gibt, dann die folgenden. Aus dem – wenn man so will – schöpferischen Akt, aus dem Impuls zum eigenen Singen gilt es (Motivation und) Sensus für das Gedicht, für seine Aussage, seine Form zu entwickeln; dessen Rezeption ist als Prozeß anzuleiten. Dabei ist nicht von einer Vorauswahl von Texten aus sog. didaktischen Gesichtspunkten auszugehen, sondern eher von der „Inszenierung" einer Begegnung, von einem Blättern in einer Sammlung z. B., durch das man auf einen Text stößt, bei dem sich etwas einstellt (und sei es Erinnerung an eine Melodie, die zu diesem Text zu passen scheint). Ebenfalls zumindest nicht generell auszugehen ist von der Analyse eines/des Textes: Der Text erschließt sich im Akt des singenden „Ausprechens"; er erst öffnet die Augen und gibt Hinweise. (Im didaktischen Zusammenhang ist hier der Lehrer gefordert; hier kann er Hilfen geben, auf Fragen eingehen, Hinweise über mögliche Melodiefortsetzungen/Konturen etc. anbieten.) Analysiert wird – wenn überhaupt – im Reflex des Erstellens und des Gefertigten; in diese Analyse fließt immer auch die persönliche Stellungnahme ein, das Zueinanderstehen/Verhältnis des „an sich" und „für mich", vermittelt und dokumentiert durch das vorliegende Beispiel.

Guggenmos-Texte sind oft vertont worden; sie sind Teil vieler Liederbücher; es gibt sogar ein eigenes „Guggenmos-Liederbuch". Man sollte auf jeden Fall der Versuchung widerstehen, nachzuschauen, Anleihen zu machen. Der frische, unmittelbare, neue Eindruck überdeckt dann sehr schnell die eigene Vorstellung;

er hindert für einige Zeit, an die eigenen verinnerlichten Melodievorbilder anzuknüpfen.

Der folgende Text geht von einem Leser aus, dem Lied und Singen vor allem aus eigener kindlicher und jugendlicher Erfahrung selbstverständlich sind. Wesentliche Kriterien von Lied, wie Zeilenbau, Kongruenz, tonartliche und motivische Einheit sind ihm vertraut. Solches kann und soll durch die eigenen Versuche ins Bewußtsein sich heben; doch wird es hier nicht lehrbuchhaft entfaltet. Liedmachen verstehe ich als erweiternde Dimension des Liedsingens.

Da im folgenden die Melodien eher auf ihr Verhältnis zum Text hin betrachtet werden, sei immerhin kurz etwas zu Melodie allgemein vorausgeschickt. „Melodie tritt in Erscheinung als in der Zeit sich entfaltende selbständige Tonbewegung. Gegenüber weniger selbständigen Tonfolgen wie die von Neben-, Begleit-, Füllstimmen zeichnet sie sich gewöhnlich aus durch innere Folgerichtigkeit oder Gesanglichkeit oder leichtere Faßlichkeit oder durch Festigkeit und Geschlossenheit ihrer Gestalt." (Riemann Musiklexikon. Sachteil, Art. *Melodie*, S. 554) Was heißt das? Zuerst einmal: Die vier in der Definition genannten Charakteristika schließen sich nicht aus, sondern sind in der Regel so voneinander abhängig, daß sie tendenziell zu Synonyma werden können. Gesanglichkeit basiert wohl einerseits auf den zur Melodiebildung verwendeten Intervallen (eher Sekunden, weniger Sprünge) und auf dem Ambitus (in den Grenzen des Stimmumfangs), andererseits aber auch auf den abgegrenzten überschaubaren Gliedern einer Melodie. Letzteres ist bereits ein Kriterium der Faßlichkeit, die sich aber auf ein bestimmtes Verhältnis der Glieder untereinander bezieht (wie Wiederholung, Variation, Gegensätzlichkeit im Sinne eines Sich-Ergänzens). (Begrenzte) Zahl, (überschaubare, gleichmäßige) Abmessung und (gegenseitige) Beziehung der Glieder wiederum erscheinen ursächlich für die Festigkeit und Geschlossenheit einer Melodiegestalt verantwortlich; letztere beruht auf einer Art Gleichgewicht zwischen erkennbarer Beziehung und begründetem Anderssein der einzelnen Glieder. Geschlossenheit hängt aber gleichzeitig davon ab, ob und wie die Melodieglieder auf notwendige Funktionen im gesamten Gefüge, auf z. B. „Anfangen" oder „Beschließen" eingehen. Dies wiederum ist ein Kriterium der Folgerichtigkeit: Die Ordnung der Glieder erweist sich im Hinblick auf die Erstellung der gesamten Tonbewegung als sinnvoll.

Alle die angeführten Kriterien gelten für Lied dann in besonderer Weise, wenn man „Lied" relativ naiv und am sog. „Volks"-Lied orientiert als Prototyp für unsere Vorstellung von „Melodie" ansieht. Charakteristikum von Lied als musikalische Darstellung einer (in der Regel einfachen und) strophischen Dichtung ist die Parallelität von Sprache und Melodie im Hinblick auf überschaubare Ausdehnung (→ Strophen), Zeilenbildung (→ Text- und Melodiezeilen), rhythmische Ordnung in der Zeile (→ Hebungen/Senkungen; betont/unbetont; lang/kurz). „Parallelität" meint, daß der Spielraum einer Entsprechung durchaus weit und je mit Eigengesetzlichkeiten von Text einerseits und vor allem Melodie andererseits verknüpft ist. In Konkretisierung der o. a. Kriterien von „Melodie" ließen sich für „Lied" als weitere Kennzeichen annehmen: ein auch mit nicht ausgebildeter Stimme beherrschbarer Ambitus, im wesentlichen syllabische Vertonung (eine Textsilbe pro Ton), einfache diatonische Tonschritte, melodisch geschlossene Teile (Zeilenmelodien), relativ schlichte Zeilenverhältnisse und tonale Geschlossenheit (vgl. Riemann-Musiklexikon. Sachteil, Art. *Lied*, S. 523).

B Werkstattberichte

Im Akt der Darstellung eines vorher Gearbeiteten zum Zwecke der Anregung ähnlicher Arbeitsprozesse erscheint es sinnvoll, sich den Problemen vom relativ einfachen aber typischen *Beispiel* her zu nähern. „Einfach" meint, daß ein Gedicht sich der parallelen Melodisierung förmlich anbietet, wie etwa das folgende:

Mein Freund

Die kleine Haubenmeise,
das ist ein liebes Tier.
Was sie im Walde fand,
das bringt sie her zu mir:

ein Stücklein goldnes Harz,
ein blaues Federlein,
ein zierlich Schneckenhaus
und einen hübschen Stein.

Wenn sie dann bei mir sitzt,
so schlicht und doch gekrönt,
wie bin ich selig und
mit aller Welt versöhnt.

Das Gedicht bietet sich zur strophischen Vertonung an, da Metrum und Strophenlänge regelmäßig durchgehalten sind, die Rhythmen (mit Ausnahme einer Stelle am Schluß der ersten Zeile) deckungsgleich bleiben, und *ein* Stimmungsgehalt das ganze Gebilde bestimmt.

Die erste Notation übertrug die betonten Silben (Hebungen) in längere Töne und setzte sie im Rahmen von 6/8-Takten von den unbetonten, kürzeren ab:

♪ | ♩ ♪ ♩ ♪ | ♩. ♩
Die klei - ne Hau - ben - mei - se

An dieser Stelle – in diesem Beispiel also sehr früh – setzt schon die kritische Weiterarbeit ein: Das Lied bekommt in der (musikalischen) 6/8-Rhythmisierung etwas Breites; solche Musikalisierung würde das Pathos, das (einerseits) im Text liegt und in der letzten Strophe in den Worten „selig und mit aller Welt versöhnt" kulminiert, überbetonen. Die Melodie – so können wir folgern – sollte dem etwas gegensteuern, sollte also den durchaus auch (und andererseits) im

Gedicht beabsichtigten Charakter des Einfachen hervorheben: Was hier beschrieben wird, ist so einfach und selbstverständlich, und doch ist es etwas, worüber man sich nicht genug wundern und freuen kann. Zu solcher Einfachheit (hier also nicht nur als Prinzip, nach dem man sich zu richten hätte, sondern als Strukturmoment dieses Liedes) gehört auch der melodische Ausgangspunkt, in diesem Fall die zweite Melodiezeile. Sie entzündete sich als Idee beim zweiten Verspaar der letzten Strophe:

... wie bin ich se-lig und mit al-ler Welt ver-söhnt.

Das einfache Ablaufen über die Oktave garantiert die Einheit, die die Aussage, „wie bin ich selig und mit aller Welt versöhnt", bedarf; es verbindet gleichzeitig das Moment des Ausrufs, „wie bin ich ...", mit einem inhaltlichen Sich-Zurückziehen in Versöhnung. Dieser einfache Verlauf vergegenwärtigt auch noch als Bild oder Figur recht gut das Herfliegen „zu mir" im zweiten Verspaar der ersten Strophe. Er stimmt in gewisser Weise zum Text. Zu erfinden war eine entsprechende „erste" Zeile, die den melodischen und metrischen Bedingungen entsprach, d. h. ähnlich einfach sich gab, aber statt betonter Einheit (gemäß dem Korrespondenzprinzip) eher Zweiheit repräsentierte.

Die klei-ne Hau-ben-mei-se, das ist ein lie-bes Tier ...

Die melodische Lösung, die die erste Zeilenhälfte mit dem Quintambitus betont und die zweite Hälfte in partieller Wiederholung und Ausdehnung zur Sexte a' anhängt, entspricht dem Anschluß des Relativsatzes im ersten Verspaar gleichsam melodisch. Gleichzeitig geschieht das Anheben in Stufen und nur bis zum a' (nicht bis zum c''!); auf der Quinte wird eine Plattform geschaffen, von der sich die Melodie im zweiten Teil zur Spitze c'' erheben, begründet umkehren und stufenlos ablaufen kann. Einer auch in Erwägung zu ziehenden Melodie (als Prüfbeispiel)

fehlt nicht nur dieses Nachvollziehen des sprachlichen Relativanschlusses (Komma), sondern sie vergibt die Charakteristika des Aufsteigens (in der 1. Zeile) und Ablaufens (in der 2. Zeile), da sie das c'' zu schnell erreicht; sie wirkt eher platt, aber nicht einfach. Die spezifische „Spannung" des Melodieverlaufs geht verloren.

Einige zu diskutierende Probleme bleiben. Der Auftakt von der Terz erscheint ungewöhnlich und stößt sich auch mit dem Sprechen, da das stimmliche Anheben nach dem Artikel „Die" melodisch nicht nach oben geschehen kann. Eine Alternative, die diesen Gegensatz möglichst klein hält, wäre ein Beginn u. a. mit *d'*.

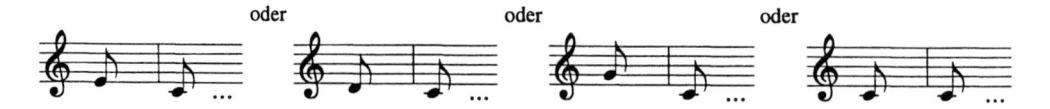

Die Gegenproben (mit *g'* – vielleicht zu gewichtig; das Quintintervall auch zu großartig; es widerspricht der Einfachheit – oder mit *c'* – langweilig aber möglich – zu beginnen) lassen erkennen, daß das *e–c*-Intervall den Eindruck des Sich-Beschränkens im Künstlichen (– Terz kleiner als Quint; die Melodie neigt sich, duckt sich gleichsam –) vermittelt und deshalb den Charakter des Einfachen mitträgt.

Ein anderes Problem taucht in Takt 2 auf. Möglich wäre hier, mit der melodischen Formulierung

das „Komma" deutlicher zu machen; dies widerspräche einerseits dem Sprechton von „-mei-se", der abfallend ist, andererseits einem über die Zäsur strebenden gesanglichen Duktus, wie er in der zweiten und dritten Strophe durch die „männliche" Endung („Harz", „sitzt") deutlich hervortritt.

Schließlich bliebe der Schluß, Takte 7 und 8. Zur Lösung des grundsätzlichen Problems „Schließen" habe ich mich hier für ein „einfaches" Setzen der sog. Baßklausel entschieden. Der Quintfall am Schluß betont nochmals das „her zu mir". Andere Möglichkeiten wären auszuprobieren, z. B. die, das bremsende Ausweichen der Melodie vor dem Schluß zum *c'* hin kontinuierlicher anzulegen:

Mir scheint, ein solches Umkehren gebiert nicht nur einen neuen (auch die innermelodische Harmonik betreffenden) Problem-Punkt (↓), sondern es verunklart auch den Verlauf. Die Entscheidung für die Baß-Klausel geschah auch um einer Klarheit willen.

Das Lied „Mein Freund", mit seinem „praktischen" Umfang von drei Strophen – zwei Strophen erscheinen uns als „kurz", vier Strophen erscheinen zumindest Kindern oft als „zu" lang – kann hier mit aller Vorsicht als eine Art Modell angesehen werden. Jede Strophe ist mit ihren vier Zeilen lang genug, um als eigene (melodische) Ganzheit zu erscheinen, aber kurz genug, um *Melodieprinzipien*, wie Aufsteigen und Absteigen (Anheben und Schließen) im *Zusammenhang des „einen" Melodiebogens* mit seinem durchzuhaltenden Spannungsverlauf zu vergegenwärtigen. Das Lied lautet nun:

(1) Die klei - ne Hau - ben - mei - se, das ist ein lie - bes Tier.
(2) ein Stück-lein gold - nes Harz, ein___ blau - es Fe - der - lein,
(3) Wenn sie dann bei mir sitzt, so___ schlicht und doch ge - krönt,

Was sie im Wal - de fand, das bringt sie her zu mir:
ein zier - lich Schne-cken - haus und ei - nen hüb - schen Stein.
wie bin ich se - lig und mit al - ler Welt ver - söhnt.

Nicht immer gestaltet sich das Problem der *rhythmisch-metrischen Textumsetzung* als so einfach lösbar. Das folgende Gedicht,

> Ich weiß einen Stern
>
> Ich weiß einen Stern
> gar wundersam,
> darauf man lachen
> und weinen kann.
>
> Mit Städten, voll
> von tausend Dingen.
> Mit Wäldern, darin
> die Rehe springen.
>
> Ich weiß einen Stern,
> drauf Blumen blüh'n,
> drauf herrliche Schiffe
> durch Meere zieh'n.
>
> Wir sind seine Kinder,
> wir haben ihn gern:
> Erde, so heißt
> unser lieber Stern.

das sich im ersten Moment für eine einfache Melodie geradezu anzubieten scheint, bietet nicht nur vom lyrischen Pathos her (das eine vergleichsweise „wundersame" Weise erforderte) einige Probleme, sondern auch vom rhythmischen Verlauf der Verszeilen her, da sie das Grundmetrum sehr variabel konkretisieren; z. B. :

[Notenbeispiel mit Textunterlegung:]

Ich weiß ei - nen Stern

? da - rauf man la - chen

Mit Stä - dten voll

mit Wäl - dern ? dar - in

Er - de, so heißt

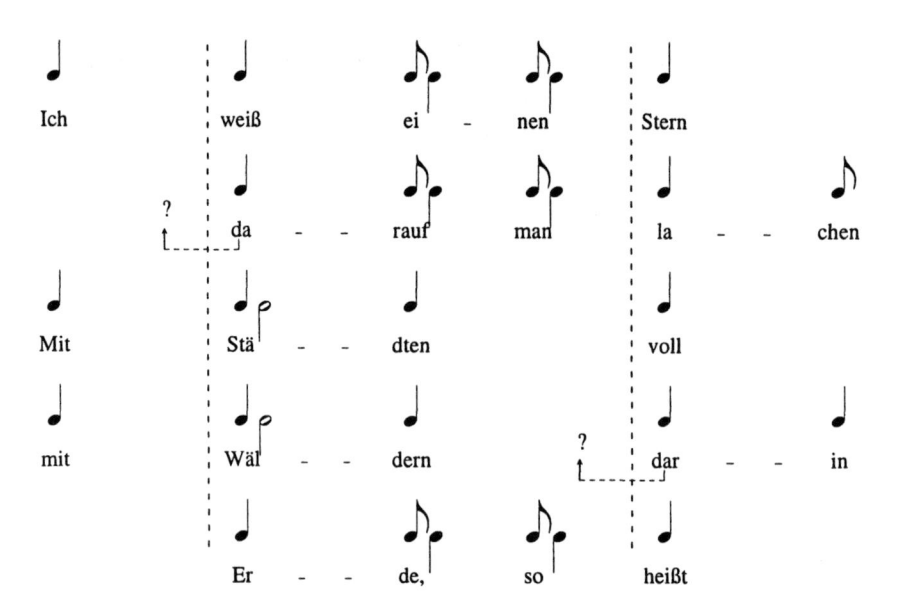

Die sich anbietende zweizeitige Rhythmisierung, die das „weiß" hervorhebt und den Artikel „einen" im Betonungsschatten beläßt, führt nicht nur zu Problemen mit „dar-auf" und „dar-in", sondern ganz grundsätzlich zu einer Holprigkeit. Die durchaus entwickelbare Melodie – jetzt als eigenständiger melodischer Verlauf verstanden

[Notenbeispiel]

–, die den zweiten Teil der Strophe (wie ersichtlich) zusätzlich und notwendigerweise wiederholt, um der einzelnen Strophe Vollständigkeit im Dienste der Eigengesetzlichkeit von Melodie zu verleihen, ist mit dem Text, vor allem mit dem zweiten Verspaar, nicht mehr recht vereinbar. Zu oft ist man gezwungen, die rhythmische Bildung *zwei Viertel* in das doch anders charakterisierte *ein Viertel und zwei Achtel* zu verwandeln. Dies ist ein typisches Problem, das dann auftritt, wenn die melodische Erfindung sich allzu forsch unabhängig vom Text vollzieht.

Das Problem ist hier lösbar, indem man in eine dreizeitige Rhythmisierung überwechselt. Der lange Wert der rhythmischen Bildung *eine Halbe und eine Viertel* läßt sich spalten. Während im 2/4-Takt der rhythmische Wert *eine Achtel* erst durch Teilung entsteht und damit zusätzliche Füllung der Zeit, Beschleunigung bedeutet, ist das zweite Viertel im 3/4-Takt als „Schlag" sowieso vorhanden; es wird von sich aus mitempfunden. Der Fluß der Töne erscheint im Ganzen der

Melodiezeile kaum beeinträchtigt. Die so entstehende Melodie kann die rhythmischen Varianten des Textes leichter in sich auffangen.

```
Ich   weiß   ei - nen   Stern       gar   wun - der - sam,
Mit   Städ - ten        voll        von   tau - send   Din - gen.
Ich   weiß   ei - nen   Stern,      drauf Blu - men    blüh'n,
Wir   sind   sei - ne   Kin - der,  wir   ha - ben ihn gern:

      dar - auf    man    la - chen   und   wei - nen    kann.
Mit   Wäl - dern,         da - rin    die   Re  - he     sprin - gen.
drauf herr - li - che     Schif - fe  durch Mee - re     zieh'n.
      Er  - de    so      heißt       un -  ser   lie - ber  Stern.
```

Der Melodieverlauf, der durch den hohen („offenen") Beginn ein wenig das Wundersame, d. h. den Einfall (= das, was einfällt!) artikuliert, wird in seinem Charakter jetzt unterstützt durch das Meiden des Grundtones. Sein Erreichen in Takt 8 verbreitet auch Finalwirkung; ein (variiertes) Wiederholen der zweiten Zeile ist nicht mehr notwendig. Die Melodie erscheint der Gedichtstrophe, die im Kleinen Großes sagt, durch die Bescheidung auf zwei sich ergänzende unvollständige Melodiebögen $a - \mathit{fis} \rightarrow e + e \rightarrow d$ angepaßt. Das Im-Ganzen-sich-Neigen der Melodie, ohne vorher eigentlich anzuheben, entspricht sowohl dem Lapidaren der Aussage wie auch der Finalbezogenheit der Gedichtanlage: Es läuft auf den Schluß zu als Auflösung des Rätsels, welcher Stern da gemeint sei.

Das *melodische Eingehen auf den Text* kann in mehreren Ebenen geschehen. Neben einer grundlegenden rhythmisch-metrischen Entsprechung zwischen Text und Melodie einerseits und der sehr „abgehobenen" Vergegenwärtigung des Charakters oder Inhalts durch so etwas wie die Gesamtwendung der Melodie ist als Drittes ein vergleichsweise tonliches Eingehen auf den Text möglich. Ein solches erscheint gerade bei eher erzählenden (also eher nicht-lyrischen) Gedichten, wie beim folgenden „Besuch", im Dienste einer Individualisierung der Melodie notwendig.

Besuch

War ein Ries' bei mir zu Gast,
sieben Meter maß er fast,
hat er nicht ins Haus gepaßt,
saßen wir im Garten.

Weil er gar so riesig war,
saßen Raben ihm im Haar,
eine ganze Vogelschar,
die da schrien und schwatzten.

Er auch lachte laut und viel,
und dann schrieb er mir zum Spiel

– Bleistift war ein Besenstiel –
seinen Namen nieder.

Und er schrieb an einem Trumm:
MUTAKIRORIKATUM.
Ebenso verkehrt herum,
ja, so hieß der Gute.

Falls ihr einen Riesen wißt,
dessen Name also ist
und der sieben Meter mißt,
sagt, ich laß ihn grüßen!

Das Lied (vgl. u.), das sich an die Strophen hält, orientiert sich melodisch an der ersten und an der vierten Text-Strophe.

Der eine Ausgangspunkt der Erfindung war: Am Anfang sollte ein großer Schritt stehen. Dazu erschien die Quinte am besten geeignet, da sie den melodischen Eigencharakter nicht zu sehr strapaziert, wie dies etwa ein Oktav-Sprung tun würde:

Das Hinausreichen „über" vergegenwärtigt das zur Dominante modulierende h' (= erhöhte vierte Stufe b'), es paßt in gewisser Weise auch zur zweiten und fünften Strophe.

Der zweite Ausgangspunkt betraf folgende Überlegung: Das etwas gewaltsame Anheben der Melodie verlangt aus Gründen der Ausgeglichenheit ein Zurückkehren. Die Konkretisierung geschieht mit sieben sich regelmäßig folgenden Tönen, die nicht nur die „sieben Meter" abmessen, sondern auch eine Septime ergeben.

Die Fortsetzung – und d. h. Bildung der zweiten Melodiezeile (stets im Verhältnis zur ersten) – orientierte sich zuerst am „ebenso verkehrt herum" der vierten Strophe; sie lautete also:

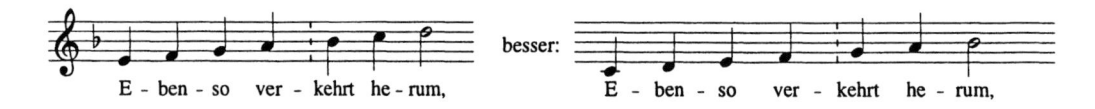

Das erneute Ansteuern der Sexte d'' erschwert die Schlußbildung. Eine Variante von c' aus, die den Melodieverlauf beibehält (und die tonarteigene dominantische Septe c'–b' ins Spiel bringt), erleichtert den Anschluß der beiden Schlußtakte, die selbst als Variante aus dem Beginn abzuleiten waren (gleichsam auch in Fortsetzung des Umkehrgedankens): Der Quintsprung beschließt die Melodie, er verleiht damit auch *motivische Geschlossenheit*. Das harmonisch „unrichtige" Auflösen der Quarte *b'*, die hier als hörbare Septe des Dominantklanges eine Weiterführung zu *a'* verlangte, kann man als zusätzliche Vergegenwärtigung des „Darüber-hinaus" des Riesen hinnehmen, dessen Nachvollzug das willentliche Überschreiten der „normalen" Grenze erfordert.

(1) War ein Ries' bei mir zu Gast, sie-ben Me-ter maß er fast,
(2) Weil er gar so rie-sig war, sa-ßen Ra-ben ihm im Haar,
(3) Er auch lach-te laut und viel, und dann schrieb er mir zum Spiel
(4) Und er schrieb an ei-nem Trumm: MU-TA-KI-RO-RI-KA-TUM.
(5) Falls ihr ei-nen Rie-sen wißt, des-sen Na-me al-so ist

hat er nicht ins Haus ge-paßt, sa-ßen wir im Gar-ten.
ei-ne gan-ze Vo-gel-schar, die da schrien und schwatz-ten.
– Blei-stift war ein Be-sen-stiel – sei-nen Na-men nie-der.
E-ben-so ver-kehrt he-rum, ja, so hieß der Gu-te.
und der sie-ben Me-ter mißt, sagt, ich laß ihn grü-ßen.

Nicht immer kann das Eingehen auf textliche Vorgänge so unmittelbar auf bestimmende Bilder sich stützen. Die Gefahr ist dann groß, daß sich Vorstellungsklischees in den Vordergrund drängen und – wie beim folgenden Gedicht möglich – eine vergleichsweise Individualität der Melodie ersetzen.

Es war einmal ein lustiger Mann

Es war einmal ein lustiger Mann,
der trug auf seinem Kopf
ein hübsches braunes Hütchen,
das war ein Blumentopf.

Der Hut liegt hier im Grase.
Der Herr, wo ging er hin?
Nach Linz, nach Prag, nach Budapest?
Nach Frankfurt, nach Berlin?

O nein, o nein, er ging nicht fort.
Wo ist er hingekommen?
Der nette Herr, so dick er war,
ist ganz und gar zerronnen.

Der Frühling kam. Es wurde warm.
Da rief der Dicke: „O weh!" –
Wir aber springen und schreien: „Hurra!"
Wir sind zum Glück nicht aus Schnee.

Der Text löst vielleicht eine relativ unbestimmte Melodie-Erinnerung aus: Die Vorstellung von einem „erzählenden" Verlauf, beginnend mit Quart-Auftakt, als an sich unbegründetes Synonym für „Es war", und sekundweisem Fortschreiten.

```
(1) Es  war  ein-mal  ein  lu-sti-ger Mann,  der  trug  auf  sei-nem  Kopf
(2) Der Hut  liegt hier im   Gra  -  se.  Der Mann, wo  ging  er   hin?
(3) O   nein, o   nein,  er  ging nicht fort. Wo  ist  er   hin-ge-kom  -  men?
(4) Der Früh-ling kam,  es  wur - de warm. Da rief der Dicke: „O weh!"

ein  hüb-sches brau-nes Hüt  -  chen, das  war  ein  Blu-men-topf.
Nach Linz, nach Prag, nach Bu-da-pest, nach Frank-furt, nach Ber-lin?
Der  net-te Herr, so dick er war, ist ganz und gar zer-ron-nen.
Wir  a - ber springen und schreien:„Hur-ra!" Wir sind zum Glück nicht aus Schnee.
```

Der zweite Teil der Strophenmelodie kehrt hier den Duktus um; die Zweimaligkeit des Ablaufens von der Quinte zum Grundton entspricht der sprachlichen Fügung der ersten (textlichen) Strophe („ ... ein hübsches braunes Hütchen / das war ein Blumentopf"). Eine Besonderheit bilden Schleiftöne, die dort, wo die Silbenzahl es zuläßt, eingeführt werden und ein wenig Unernst signalisieren.

Das Liedchen kann durchaus mit Spaß gesungen werden und Freude machen. Trotzdem ist festzuhalten: Die Verbindung dieser Melodie mit diesem Text scheint (gemäß dem hier skizzierten Diskussionszusammenhang) nicht unbedingt überzeugend begründet.

Unregelmäßige Textstrukturen sollen soweit wie möglich in rhythmisch zu variierenden Strophenmelodien aufgefangen werden. Beim folgenden Gedicht „Der Brief" muß man jedoch ein Stück weitergehen.

> Der Brief
>
> Es kommt von mir,
> es geht zu dir.
> Es ist kein Mensch,
> es ist kein Tier.
> Es ist nur dies:
> ein Stück Papier.
>
> Ein Stück Papier,
> jedoch es spricht.
> Es bringt von mir
> dir den Bericht:
> Ich hab dich lieb,
> vergiß mich nicht.

Der Beginn, „Es kommt von mir, es geht zu dir", übertrug sich (rhythmisch und melodisch) in ein ganz regelmäßiges Gehen, und zwar in ein Schreiten von einem Dreiklangsbestandteil zum nächsten, von c' zu e' und zu g', also von Station zu Station. Damit war ein „Ton" des Gehens angeschlagen, der weiterzuführen war.

Der Schluß der zweiten Strophe, „Ich hab dich lieb, vergiß mich nicht", drängte sich eher als melodische Idee auf, gleichsam aus dem Akt des Sprechens und durch Längung der Töne der Bedeutung entsprechend hervorgehoben.

Diese beiden angesprochenen Abschnitte bilden das wesentliche Gerüst; und dies auch textlich: Das zweite Verspaar (der ersten Strophe) bildet gegenüber dem ersten (und dritten) nur Hinzufügung, d. h. Verlängerung des Rätsels: „Was ist das? Es kommt von mir – es geht zu dir …". Die Kulmination in beiden Strophen geschieht eindeutig zum dritten Verspaar hin. Das mittlere Verspaar war also so einzusetzen, daß es den Anstieg der Melodie zwar beibehielt, den Zenit aber nicht vorwegnahm. Die Lösung

vermittelt mittels der Sexterweiterung des Quintraumes, dem betonten Nichtüberschreiten der Grenze sowie durch Wiederholung der Figur die textlichen Charakteristika des Frage-Hinzufügens bei einem Rätsel (um die Lösung spannender zu machen), des Nichtüberschreitens der Grenze (zur Lösung hin) und der Analogie der Verszeilen („es ist kein …"). Erst die (partielle) Lösung („Es ist …") überschreitet die Grenze und führt das Lied zu Ende.

(1) Es kommt von mir, es geht zu dir
(2) Ein Stück Pa-pier, je-doch es spricht.

Es ist kein Mensch, es ist kein Tier.
Es bringt von mir dir den Be-richt:

Es ist nur dies: ein Stück Pa-pier.
Ich hab dich lieb, ver-giß mich nicht.

Dabei haben die *Halbenoten*-Werte nicht nur eine textbetonende Funktion, sondern auch eine architektonische: Die Vertonung des dritten Verspaares entspricht als so entstehendes viertaktiges Gebilde metrisch der Vertonung der ersten beiden Paare. Der Melodiebogen kommt in ein Gleichgewicht. Er vergegenwärtigt aber trotzdem die Ungleichheit, die der Text in seiner asymmetrischen Strophenstruktur verzeichnet: hier Rätselstellung als Füllen der Zeit und Erzeugen von Spannung durch hinzufügendes Umschreiben des Gegenstandes; dort Rätsellösung als Auflösen der Spannung, Verweilen im „Aha, so ist das". Die auf das dritte Verspaar hinstrebende Dynamik der Strophe wird von der Melodie so aufgenommen, daß sie ihrer eigenen (symmetrischen) Gesetzlichkeit gerecht wird, ohne das nicht immer vorteilhafte Hilfsmittel einer Textwiederholung zu gebrauchen.

Die Einsicht, daß Melodiebilden und -erfinden heute keinesfalls unabhängig und neu geschehen kann, bedeutet nicht, daß wir alle unsere Erfindungen selbstzufrieden hinnehmen sollten.

Gerade „einfache" Lieder laufen Gefahr, sich an solchen melodischen Bildungen zu orientieren, die wir – da wir sie am intensivsten verinnerlicht haben – als „grundlegend" betrachten. Solche überdeutliche Anlehnung (in diesem Fall an ein bekanntes Gute-Nacht-Lied, was keinesfalls bewußt geschah) zeigt das folgende Muttertagsliedchen.

Ein Sträußlein Waldmeister
(Zum Muttertag)

Weiß und grün ist mein Strauß, hübsch be - schei - den sieht er aus.
Frisch vom Wald kommt er her - ein. Rie - che nur, er duf - tet fein.
Nimm! Vom Früh - ling ist's ein Stück. Ich wünsch dir, Mut - ter, lau - ter Glück!

Solche Lieder kann man guten Gewissens *für sich* singen, man kann sie aber auch vorläufig solange ausscheiden, bis man einen neuen Zugang zum jeweiligen Text gefunden hat.

Ähnlich verhält es sich mit dem Gedicht „Entenkinder". Der Text nähert sich wohl absichtlich sowohl in seiner Architektur (d. h. in Reimschema, Strophenbau und Rhythmus, aber auch in der Zeilenisolation vor allem der dritten Zeilen in der zweiten bis vierten Strophe, schließlich in der Tendenz, Aussageeinheiten und Zeilen zur Deckung kommen zu lassen) als auch in seinen Aussagen und Bildern („leben froh", „lustig ist ihr Tageslauf", „Wenn das Abendrot verglüht") einer Kleinkind- und Kindergartenlyrik des Netten und Niedlichen an. Die folgende Melodie fängt dies recht gut ein.

Ein Stück Praxis ... – Singenmachen als Liedmachen

(1) En - ten - kin - der le - ben froh auf dem See und ru - fen so:
(2) Bi - ba - bi, von mor - gens früh bis zum A - bend zo - ckeln sie.
(3) Wenn das A - bend - rot ver - glüht - Ent - lein, seid ihr noch nicht müd?
(4) Schwim - men al - le schnell her - zu. Un - term Flü - gel - Au - gen zu -

„Bi - bi - bi!" Mit viel Bi - bi um die Mut - ter zo - ckeln sie.
Lu - stig ist ihr Ta - ges - lauf. Doch der Tag hört end - lich auf.
Ruft die Mut - ter: „Tuk, tuk, tuk!" Zo - ckeln al - le zuck, zuck, zuck.
schla - fen al - le, ganz ver - steckt, bis der neu - e Tag sie weckt.

Auch sie kommt mit ihren Tonwiederholungen („Tuk, Tuk, Tuk") jener bekannten Kindergartenmelodik nahe, ist sie aber nicht ganz. Immerhin meidet sie den allzu platten T–D–D–T–Wechsel, wie etwa im folgenden Beispiel:

Die vermiedene Schablone verleiht der Melodie einen eigenen Zug über den zweiten und vor allem vierten Takt hinaus. Aber sie vollzieht die typische Zäsur zwischen dritter und vierter Zeile (= sechstem und siebentem Takt) mit.

Textadaequanz, die sich – wie hier – auch recht erfolgreich an entsprechenden typischen Bildungen anlehnt, muß noch nicht zu guten Ergebnissen führen. Hier wäre zu versuchen, melodisch die Schwächen des Textes in der zweiten Melodiehälfte aufzufangen. Eine Möglichkeit bestünde darin, die starre Architektur etwa dadurch zu lockern, daß man den Zenit der Melodie verschiebt und den sechsten Takt so in den D-Bereich verlegt, daß er zum siebenten Takt hinleitet und der Tendenz des Zerfallens entgegenarbeitet ...

Bisher haben wir über Melodie oder Lied eher generell gesprochen, ohne die *Frage des Singens* in die Überlegungen einzubeziehen, d. h. die Frage: Wozu? *Für wen und für welchen Zweck machen wir eine Melodie?* Viele Gedichte (gerade für Kinder) evozieren von sich aus ihre Vermittlung. Sie beschreiben etwas Lustiges, sie sind zum Weitergeben, zum Weitererzählen gemacht; sie sind für andere. Hier kann sich Melodiemachen anschließen. Der Zweck des Singens kann darin bestehen, *anderen etwas vorzusingen*. Ein solches Vorsingen zielt dann (nicht so sehr darauf, die Melodie als solche zu vermitteln, sondern eher) darauf, einen Text auszusprechen und dies in der besonderen Weise einer Melodie, die diesen Text vermittelt, ohne sich selbst in den Vordergrund zu drängen. Meist geht es bei solchen Texten auch um Ereignisse oder Belehrungen, die auf eine Einsicht zielen. Die Vorgänglichkeit macht einerseits ein geschwindes Vorangehen notwendig, andererseits erlaubt sie, ja verlangt sie oft Melodiewiederholungen. So im folgenden Gedicht:

Rabulan, der Riese

Rabulan, der Riese,
ißt so gern Gemüse.

Er sagt: „Gemüse ist gesund!"
und verzehrt aus diesem Grund

täglich einen Haselstrauch
und ein Fuder Rüben auch.

einen Kürbis obendrein;
denn er will bei Kräften sein.

Bei Ferdinand und Lieschen
tun's Äpfel, Salat und Radieschen!

In der Melodisierung sind das ankündigende und sinngebende erste Verspaar (das den Zweck des Vorsingens benennt) und das letzte Verspaar, das das Ergebnis des Gesagten einholt, die Moral der Geschichte, melodisch abgesetzt von einem Mittelteil, der im wesentlichen aus der Aufzählung dessen besteht, was der Riese sagt und ißt.

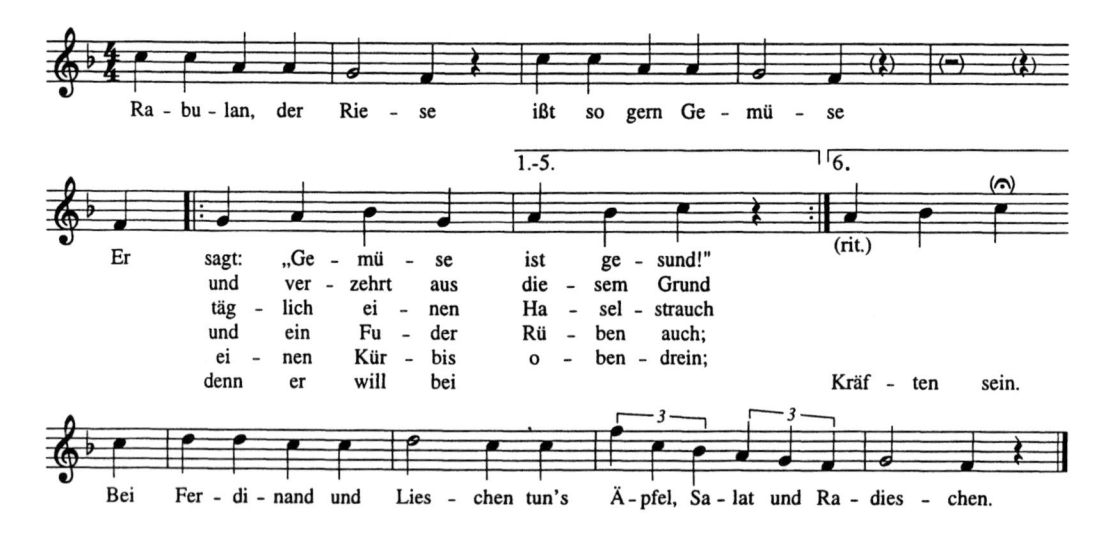

Diese Aufzählung bedient sich einer *melodischen Wiederholung*, die den Aufzählungscharakter („und") hervorhebt. Die melodische Bildung – und das ist wichtig – besteht in einem melodischen Anheben, das ein Fortsetzen erwarten läßt, welches jedoch stets hinausgeschoben wird: Jede Wiederholung steigert so die Erwartung, die dann eingelöst wird, wenn die Konsequenz zu ziehen ist („Bei Ferdinand und Lieschen …"). Aber auch diese ist textlich zusammengesetzt: Das „Ziel" der ganzen Geschichte sind die „Äpfel …". Das Einholen des Melodiebogens, das Anbringen des Zenits, ist also bis dorthin durch wiederholtes Einschieben („und") einer Leierfloskel (aber nun auf dem Ton c'') zu verschieben. Erst nach „Äpfel …" neigt sich die Melodie sehr rasch textentsprechend als melodische Pointe dem Schlußton zu.

Lieder, die möglichst „direkt" einen Text vermitteln wollen, und die oft mit Aufzählungen umgehen, können gleichsam ganz wörtlich *melodische Formeln* benutzen. Die besondere Arbeit an einem Gedicht wie der folgenden „Fliegengeschichte"

> Eine Fliegengeschichte
>
> Hört, was ich berichte:
> eine Fliegengeschichte.
> Eine Geschichte und keine Lüge,
> und sogar von einer Fliege.
> Die setzte sich auf das Tintenfaß,
> machte ihre ein, zwei, drei,
> vier, fünf, sechs Beine naß,
> flog dann zum Spaß
> auf das Briefpapier
> und schrieb dort mir:
>
> AUF DIESEM FLECK
> AUF DIESEM FLECK
> SASS ICH DIE FLIEGE
> ZEZE DECK

besteht darin, die Formeln textadäquat einzusetzen und so zu reihen, daß ein über die einzelne Melodiebildung hinausgehender Zug das Gebäude zusammenhält; am wichtigsten ist hierzu die Schlußbildung. Das formelhafte Reihen tritt dann umso deutlicher hervor, wenn auch der Text sich vorwärtstreibt, indem eine Aussage sich aus der vorhergehenden herausleitet. Solche Formelreihungen können sich auch eines sehr unregelmäßigen Textes annehmen wie hier:

Die fortsetzende Formel („Eine Geschichte ...") führt die Ankündigung wiederaufnehmend weiter; melodisch setzt sie deshalb auf *e'* ein. Mit der dritten Melodiezeile erst beginnt die eigentliche Mitteilung; der gegenteilige melodische Duktus macht das deutlich, läßt aber den Bogen auf *e'* zum offenen Ende umkehren. Die fünfte (Melodie-)Zeile versteht sich hierzu als Anfügung; das Verweilen auf der *g'*-Achse bedeutet ein erwartungssteigerndes Vorbereiten der Pointe, die dann auch von *c''* aus einsetzt. Die letzte Melodiezeile arbeitet mit Intervallsprüngen, was sie (ein wenig „fröhlich" charakterisierend) heraushebt, was ihre Pointen- und Schlußfunktion aber nur unterstützt. (Es ist keine Frage, daß der sehr formelhaften Melodie Individualität mangelt und daß es hier des Vortrags mit kleinen Pausen, Hervorhebungen und Färbungen bedarf, um dem Lied „Leben" zu geben.)

Auch dort, wo Text scheinbar regelmäßig in Strophen sich einer festzuhaltenden Melodie anbietet, kann es gerade aus der *Mitteilungshaltung* und der damit verbundenen inhaltverdeutlichenden Sprech- und d. h. Singweise geraten erscheinen, *melodische Varianten* einzufügen. Das folgende Gedicht vom „Sperling Roderich"

> Der Sperling Roderich
>
> Was tut zu seinem Zeitvertreib
> der Sperling auf dem Birnbaumzweig?
>
> Er kneift die beiden Augen zu
> und denkt, er sei ein Kakadu.
>
> Er denkt: Es ist wahrhaftig wahr,
> ich bin ganz bunt und wunderbar.
>
> Da schreit die Amsel: „Roderich,
> der Kater naht! Gleich frißt er dich!"
>
> Der Kater Schnappldorowitz
> hebt seine Krallen scharf und spitz.
>
> Er hebt die Pfote, schlägt mit Wucht
> die scharfen Krallen in die – Luft".
>
> Und spricht voll Ärger dieses Wort:
> „Nanu, da saß doch einer dort!"
>
> Doch Roderich ist nicht mehr da.
> Er fliegt davon, juchheirassa!

legt ein Zusammenfassen von je zwei Verspaaren zu so etwas wie einer Strophe nahe; jedenfalls schließen sich die Verspaare 1 und 2, 5 und 6 sowie 7 und 8 inhaltlich fast von selbst zusammen. Auch 3 und 4 sind gut koppelbar. Für die Melodie hat dies den einfachen Vorteil, daß für vier Zeilen eher ein tragfähiges melodisches Gebilde erstellbar scheint als für zwei. Die gefundene Melodie (vgl. u.) setzt die anfängliche rhetorische Frage mit einer Formel um, fügt aber die Antwort als eine Art Gegensatz an: Die vom *c''* ablaufende Tonbewegung ergänzt nicht nur das Eröffnende der Formel zum Melodieganzen, sie bedeutet auch „Bewegung" (weiterführende Antwort) gegenüber dem Statischen der

Formel (zweiteilige Frage), und sie geht als solche ein wenig konform mit dem Inhalt: Die abwärtsführende Tonbewegung paßt recht gut zum Bild vom Augenschließen, verbunden vielleicht auch mit einem Kopfsinken und Abgleiten in die Traumvorstellung.

Doch gerade die zweite Melodiehälfte wird beim vierten Verspaar zum Problem: Der sich erst ankündigende Aufschrei der Amsel paßt nun ganz und gar nicht zum Abwärtsduktus der Melodie. Hier kann man, will man bei der Stropheneinteilung verbleiben, etwas anderes einsetzen. Um der Einfachheit und Einheitlichkeit des Gebildes wegen sollte man aber nicht etwas ganz Neues erfinden, sondern mit Varianten arbeiten. Hier bietet sich die Umkehrung des Melodieverlaufs an, die in die gleiche Schlußfloskel mündet. Damit ist dem Text Genüge getan, das Statik-Bewegungsverhältnis der beiden Melodiehälften aber beibehalten, das sich für alle Strophen und besonders für die zweite als textadäquat erweist. Erste Hälfte: der Sperling träumt; zweite Hälfte: die Warnung der Amsel bricht ein. Die dritte Strophe wäre wie die zweite, die vierte wie die erste zu singen. Bei letzterer kann der Schlußton um eine Oktav heraufverlegt werden. Die entstandenen innermelodischen Varianten legitimieren sich als vortragstypische „improvisatorische" Abwandlungen; sie werden umgekehrt durch die Formelhaftigkeit gerade ermöglicht. Das ganze Lied lautet:

(1) Was tut zu sei - nem Zeit-ver-treib der Sper-ling auf dem Birn-baum-zweig?
(2) Er denkt, es ist wahr-haf-tig wahr, ich bin ganz bunt und wun-der-bar.
(3) Der Ka - ter Schnap-pl - do - ro - witz hebt sei - ne Kral-len scharf und spitz.
(4) Und spricht voll Är - ger die - ses Wort: „Na - nu, da saß doch ei - ner dort!"

(1) Er kneift die bei-den Au-gen zu und denkt, er sei ein Ka - ka - du.
(4) Doch Ro-de-rich ist nicht mehr da. Er fliegt da-von, juch-hei-ras - sa!

(2) Da schreit die Amsel: - „Ro-de-rich, der Ka - ter naht! Gleich frißt er dich!"
(3) Er hebt die Pfo-te, schlägt mit Wucht die schar-fen Kral-len in die Luft.

Ein vergleichsweise entgegengesetzter Grund, Melodien zu erfinden, besteht darin, Lieder für sich selbst und zum *Selbersingen* zu machen. Solche Melodisierungen (wie wir sie auch am Anfang bereits angesprochen haben) entstehen an lyrischen Texten, die sich an den Leser als Einzelperson wenden, mit ihm in eine Zwiesprache treten; z. B. am Gedicht „Gelb und schön":

Gelb und schön

Schlüsselblumen, gelb und schön,
stehn im Grase, brav und still.
Wenn sie fliegen könnten, gäb's
einen lustigen April.

Doch ein Falter fliegt vorbei –
welch ein schöner, welch ein gelber,
ganz wie eine Blume selber!

Das Gedicht besteht aus einer vierzeiligen und einer dreizeiligen Strophe. Im Hinblick auf die Gesetzmäßigkeit von Lied ist die strophische Unregelmäßigkeit durch Zusammenfassung in Kurzzeile/Kurzzeile (als Strophe 1)/Langzeile (als zweite Strophe) umänderbar, was der grammatikalischen Anlage des Textes durchaus entgegenkommt: Die erste Strophe besteht aus zwei durch Punkt abgeschlossene Aussagen. Hinzu kommt die inhaltliche Struktur. Aussage eins stellt etwas fest: Schau, die Schlüsselblumen, wie schön sie hier stehen ... Aussage zwei fügt dem realen Bild eines der Phantasie hinzu: Wenn die alle fliegen könnten, das wäre lustig ... Gegenüber diesen beiden Bildern wirkt Strophe 3 als überraschende Synthese: Da fliegt ja tatsächlich ein gelber Falter, wie eine fliegende Schlüsselblume ...

Die beiden Kurzzeilen können identisch sein:

Ihr hoher Beginn, ihr unvermitteltes In-der-Melodie-sein überträgt den unvermittelten Charakter der Aussage, die ja nicht durch eine Floskel (wie „auf einer schönen Wiese, da stehen Schlüsselblumen" o. ä.) auf die Hauptsache hinleitet, sondern mit dem zentralen Wort „Schlüsselblumen" mitten ins zu entwerfende Bild springt. Gleichzeitig wird mit den Tonwiederholungen ein Motiv angeschlagen, das Einfachheit vermittelt.

Das wirklich konstruktive Problem, besteht darin, die 3-zeilige dritte Aussage als eine Einheit anzufügen. Da der Höhepunkt, die Pointe, sich in der letzten Zeile enthüllt, wäre der entsprechende Melodiebogen so anzulegen, daß die ersten beiden Zeilen einen verlängerten Anlauf bilden, in dem die zweite Zeile als verstärkende Apposition kenntlich wird. Die folgende Lösung

nimmt das Motiv der Tonwiederholung wieder auf, führt in zwei Stufen zur Quinte, um dann als Schluß vom Spitzenton d'' aus die zweite Hälfte der ersten Melodiezeile wieder aufzunehmen, variiert zu einem definitiven Schluß hin. Das ganze Lied lautet nun:

[Notenbeispiel: Melodie mit Text]
Schlüs-sel - blu-men, gelb und schön, stehn im Gra-se, brav und still.
Wenn sie flie-gen könn-ten, gäb's ei-nen lu-sti-gen A - pril.
Doch ein Fal-ter fliegt vor-bei -
welch ein schö-ner, welch ein gel-ber, ganz wie ei-ne Blu-me sel-ber!

Drei Probleme fallen zusätzlich auf. Zum einen der Anschluß der melodischen Langzeile: Diese nimmt das dominantische offene Ende der Kurzzeile nicht auf, sondern beginnt quasi neu in der Grundtonart. Dies und das Verbleiben in der Tonika im ersten Drittel macht die Melodie an dieser Stelle etwa spröde, wirkt eher wie ein Innehalten als ein durch das „Doch" des Textes initiiertes Fortführen des Bildes in eine überraschende Richtung. Aus Textgründen wäre die Anknüpfung

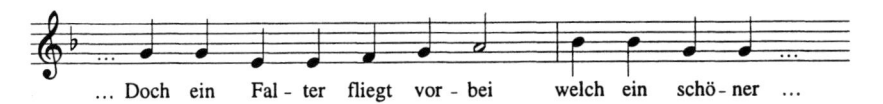

[Notenbeispiel]
... Doch ein Fal-ter fliegt vor-bei   welch ein schö-ner ...

eventuell vorzuziehen: Das Aufnehmen der Dominante und ihre Weiterführung in die Tonika, was sich im zweiten Drittel dieser Langzeile auf einer höheren Dreiklangstufe (jetzt nur) wiederholt, gibt der Melodie eine dynamische Wendung, die man u. U. aus dem Text herleiten kann. Ich persönlich ziehe die erste Lösung vor; auch sie wäre mit ihrem statischen Beginn und dem in Bewegunggeraten erst im zweiten Drittel textinhaltlich zu begründen: Die Feststellung, daß ein Falter vorbeifliegt, fügt sich noch bruchlos ans geschilderte Bild der ersten Strophe an; erst das Bemerken und der Ausruf („welch ein ..."!), daß der Falter ja tatsächlich gelb ist, verändern die Situation und führen zur Pointe.

Zum anderen wäre es naheliegend, den Melodiegang in der Langzeile nicht an das Motiv zu binden, etwa

statt [Notenbeispiel]   besser [Notenbeispiel]

zu singen. Dies ist möglich, vielleicht ein wenig glatter; es entspricht der Textdeklamation eher, denn der inhaltlich unbedeutende Artikel „ein" ist nicht mehr so sehr vor seinem Bezugswort „Falter" durch Hochton herausgehoben, sondern leitet vom „Doch"-Hochton a' zum f' von „Falter" hin.

Das dritte Problem besteht im Hinauszögern des Zenits der Langzeile. Man kann hier recht gut nachvollziehen, wie der Melodiebogen an Spannung verliert, wenn man das *d″* vorzieht, etwa:

[Notenbeispiel]

Gerade *einstrophige Lieder* sind etwas „für sich"; und dies in mehrfacher Hinsicht. Sie stehen für sich, und man macht sie betont für sich (selbst). In mehrstrophigen Liedern wird Melodie von (textlicher) Strophe zu Strophe übertragen; Singen neigt tendenziell zu einem Akt der Reproduktion des Textes, bei dem Melodie nicht mehr im wachen Bewußtsein sich befindet. Auch die Konstruktion setzt wohl im Prinzip eine gewisse Distanz zwischen Melodie und einzelner Textstrophe voraus; die Melodie muß zu allen Strophen passen. In einstrophigen Liedern dagegen trägt Melodie nur einen Text; die Möglichkeit des melodischen Eingehens auf diesen ist größer. Da man mit einstrophigen Liedern sowieso an der Grenze dessen sich befindet, was der Begriff „Lied" (als mehrstrophiges Gebilde) noch abdeckt, sollte man auch in der Melodiebildung selbst die Grenzsituation voll ausnutzen und sich von der strengen Gesetzmäßigkeit einer Liedmelodie absetzen zugunsten eines intensiveren Singens dessen, was Melodie im Bezug zum Text artikuliert.

Dies erscheint auch beim folgenden Gedicht „Wolkenritt" notwendig.

> Wolkenritt
> Hoch am Himmel,
> hoch am Himmel
> zieht der schönste
> Wolkenschimmel.
>
> Lieber Schimmel unbemannt,
> nimm mich mit,
> nimm mich mit
> durch das blaue Himmelsland.

Das besondere Problem der Melodisierung dieses Textes besteht im Umsetzen der inhaltlichen wie formalen Verschiedenheit der beiden Strophen. Während die erste distanziert das beschauliche Bild entwirft,

[Notenbeispiel: Hoch am Him-mel ...]

bezieht die zweite persönlich Stellung dazu; sie meint persönliche und unvermittelt freudige und nachdrückliche – vgl. wiederholtes „nimm mich mit" – Aussage des Betrachters im Sinne eines Anrufens oder vielleicht etwas schnellen

Hinterherrufens: „He! Nimm mich doch mit ...!" Daraus rechtfertigt sich die
Achtelbewegung des zweiten Melodieteiles,

[Notenbeispiel: Lie-ber Schim-mel un-be-mannt ...]

die sich in ihrer Genese aber schlicht aus der doppelten Anzahl der Silben in der
ersten Zeile im Vergleich zur ersten Zeile der ersten Strophe herleitete:

| Hoch | am | Him - | mel |
| Lie - ber | Schim - mel | un - be - | mannt |

Das besondere Problem an dieser zweiten Strophe entsteht aber erst aus solcher Auffassung: Sie wird dadurch real (nur) dreizeilig; das wiederholte „nimm mich mit" setzt sich zu einer „zweiten" Zeile zusammen. Dadurch entsteht in der dritten Zeile ein abrupter Schluß, der durch ein Enden auf dem Grundton in seiner Abruptheit betont würde:

[Notenbeispiel: ..nimm mich mit ...]

Die Alternative, die den Melodiebogen etwas offen läßt, scheint hier die bessere Lösung. Gerade weil aber auch der Text gleichsam über seinen „Rand" hinausweist („nimm mich mit in das blaue Himmelsland" = in die unbegrenzte Weite), sich also das Abbrechen als Kunstmittel erweist, die Phantasie des Lesers in die Vorstellung des Himmelslandes enteilen zu lassen, bietet sich auch melodisch ein vergleichsweise offener Schluß, eventuell auf der eingangs angeschlagenen Achse g' an. Das Beenden auf der Quinte erscheint als Vergegenwärtigung eines Hinüber- und Nachklingens.

[Notenbeispiel: Hoch am Him-mel, hoch am Him-mel zieht der schön-ste Wol-ken-schim-mel / Lie-ber Schim-mel un-be-mannt, / nimm mich mit, nimm mich mit durch das blau-e Him-mels-land.]

Die Melodie kann als charakteristisch dafür gelten, wie man bei bestimmten Textbildern gleichsam unbewußt bestimmte Melodiefloskeln hervorkramt. Der Beginn zitiert das in Waldorfschulen verbreitete Marienlied „Über Wolken, über

Sternen, leise geht Mariens Schritt" (Mir war dies beim Formulieren der Melodie nicht bewußt; erst meine Tochter machte mich darauf aufmerksam!) Gleichzeitig versucht das Lied eine durchaus eigene und trotzdem der wiederholten Anfangsfloskel passende Fortsetzung.

Anzumerken ist weiterhin, daß die ganze Lösung nicht unbedingt zufriedenstellt; ein Herumprobieren führt jedoch leicht ins Abgleiten zu einer vorgewußten Melodie, wie z. B. „Scheint die helle Sonne", die das Schlußproblem bei „Komm doch mit ..." eben deshalb anders lösen kann, weil eine Textzeile mehr zur Verfügung steht und weil dort ein reales Mitkommen, „ein Mitkommen in die Welt, wie es uns gefällt", angesprochen wird.

Lieder zum Für-sich-Singen vermitteln im Akt des Singens den Text dem Singenden gleichsam zurück; sie eröffnen damit dessen durch den melodischen Ausdrucksgehalt mit-bestimmtes Bedenken über den Weg einer verstärkten stimmungsmäßigen Anmutung. Entsprechende Melodien klingen etwas versonnen, nachdenklich, sie sind auf melodischen Zusammenhang und „inneren" Spannungsbogen angewiesen, auf eine eigene und d. h. auch eigenartige melodische Tragfähigkeit, die sich aus einem übergeordneten Gleichgewicht der nicht mehr plumper Taktgruppensymmetrie unterliegenden melodisch-„gestischen" Abschnitte herleitet. Solche Lieder eignen sich aber nicht nur dazu, sie sich selbst zu machen; man kann sie auch jemandem (z. B. zum Geburtstag) schenken und damit wiederum einem Selbersingen zuführen. Hierzu eignet sich z. B. das Gedicht „Der Regenbogen":

> Der Regenbogen
>
> Ein Regenbogen,
> komm und schau!
> Rot und orange,
> gelb, grün und blau!
>
> So herrliche Farben
> kann keiner bezahlen,
> sie über den halben
> Himmel zu malen.
>
> Ihn malte die Sonne
> mit goldener Hand
> auf eine wandernde
> Regenwand.

Zwei Eingangsüberlegungen, wie sie typischerweise anzustellen sind, liegen bei der Melodisierung dieses Textes besonders nahe. Das oft zitierte Gedicht sieht auf den ersten Blick ganz regelmäßig aus: 3 Strophen – kein besonderes Problem. Aber: Die Strophen unterscheiden sich rhythmisch: Während die erste geradezu vorbildlich ruhig und einfach das Bild des Regenbogens vor Augen stellt, liefert Strophe 2 eine Art Antithese: das Fragen der Miesmacher, das durch den neuen Rhythmus (2 Senkungen auf eine Hebung) den künstlich aufgeregten Charakter

Ein Stück Praxis ... – Singenmachen als Liedmachen

solchen Fragens wiedergibt. Die Strophe 3 nimmt – gleichsam als Synthese – das „Aufgeregte" der Frage auf und beantwortet sie bei gleichzeitiger Rückführung zum Ausgangsrhythmus in der letzten Zeile. Diese Gedichtstruktur, die prozeßhafte Verzahnung von inhaltlicher und rhythmischer Dimension des Textes, schließt eine Melodisierung als schlichtes Strophenlied eigentlich aus.

Die zweite Eingangsüberlegung betrifft das naheliegende Bild: Sollte die Melodie nicht versuchen, möglichst deutlich einen Bogen nachzuzeichnen? Sollte man also nicht versuchen, deutlich anhebend die Melodie wenigstens über eine Oktav nach oben zu führen und dann wieder abwärts ...? Es lohnt sich, damit zu experimentieren, vor allem um zu erfahren, daß derart plakatives Abbilden kaum zu brauchbaren Ergebnissen führt. Andererseits aber ist die Vorstellung, Melodie hier über betont weite Strecken auf und ab führen zu wollen, durchaus als konstruktive Idee beibehaltbar, die – empfunden gehandhabt – dem Lied seinen besonderen Charakter verleihen kann.

Beginnen wir wieder beim Text: Er springt, wie oft bei Guggenmos, unmittelbar in den zentralen Gegenstand „Regenbogen". Er vollzieht damit die Art nach, in der wir etwas gewahr werden: Ohne zu wissen, daß wir's tun und was wir eigentlich sehen, schauen wir herum, heben vielleicht auch mal den Blick, und da sehen wir den Regenbogen. Das Sehen konzentriert sich jetzt plötzlich nicht nur bewußt auf einen Gegenstand; es gebiert fast unmittelbar den Wunsch nach Mitteilung, „schau mal, ein Regenbogen ... !" Diese unvermittelte Situation fängt Guggenmos in seinem Gedicht ein. Eine Melodisierung, die dies nachvollziehen will, darf nicht erst anheben wollen, sondern muß gleichsam mitten (und hier vielleicht sogar relativ „hoch") in den melodischen Raum hineinspringen:

Daß die Melodie dabei einen leichten Bogen vollführt, und daß die die folgende Aufzählung der Farben mit einem „aufzählenden" sekundweisen Reihen der Töne weit abwärts unter den Grundton führende Anfügung sich dem Textbild anfügt, registrieren wir eben deshalb positiv, weil solche Melodiebewegung erst einmal konform geht mit strukturellen Dimensionen des Textes. Gleichzeitig formuliert die Abwärtsbewegung zum c' den konstruktiven Ausgangspunkt für die Entwicklung des weiteren Melodiebogens.

Daß das melodische „Auf" des zweiten Teils zur sich steigernden Aufgeregtheit solcher Fragestellungen paßt, daß das melodische „Auf" und „Ab" sich Frage und Antwort der zweiten und dritten Strophe anpassen, daß das Gegeneinanderstehen von Triole und Duole bewußt im Sinne von Aufgeregtheit und Beruhigung gegen- und miteinandergestellt werden, daß die Versetzung des zweiten Halbbogens $f'' \rightarrow f'$ nun sowohl der melodischen Zenitbildung als auch dem Synthesecharakter der dritten Strophe dient ($c'' \rightarrow c' + c' \rightarrow c'' + f'' \rightarrow f'$), dies alles erschließt sich aus den angedeuteten Gedankengängen fast von selbst.

{score: Ein Regenbogen, komm und schau! Rot und orange, gelb, grün und blau. / So herrliche Farben kann keiner bezahlen, sie über den halben Himmel zu malen. / Ihn malte die Sonne mit goldener Hand auf eine wandernde Regenwand.}

Ein recht schwieriges Problem des „Liedmachens" ergibt sich bei – kurz gesagt – *vollkommen unregelmäßigen Texten*. Das meint: bei Texten, die keine regelmäßige strophische Gliederung aufweisen oder sich nicht durchgehend an ein Versmaß gebunden fühlen resp. gerade häufig das Versmaß wechseln. Da solche Gedicht-Texte in der Regel gerade persönlich überzeugende lyrische Produkte darstellen, stellt sich die Frage: Wie sollte man sie sich (und wahrscheinlich kaum anderen) singbar machen?

Drei Wege bieten sich an:
- Man greift in den Textorganismus ein: wiederholt einige Zeilen, ergänzt, läßt weg ...
- Man verläßt den sicheren Rahmen des Liedes zugunsten eines freien Gesanges.
- Man versucht durch Instrumentalzusätze und -ergänzungen doch einen regelmäßigen Bau zu erreichen.

Der erste Weg verbietet sich aus Respekt vor einem guten Text. (Und bei einem „schlechten" erübrigt sich das Singenmachen.) Der dritte Weg führt aus dem Bereich des eigentlichen Melodiemachens heraus. Das folgende Beispiel beschreitet den zweiten Weg, das Entwerfen eines Gesanges, der nicht mehr als Lied angesprochen werden kann.

    Weihnacht
     „Christkind ist da",
     sangen die Engel im Kreise
     über der Krippe
     immerzu.

Ein Stück Praxis ... – Singenmachen als Liedmachen

Der Esel sagte leise
I-A
und der Ochse sein Muh.
Der Herr der Welten
ließ alles gelten.
Es dürfen auch nahen
ich und du.

Der Text, eher als rhythmisierte Prosa ansprechbar, erschließt sich melodisch von zwei Seiten. Zum einen vom Beginn: Die zentrale Verkündigung der Engel („Christkind ist da") bietet sich als musikalischer Ausruf an, z. B.:

Der hohe Beginn auf der Quinte g' und das rezitativische Verbleiben auf dieser Achse läßt sich sicher vielfach sprechadäquat ausgestalten. Die Lösung hier mit Terz- und Quartsprung versteht sich aber auch als ein musikalisches Motiv, für dessen Beibehaltung ein zweiter Ansatzpunkt maßgebend wurde.

Das Bilden von Melodie kann nämlich zum anderen am Schlußteil des Textes sich orientieren: In ihm erscheinen zwei gereimte Kurzzeilen und eine (zu bildende) abschließende Langzeile, die sich dem Singen anbieten. Während der Skizzierung, die mit Absicht die gereimten Kurzzeilen sequenzartig verbindet und durch Enden auf dem Grundton plus Pause von der sich inhaltlich zu uns umwendenden Schlußzeile absetzt,

ergab sich die Möglichkeit der motivischen Verknüpfung, die ausgenutzt wurde.

In der weiteren Arbeit erschien das Problem der Reimbeziehungen („Kreise – leise"; „zu – muh – du") weniger relevant gegenüber dem Versuch, Melodie in freier Weise dem rhythmischen Eigenduktus der Sprache anzupassen. Als zusätzlicher Gesichtspunkt war der Unterschied der auch sprachlich sich kundtuenden Ebenen zu berücksichtigen: einerseits die Engel, gleichsam tanzend über der Krippe; andererseits sehr prosaisch Ochs und Esel, die das Ihre beitragen. Im ersten Teil war melodisch eine Anknüpfung zu gestalten. Der Verkündung folgt ja, ohne Satzende dazwischen, das „sangen die Engel", das dann nach der Bestimmung „im Kreise" noch zweimal wiederum durch Anfügung näher bestimmt wird: „über der Krippe" und „immerzu". Die Melodiebildung vollzieht dies nach, knüpft an und verknüpft zur Einheit durch rhythmischen Wechsel von 3/4- und 2/4-Einheiten:

[Notenbeispiel: ... san - gen ...]

Der Mittelteil entzog sich (jedenfalls mir) einer Melodisierung: Er schien mir am besten gesprochen. Um aber den Charakter des Gesanges nicht zu sprengen, entschloß ich mich zu einem betont sprechgesangartigen Rezitieren, das einerseits bei der Lautäußerung I-A (gleichsam malend), andererseits am Ende zur dominantischen Überleitung (zum Schlußteil) vom Einton abweicht.

Der fertige Gesang lautet:

[Notenbeispiel mit Text:]
„Christ - kind ist da",
san - gen die En - gel im Krei - se ü - ber der Krip - pe im - mer - zu.
Der Es - el sag- te lei - se I - A und der Och- se sein Muh.
Der Herr der Wel - ten ließ al - les gel - ten.
Es dür - fen auch na - hen ich und du.

Von Fall zu Fall kann man versuchen, eine solche, die strenge Gegliedertheit des Liedes verlassende Weise des Gesanges auf mitteilende Texte anzuwenden, um von hier die Brücke zum erzählenden, spaßigen Vorsingelied zu schlagen. Das Vorgehen ist hier: mit *Leierformeln* additiv aber relativ frei einen Gesamtkomplex herzustellen. Wesentliches Merkmal ist die je unmittelbare Wiederholung der einzelnen Zeilen (die auch durch Instrumente unterstützt werden kann).
Das folgende Gedicht, „Was der Kuckuck noch nie gesehen hat", eignet sich für ein solches Vorgehen:

> Was der Kuckuck noch nie gesehen hat
> Die Krähen: Kuckuck, Sie waren lange fort.
> Sehn Sie den Topf im Grase dort?
> Hier stand einmal im Februar
> ein Schneemann, dick und wunderbar.

Ein Stück Praxis ... – Singenmachen als Liedmachen

> Er stand im Garten Tag und Nacht,
> drei Kinder hatten ihn gemacht.
> Als sie ihn bauten, da haben wir Krähen
> mit eigenen Augen zugesehen. –
> Wir Krähen kannten den Schneemann gut:
> Der Topf, der dort im Grase liegt,
> das war sein Hut.

> Der Kuckuck: Hört, was der Kuckuck spricht:
> Schneemänner gibt es nicht!
> Was ihr erzählt, das ist alles erlogen:
> Ich habe noch nie einen Schneemann gesehn,
> und bin durch halb Afrika geflogen!

Zu einem Lied im herkömmlichen Sinn ist dieses Gedicht nicht geeignet. Seine Aussagen bilden überwiegend zweizeilige Sätze und bieten sich dem Prinzip additiver Zeilenwiederholung an. Es gibt jedoch einige rhythmische Schwierigkeiten zu überwinden; und es sind Formeln für die dreizeiligen Strophenschlüsse zu finden. Der Anfang erschließt sich aus der sog. „Kuckucksterz":

Ku - ckuck ...
Sehn Sie ...

Nach diesen beiden den Kuckuck auch musikalisch ansprechenden Zeilen beginnt die Erzählung.

Hier ...

Er ...

Als ...   (4.)

Sie hebt (auch musikalisch) an, setzt sich (auf einer immer etwas höheren Tonstufe) fort, um schließlich auf der abwartend vorbereitenden Zeile (4.) auf dem Leierton g'–a' abzuwarten. Das hier von der Erzählung zu den Erzählern überleitende vierte Zeilenpaar mündet (textlich) nicht nur in den sich brüstenden Selbstreflex („Wir Krähen ..."), sondern auch in die Konsequenz der Erzählung, ins Erklären des jetzigen Zustandes: ... daher also kommt der Topf im Grase. Musikalisch muß dieser Teil also auch die Konsequenz ziehen und die Addition der erzählenden Zeilen ab- und zusammenschließen. Dies geschieht durch ein Umschalten der Bewegung vom Zenit c'' der Melodie.

Problematisch ist das Erstellen der dreizeiligen Schlußeinheit. Zwei Möglichkeiten bieten sich an:

Fortsetzung (1) entspricht den (Text-)sinnleitenden Satzzeichen. Der brüstende Ausruf „Wir Krähen ..." bleibt (auch) für sich stehen; er ist durch Doppelpunkt abgeschlossen. Das sich anschließende Erklären fügt sich (musikalisch) an. Fortsetzung (2) ist musikalisch überzeugender: Die Zeile „der Topf ..." setzt sich durch (das hier ja gesangstypische!) Wiederholen ab, nimmt aber eben dadurch den Abwärts-Duktus verstärkend nochmal auf, um zum Schluß zu führen. Dieser Schluß gehorcht in beiden Fällen – wie üblich – musikalischen Gesetzen: Er interpretiert die drei letzten Silben (= Worte) der Textzeile als Hebungen.

Genau eine solche rhythmische Interpretation umgeht die Schwierigkeiten, die sich in der letzten Zeile der zweiten Strophe, der Antwort des Kuckucks, einstellen. Das Sich-Sperren wird umgangen durch die Interpretation der letzten Zeile als eine (musikalische) Doppelzeile, etwa:

Ich háb noch	níe ei - nen	Schnée - mann ge -	séhn.
únd	bín	dúrch	hálb
Áf - ri -	ká ge -	fló -	gén.

Der Beginn dieser Strophe nimmt das Kuckucksmotiv wieder auf, hält es aber – der Kuckuck spricht! – die beiden ersten Zeilen durch, da es sich hier rhythmisch anbietet. Durch den Trick mit der „Verlängerung" der letzten Zeile lassen sich auch Zeile 3 und 4 als Zeilenpaar mit Wiederholung melodisieren. Zeile 5 schließt den ganzen Gesang wirkungsvoll ab: In ihrer Viertel-Folge und in der melodischen V-I-Folge ($g'-c''$) vergegenwärtigt sie etwas von dem gestelzten Sich-Brüsten des Kuckucks.

Ein Stück Praxis ... – Singenmachen als Liedmachen

Die Krähen:

Ku-ckuck, Sie wa-ren lan-ge fort. Sehn Sie den Topf im Gra-se dort?

Hier stand ein-mal im Fe-bru-ar ein Schnee-mann, dick und wun-der-bar.

Er stand im Gar-ten Tag und Nacht, drei Kin-der hat-ten ihn ge-macht.

Als sie ihn bau-ten, da ha-ben wir Krä-hen mit ei-ge-nen Au-gen zu-ge-se-hen.-

Wir Krä-hen kann-ten den Schnee-mann gut: Der Topf, der dort im Gra-se liegt, das war sein Hut.

Der Kuckuck:

Hört, was der Ku-ckuck spricht: Schnee-män-ner gibt es nicht!

Was ihr er-zählt, das ist al-les er-lo-gen: Ich ha-be noch nie ei-nen Schnee-mann ge-seh'n

und bin durch halb Af-ri-ka ge-flo-gen.

An dieser Stelle wäre abschließend nochmals einzuhalten und darauf hinzuweisen, daß alle Melodisierungen – eben weil man sie selbst gemacht hat! – auch mit dem eigenen kritischen Verstand geprüft werden sollten.

Nicht wenige Gedichte von Guggenmos weisen eine Art „lehrhaften" Charakter auf; sie eignen sich zum *Kanonmachen*. Sie formulieren je eine wesentliche Einsicht in eine Naturgesetzlichkeit oder ein Verhaltensprinzip, in einer in sich schlüssigen und geschlossenen Form. Sie nur mit einer einfachen Melodie zu versehen, erscheint ihrer Merk-Würdigkeit gegenüber als zu wenig gewichtig: Erst der Kanon, in dem (in der Regel nicht liedmäßig gefällige) Melodie nicht nur als sie selbst, sondern bereits satztechnisch verarbeitet erscheint, erweist sich als eigenständig genug. Die in sich geschlossene Kunstform paßt sich der Gewichtigkeit und Geschlossenheit solcher (in der Regel kurzen) Merkgedichte an. (Solche im Grund soziale Funktionsstiftung, die der Kanonpraxis der Musischen Erziehung entspricht, sei hier nur vorläufig angemerkt; in der disparaten Geschichte des Kanons findet sie – ausgenommen vielleicht beim späten Haydn – kaum eine Rechtfertigung.)

Kanonmachen ist um einiges problematischer als Liedmachen. Die Erfindung der Melodie geschieht nicht nur in Richtung horizontale Gestaltung, sondern auch in Richtung mehrstimmiger Satz. Dies bedeutet nicht nur eine zusätzliche Berücksichtigung der vertikalen Komponente, sondern es bedeutet eben umgekehrt, daß die Erfordernisse des mehrstimmigen Satzes die Melodiebildung direkt beeinflussen. Am einfachsten verdeutlicht sich dies an den Lagen, die die einzelnen Melodieabschnitte bei einfachen Kanons einnehmen können.

Man analysiere den bekannten Kanon vom schläfrigen „Bruder Jakob"! Zwei Beobachtungen sind zuerst wichtig: Die Melodie beschreibt einen großen Bogen und schließt mit einem Gegenbogen ab; sie hat in sich Festigkeit und Geschlossenheit, wenn auch nicht in dem Sinn einer Liedmelodie. Harmonisch bleibt der Kanon in einem Klang (Tonika): Die metrisch schweren Zeiten formulieren stets den entsprechenden Dreiklang, während als Über- oder Durchgang zwischen ihnen der Klang der Dominante „angeschlagen" ist. Zum Tragen kommt hier ein einfachstes Klangprinzip, das des Glockenläutens; es stellt wohl eine der Quellen des Kanons überhaupt dar. Untersucht man den melodischen Verlauf im Hinblick auf die harmonische Gesetzlichkeit, so ergibt sich, daß die Melodieabschnitte I, II und IV jeweils einen der drei möglichen Zwischenräume zwischen Dreiklangstönen melodisch gestalten: Abschnitt I den zwischen Grundton und Terz, Abschnitt II den zwischen Terz und Quinte, Abschnitt IV den zwischen Quinte und Oktave, um eine Oktave nach unten versetzt und jeweils die Grundtöne der beiden Hauptdreiklänge markierend. Drei der melodischen Abschnitte sind also auch harmonisch bestimmt: Sie halten bestimmte Lagen ein, wobei es für einfache Kanons geradezu charakteristisch sein mag, daß die Abschnitte I und II in parallelen Terzen fortschreiten. Für einen vierten Abschnitt (hier: Abschnitt III) ist keine eigene Lage mehr übrig: Er muß entweder auf einem Ton sich aufhalten, dessen Verdoppelung keine negativen Konsequenzen im Satz hervorruft; oder er muß „vagieren", gleichsam in den anderen Lagen herumstreunen, ohne zu stören, was hier der Fall ist. Und noch eine wichtige Beobachtung: Der Melodiebogen, der sich von Lage zu Lage aufbaut, beginnt mit dem vergleichsweise zaghaften Namensruf und fügt die „weckenden" Fragen verstärkend an; schließlich läuft er im Nachahmen jenes tiefsten Bestandteiles des Glockenklanges aus, der sich beim Hören stets als Ordnungselement durchdrängt. Auch hier also gibt es durchaus eine Adäquanz zwischen Text und Melodie.

Kanonmachen bedeutet also stets, eine (zumindest) doppelseitige Balance zu halten: eine Balance zwischen musikalischer Gesetzlichkeit und Eingehen auf den Text, eine Balance aber auch innerhalb ersterer: zwischen Melodie und Satz, wobei – wie das Beispiel verdeutlichte – auch der Satz (hier: „Glockenklang") einen Bezug zum Text (hier: Glockenthematik) herstellen kann.

Einzufügen ist der Hinweis, daß die meisten der historisch überlieferten und bekannten Kanons sich ganz oder zusätzlich eines anderen kompositorischen Denkens bedienen: des Kontrapunkts. Die einzelnen Abschnitte sind dann nicht (nur) von der Einpassung in eine Klangfolge her erfunden, sondern auch oder primär als Gegenstimmen im Sinne von Thema und Gegenthema, Subjectum und Kontrasubjectum (wie es in der Fugentheorie heißt). Man kann sich das an Mozarts bekanntem „Bona-nox"-Kanon verdeutlichen. Der erste Abschnitt mit seinen am Beginn langen („schweren") Tönen gleicht durchaus einem Fugenbeginn; seine Fortsetzung („bist a rechter Ochs") artikuliert eine Antithesis. Das „Subjectum" mit seinem „gespaltenen Affekt" zeichnet dabei gleichzeitig die Zweiteiligkeit des Textes nach. Der zweite Abschnitt dagegen ist deutlich als relativ freie Gegenstimme (Kontrapunkt) erfunden, die mit kleinen Notenwerten in die Zwischenräume hineinsingt, dabei die metrischen Schwerpunkte mit ihren auftaktigen Bewegungen unterstützt. Die Art, wie diese Gegenstimme erfunden ist, hat dabei durchaus Verbindung mit dem Text, den die Singenden aussprechen. Ähnliches gilt vom angebundenen dritten Abschnitt. Anders dagegen verhält sich der vierte Abschnitt: Bei ihm tritt wieder die regelmäßige Folge der Töne hervor; er schließt sich dem Abschnitt I im sog. einfachen Kontrapunkt an. Gleichzeitig bildet diese Stimme das Harmoniefundament: Die Abschnitte I und IV bilden die Randstimmen eines Generalbaß-Satzes, der aber in seiner harmonischen Folge – und dies ist eine Leistung der Stimmführung, die das Harmoniespektrum über das Maß des für die Oberstimme eigentlich Notwendigen hinaus erweitert – auf den Schluß hin dynamisiert erscheint. (Solche Dynamisierung, gepaart mit disparater Motivik und kadenzieller Vereinheitlichung, gewährleistet hier – nebenbei gesagt – den Charakter nicht mehr barocker Musik.)

Kanons, wie sie uns aus der Geschichte der Musik überliefert sind, stellen in der Regel satztechnisch anspruchsvolle Stücke dar, von denen wir hier nicht ausgehen können. Wir halten uns an einfache Lagenmodelle, in denen wir uns melodisch mittels liedartiger Abschnitte in Bewegung setzen, welche wir wiederum in die Lagen der Dreiklangstöne einhängen. Eigene Versuche sollten zuerst vom „Machen-wie" ausgehen. Mit der Zeit kann man daran gehen, die starre Lagenbezogenheit der Abschnitte aufzugeben zugunsten einer beweglicheren Melodieführung.

Ein Beispiel: Das Gedicht ...

> Wenn ein Auto kommt
> Wie es die Hühner machen,
> das weißt du doch.
> Sie müssen geschwind und unbedingt
> auf die andere Seite noch.
>
> Daß wir wie aufgeregte Hennen
> blindlings über die Straße rennen,
> kann's das bei uns geben? –
> Nie im Leben!

wird – mittels kleiner Eingriffe in den Text: Wiederholungen von Textteilen; Aufgabe der Strophengliederung – zu einem Kanon in vier Abschnitten zusammengefaßt:

[Notenbeispiel: Lied "Wie es die Hühner machen"]

1. Wie es die Hüh-ner ma-chen, das weißt du doch, das weißt du doch.
2. Sie müs-sen ge-schwind und un-be-dingt auf die an-de-re Sei-te noch, auf die an-de-re Sei-te noch
3. Daß wir wie auf-ge-reg-te Hen-nen blind-lings ü-ber die Stra-ße ren-n
4. kann's das bei uns ge-ben? Nie im Le - ben!

Beweglichkeit geschieht hier im Dienste zweier Funktionen. Zum einen: Die Lagenbezogenheit der Abschnitte ist noch deutlich erkennbar. Der erste Abschnitt beginnt mit *c'*, der zweite Abschnitt mit *e'* (nach dem Auftakt), der dritte Abschnitt mit *g'* und der vierte Abschnitt setzt auf *c''* ein. Während aber Abschnitt drei im wesentlichen auf der Quinte verharrt, umfaßt der Ambitus der Abschnitte eins, zwei und vier hier jeweils zwei Lagen; die Melodieräume überschneiden sich; sie eröffnen den Melodieabschnitten aber Quint- resp. Sexträume für ihre Bewegung.

Beweglichkeit heißt aber auch Beweglichkeit innerhalb dieser Räume im Dienste des Eingehens auf den Text. Abschnitt I nützt den Quintambitus, um Frage und (vorläufige) Antwort des Textes als melodische „Aufstellung" und „Beantwortung" liedmäßig hinzustellen. Abschnitt II überterzt diesen Meldieverlauf; und dieses „überhöhte" Parallelgehen trifft hier durchaus die situative Steigerung, die in der nachgereichten eigentlichen Beantwortung der Ausgangsfrage liegt, etwa so: „Wie es die Hühner machen, das weißt du doch ... oder? Na? – Klar! Sie müssen geschwind und unbedingt auf die andere Seite noch." Inhaltliches Anheben des Textes und melodisches Anheben der beiden Abschnitte gehen in gewisser Weise kongruent. Gleichzeitig folgt Abschnitt zwei nicht sklavisch, sondern vergegenwärtigt in der rhythmischen bzw. melodischen Abweichung Bilder des Textes: die Aufgeregtheit der Hühner (erste Hälfte) und ihr lineares Hinüberrennen (zweite Hälfte). Die Erfindung von Abschnitt drei und vier ging vom Schluß aus: von der rhetorischen Frage und ihrer Beantwortung: Je größer der Ambitus, umso gewichtiger wirkt die Bekräftigung, am gewichtigsten mit dem Oktavsprung. Zu dieser vom Text her einsichtigen Schlußzeile dient Abschnitt drei als hinführende Vorbereitung, sowohl textlich – Vorformulierung des Inhalts der zentralen Frage: „kann's das bei uns geben? ... , nämlich, daß wir wie aufgeregte Hennen blindlings über die Straße rennen" – als auch musikalisch durch das Verweilen auf der Quinte *g'*, das die weitere Entfaltung der Gesamtmelodie vorübergehend hemmt, wobei die eingestreuten

Quarten *g'–c''* nicht nur lautmalend die Hennen benennen, sondern als rhythmische Akzente steigende Spannung erzeugen. Das Nicht-Vagieren des dritten Abschnitts stellt hier also eine Verbindung zum Text her.

Die Architektur des Kanons verlangt noch mehr als das Lied deckungsgleiche Teile. Zum Teil müssen diese erst hergestellt werden, z. B. durch Wiederholungen einzelner Zeilen oder Zeilenabschnitte. Solche Wiederholungen sollten sich sinnvoll in den Text einfügen, was sie hier wohl auch tun: Das verdoppelte „das weißt du doch" verbindet sich als Bekräftigung, und die Wiederholung des „auf die andere Seite noch" fügt sich dem Bild der aufgeregten Henne als ein „Hin und Her" an. In Strophe zwei wäre nur die letzte Zeile zu kurz: Das Vermeiden der Wiederholung hier zugunsten einer Verlängerung der einzelnen Silben, vor allem des „Nie", betont das textinhaltliche Versprechen.

Anmerkung: Ein Kanon kann architektonisch einigermaßen richtig sein, d. h. im Melodiebau, in der Abfolge der sich ergebenden Zusammenklänge und im Textbezug Eigengesetzlichkeit und Zusammenhang ausreichend berücksichtigen. Entscheidend ist, ob er auch gut klingt; dies ist leider keine unbedingte Folge einer abstrakten Richtigkeit. Hier hilft am besten: ausprobieren und evtl. korrigieren. Gerade bei solchem Probieren kann sich zeigen, daß der Kanon zwar recht gut anhebt – in unserem Falle empfiehlt sich bei gemischten Stimmen, eine Frauenstimme immer von einer Männerstimme folgen zu lassen –, daß es aber Schwierigkeiten mit dem Schließen gibt. Bei diesem Kanon wäre das (gar nicht untypische) Problem so zu lösen, daß die Stimmen beim zweiten Kanon-Durchgang den dritten Abschnitt so lange wiederholen, bis auch die Stimme ihn gesungen hat, die zuletzt einsetzte; daraufhin wird der Kanon einstimmig mit dem Abschnitt vier abgeschlossen.

Versuche, unregelmäßige Texte zu melodisieren, können manchmal unverhoffte Wendungen nehmen. Das folgende Gedicht …

> Akelei
>
> Eins, zwei, drei,
> Akelei!
> heißt die große Zauberei.
>
> Körnlein fein,
> winzig klein,
> steckte ich ins Beet hinein.
>
> Eins, zwei, drei,
> jetzt im Mai
> blüht die stolze Akelei.
>
> Kommt zum Beet!
> Kommt und seht,
> wie die Blume herrlich steht!
>
> Und kein Mensch auf Erden weiß,
> wie's geschieht,
> daß aus einem Körnlein leis

> eine Blume wächst und blüht,
> schöner fast
> als der herrlichste Palast.
>
> Wie kann's sein?
> Dieses Ding weiß Gott allein.

ist als Lied im herkömmlichen Sinn kaum zu vertonen. Aber auch der Versuch, den Text in offener gesangsartiger Weise zu melodisieren, führt zu keinem rechten Ergebnis, weil gerade die ersten vier Strophen zu regelmäßig und rhythmisch identisch verlaufen. Leichter ist es mit der ersten Strophe allein (Ankündigung der „großen Zauberei") ...

[Notenbeispiel: „Eins, zwei, drei heißt ... A-ke-lei!" mit zwei Varianten („oder: ... heißt ...")]

und den beiden ungleichen letzten Strophen, deren erste sich in ihrer silbenreichen Nachdenklichkeit von selbst leicht melodisch gibt ...

[Notenbeispiel: „Und kein Mensch auf Er-den weiß, wie's ge-schieht ..."]

und deren letzte sich als Schluß „hinterm" Schluß melodisch an den Beginn „vor dem Beginn" (= Ankündigung) anschließen läßt.

[Notenbeispiel: „Wie kann's sein   Die-ses Ding weiß Gott al-lein."]

Die verbleibenden drei Strophen (2 bis 4) sind in sich thematisch geschlossen: Sie beschreiben den Prozeß des Säens, Wachsens und Blühens sowie Bewunderns der Pflanze. Innerhalb der Bemühung um Melodisierung „kommt" (vielleicht) die Idee, diese drei Strophen zu einer Art Kanon zu machen. Tatsächlich eignen sich die Strophen auch deshalb, weil das beschriebene Nacheinander der Erscheinungen mit dem Nacheinander der Stimmen im Kanon, dem Anwachsen des Klangvolumens und dem Emporklettern von Dreiklangslage zu Dreiklangslage zusammengeht.

Die Erfindung geht aber eigentlich von der Vorstellung eines zwei- bis dreistimmigen Ostinatos aus, über den eine vier Ostinato-Figuren zusammenfassende Melodiezeile gelegt ist:

Ein Stück Praxis ... – Singenmachen als Liedmachen

[Notenbeispiele mit vier Zeilen:]

(1) Körn-lein fein, win-zig klein, steck-te ich ins Beet hin-ein.

(2) Körn-lein fein, win-zig klein, steck-te ich ins Beet hin-ein.

(3) Eins, zwei, drei, jetzt im Mai blüht die stol-ze A-ke-lei.

(4) Kommt zum Beet! Kommt und seht, wie die Blu-me herr-lich steht!

Zwei Singweisen sind möglich: Man kann die drei Ostinatozeilen (1) bis (3), wie notiert als dreistimmigen Kanon singen und über diesen zweimal Zeile (4) legen. Man kann aber auch die Zeilen (1) bis (3) in sich wiederholen (+) und auf diese Weise alle vier nun gleichlangen Zeilen als einen vierstimmigen Kanon durchsingen. Problematisch ist der Schluß: Um den Kanon auf einen C-Klang auslaufen zu lassen, wären in den Zeilen (1) und (2) die letzten beiden Töne (↓) folgendermaßen zu ändern und mit einem Ritardando zu verbinden:

[Notenbeispiel: ... herr - lich steht / ... blüht die stol - ze A - ke - lei / rit!]

Einen solchen Gesang wird man kaum für sich singen. Er bedarf der Gruppe, und er zielt auf ein Vorsingen und Vorführen. Zwar ist solches immer auch rein vokal möglich, doch bietet sich hier der Gebrauch von Instrumenten an: Zu erstellen wäre nun so etwas wie eine *kleine Kantate*, was – da wir uns hiermit in die Fragen der Anwendung und Verarbeitung unserer Melodieerfindungen und aus unserem eigentlichen Thema herausbegeben – jetzt nur angedeutet sei.

Der Aufbau stellt sich folgendermaßen dar:

„Eins, zwei, drei ..."	„Vorspruch"
„Körnlein fein ..."	
„Eins, zwei, drei ..."	Kanon
„Kommt zum Beet ..."	
„Und kein Mensch ..."	Zwischengesang
„Wie kann's sein ..."	Nachspruch

Ein Stück Praxis ... – Singenmachen als Liedmachen

Eins, zwei, drei, A-ke-lei, heißt die gro-ße Zau-be-rei. Zau-be-rei.

Körn-lein fein, win-zig klein, steck-te ich ins Beet hin-ein.

Körn-lein fein, win-zig klein, steck-te ich ins Beet hin-ein.

Eins, zwei, drei, jetzt im Mai blüht die stol-ze A-ke-lei.

Kommt zum Beet. Kommt und seht, wie die Blu-me herr-lich steht!

(Einer) Und kein Mensch auf Er-den weiß, wie's ge-schieht,

daß aus ei-nem Körn-lein leis ei-ne Blu-me wächst und blüht,

schö-ner fast als der herr-lich-ste Pa-last.

(Alle) Wie kann's sein, wie kann's sein? Die-ses Ding weiß Gott al-lein.

Für die Randteile zugrundezulegen ist im einfachsten Fall z. B. ein mit Schlagwerk und Streichinstrumenten auszuführendes und auszubauendes akkordisches Ostinato, während der „Zwischengesang" absichtsvoll zurückhaltend begleitet wird.

A (2) Notizen zur Begründung von musikpädagogischer Seite her

Die Melodieerfindungen dokumentieren eine subjektive Möglichkeit, Lied zu machen. Zwar gibt es unterschiedliche Melodieformen; und diese heben sich durch unterschiedliche soziale Kontexte und unterschiedliche Textformen voneinander ab. Betrachtet man die vorgestellten Melodien aber im Überblick, so erweisen sich viele als untereinander ähnlich: Man findet häufig ähnliche oder gleiche Wendungen, die wiederum mit in Aussage und Gestalt untereinander ähnlichen Textpartien korrespondieren. Dies an sich selbst zu beobachten erscheint wichtig. Gerade das Versammeln einer größeren Anzahl von Melodisierungen erweist nicht nur die Wandelbarkeit und doch vielseitige Anwendbarkeit der eigenen Formulierungsmöglichkeiten, sondern auch deren Erschöpflichkeit. Und es erweist andererseits (als Kehrseite der Erschöpflichkeit) die gleichsam mehrdimensionale Konkretisierung des persönlichen melodischen Idioms. Dies herauszuarbeiten war ein Ziel des Arbeitsprozesses.

Andererseits stellen die „Werkstattberichte" Lieder vor, die ich – wenn auch z. T. erst in noch zu erbringender Bearbeitung (Gitarrenbegleitung oder Liedsatz für gleiche Stimmen) – auch für singbar halte; anders wäre der Arbeitsprozeß trotz aller Reflexivität real mißlungen. Gleichwohl wollen sie weder Rezept sein noch eine Art Liederbaukasten. Sie verstehen sich als kritischer Erfahrungsbericht, der Mut machen soll, ähnlich zu verfahren. „Ähnlich verfahren" meint: Einerseits grundsätzlich daran zu gehen, Lieder oder Gesänge für den eigenen Gebrauch (im weitesten Sinn) auch selbst herzustellen; und es meint andererseits, mit den eigenen Vorstellungen und melodischen Vorlieben (im Bezug zu Text- und Melodiegesetzlichkeit und -gehalt) reflektiert umzugehen. Dies ist näher zu erläutern und zu begründen.

(1) Die „Werkstattberichte" sind (u. a.) ein Reflex der Probleme mit der eigenen Rolle als Lehrender von zukünftigen Lehrern. In dieser Tätigkeit kann es nicht darum gehen, den Studierenden die Probleme ihrer zukünftigen Praxis vorauszulösen, z. B. in Form einer Liedersammlung und einer „anwendbaren" Methodik des Liedmachens mit Kindern. Zwar scheint eine Information über Praxis auf dem Wege einer modellhaften Aufarbeitung möglich; doch setzt die Rezeption solcher Modelle (als sie und nicht als Rezepte!) die eigene produktive und didaktische Erfahrung voraus. Auch ein Zurückziehen auf eine objektive Lehre z. B. auf historischer Basis resp. mit einem systematischen Querschnitt durch Möglichkeiten heute oder überhaupt, Melodien zu machen, wird der dem Lehrenden gestellten Aufgabe allein nicht gerecht. Eine Lehre kann nur als Objektivierung

und Vertiefung, also als zusätzliche Dimension eigener künstlerischer Erfahrung nützlich sein; aber sie kann jener kaum vorangehen und nicht sie ersetzen. Deshalb und stattdessen wird hier beim Versuch, den zukünftigen (Musik-)Lehrer so zu qualifizieren, daß er die Probleme seiner zukünftigen Praxis selbst lösen kann, der Schritt in die „personale" Dimension angegangen: Das Machen von Lied soll auch als ein persönliches Problem vorgezeigt werden; und d. h.: Es soll als ein Prozeß der Auseinandersetzung mit einer Sache und mit sich selbst zu einem neuen „Stand" hin anschaulich gemacht werden.

(2) Einer der wesentlichen Ausgangspunkte für mich war das Problem des eigenen Singens. Wie viele und wie viele Studierende bin auch ich relativ sprachlos und singlos geworden. Dahinter steht – neben eigenen lebensgeschichtlichen Erfahrungen – ganz allgemein eine Skepsis gegenüber dem Vielen, was heute gesagt und gesungen wird; eine Skepsis auch gegenüber den Möglichkeiten des Verstehens. Konkret stellte sich für mich das Problem des Singens – und so wird es vielen Lehrern wohl in abgewandelter Weise ebenfalls begegnen – mit meinen Kindern. Ich dachte, ich könnte es mit ihnen wieder lernen. Aber so einfach ging es nicht. Doch machte ich die Erfahrung, daß ich einige der Lieder mit ihnen singen konnte, die sie selbst (gleichsam als die ihren) z. B. aus Kindergarten oder Schule mitbrachten, und da vor allem jene, die einen fraglosen (weil sehr persönlichen) Wert für mich darstellten. Dabei handelte es sich um solche Lieder, die, als ich sie als Kind lernte, meine musikalischen, aber mehr noch textbildlichen Vorstellungsfähigkeiten mitgeprägt haben.

Was aber nach wie vor Schwierigkeiten bereitet, ist, Lieder aus einem Liederbuch zu nehmen und sie, als seien sie „mein", zur Bildung meiner Kinder zu gebrauchen, sie „pädagogisch" zu vermitteln. Da sperrt sich etwas; es gibt keinen rechten Sinn. Ein solches Singen scheint künstlich, leer und überflüssig. In dieser Situation kam es mir naheliegender vor, selbst ‚etwas' zu machen und dies zu vermitteln. Die Skrupel, damit gleichzeitig Qualitätsmängel zu vermitteln, sind eigentlich unbegründet: Zum einen gibt es gerade unter den neuen Kinderliedern immer auch eine Menge schlechterer Lieder als die eigenen. Zum anderen sind der Gefahr, letztlich nur mehr oder weniger erinnerte Melodien zu vermitteln, auch positive Momente abzugewinnen: Es ist ehrlicher und damit wahrscheinlich, letztlich pädagogisch effektiver, eine selbstkonkretisierte und in dem Moment auch selbstempfundene Melodievorstellung zu vermitteln, als etwas Fremdes, das mich (und damit andere) letztlich nicht berührt. Singen, um andere singen zu machen, setzt voraus, daß man selbst (= aus sich) singt.

Im Singen tritt hier die Problematik eines Musikunterrichts zutage, der sich noch oder wieder mehr als ein künstlerisches Fach versteht: das eigentlich entfremdete Verhältnis des künstlerisch Vermittelnden zu einem künstlerischen Produkt (das nicht „sein" ist) zum Zwecke seiner Vermittlung an einen anderen mit dem Ziel, über das Produkt hinaus auf dessen künstlerisches (und d. h. nicht-entfremdetes) musikalisches Tätigsein hinzuwirken. Begreift man Singen tatsächlich als eine der unmittelbarsten Weisen der Selbstartikulation, wie es gerade in didaktischen Argumentationen immer betont wird, und begreift man es weiterhin dann als zentrales Ziel, jemanden „singen zu machen", so muß letzteres zweierlei bedeuten: Es muß darum gehen, jemanden in die Lage zu versetzen, sich selbst (musikalisch) zu artikulieren; und es muß darum gehen, daß dieser „Jemand" seine Selbst-Artikulation via Singen in ein entsprechendes Lebenskonzept integriert. In beiden Fällen scheint mir das Selbermachen von Lied ein unausweichlicher, aber auch aussichtsreicher Weg zu sein, von dem wir oben einen über den „alltäglicheren" Vorgang der Text-Rezeption führenden Ausschnitt exemplarisch vorgestellt haben. Denn künstlerische Vermittlung setzt eine Pädagogik der Wahrhaftigkeit voraus: Sie verlangt vom Vermittelnden ein direktes (= ungebrochenes?) Verhältnis zum Gegenstand; ein solches Verhältnis ist beim „eigenen" Lied naheliegender.

Das Plädoyer für ein Selbermachen – hier aus der Sicht der Lehrerausbildung – richtet sich nicht grundsätzlich gegen Singen als Reproduktion tradierter und vorhandener Lieder. Gerade Kinder sind aufnahmebereit und darauf angewiesen, auch Vorstellungen anderer kennenzulernen und zu übernehmen. Trotzdem: Jemanden „singen machen" (vor allem im Tertiärbereich) sollte heißen, ihn „erfinden-können" zu machen, und dies sollte heißen: mit dem eigenen, auch durch Vorstellungen anderer geprägten Bewußtsein „originell" umgehen zu lernen.

(3) Auszugehen ist von der auf Allgemeinerfahrung beruhenden These, daß eine produktive Kompetenz im Umgang mit Lied eine positive Disposition für die Rezeption und Selbstaneignung vorhandener Lieder schafft, eine solche scheint überaus notwendig.

Auch Fachstudenten haben heute Schwierigkeiten im Umgang mit Lied. Sie besitzen kaum Liedkenntnis bzw. überhaupt keine außerschulische Liederfahrung. Es ist ihnen oft unmöglich, ein Gedicht nachzuempfinden, die rhythmisierte Sprache in ihrer Gesetzmäßigkeit mitzuvollziehen sowie Einblick in einfache Gesetze von Liedmelodik und ihrer Metrik zu gewinnen. Zu beobachten ist – kurz gesagt – ein auf Lied gerichtetes Defizit in der Allgemeinbildung.

Daraus ergibt sich ein grundsätzliches Problem für das Ansatzdenken: Konzeptionelles Denken geht heute von einer Pluralität möglicher unterrichtlicher Aktivitäten aus. Aus dieser ist „Konzeption" zu bilden und unter Anlegung der schulischen etc. Bedingungen je neu zu konkretisieren. Ein solches Vorgehen setzt voraus, daß der Lehrer – einfach gesamt – eine Menge Dinge im Prinzip kann, die er nicht um ihrer selbst willen einsetzt, die aber als Möglichkeiten in ihm ruhen, um bei Bedarf und d. h. zur Bewältigung einer „sich" situativ stellenden Aufgabe (re-)aktiviert zu werden. Eine solche Möglichkeit ist Singen: Es hochschuldidaktisch zu vermitteln, bedeutet keinesfalls (was Studierende heute immer noch mißverstehen), dem zukünftigen Lehrer eine entsprechende Lehre als allein notwendige vorzuschreiben. Vielmehr wird hiermit ein Teil jener Qualifikation angelegt, aus der heraus der Lehrer die Bestandteile seiner Praxis bestimmt. Gegenüber Maßnahmen, wie Liederbücher zu analysieren oder einige

Dutzend Lieder zu lernen, leistet die Einführung ins produktive Machen mehr und gerade im Hinblick auf eine grundlegende Kompetenz Weiterreichendes: Sie schafft einen nicht-nachholenden, neuen Zugang zu Lied über die eigene Erfahrung.

Solcher Weg „bereinigt" auf produktive Weise ein zeitgemäßes (und vielleicht auch persönliches) Problem heutiger Lehrerausbildung und Ausbilder. Konzeptionelles Denken ist uns auch historisch vermittelt: Es ist uns noch Ergebnis kritischer Auseinandersetzung mit dem konzeptionell Vorhergehenden. Dabei wird heute bewußt, wie wenig letzteres, das uns einst prägte, im Neuansatz aufgehoben erscheint. Wir schleppen unsere Geschichte mit uns, die persönlich unaufgearbeitete „Professionalisierung" unseres didaktischen und hochschuldidaktischen Denkens der letzten 20 Jahre. Ein kritischer Umgang mit didaktischem Denken erfordert heute, die allzu schnelle und radikale Kritik vom Ende der 60-er Jahre wiederaufzunehmen, um das damals allzu schnell über Bord Geworfene einer weiterführenden Kritik zuzuführen. Solche „Kritik" ist hiermit gemeint: Die „Werkstattberichte" sind auch ein Versuch, die Entfremdung von sich und d. h. von dem, was man als Produkt der eigenen musischen (und musikwissenschaftlichen) Sozialisation ist, durch das, was man aufgrund langjähriger erziehungswissenschaftlicher Diskussion und hochschuldidaktischer Bemühung musikpädagogisch denkt, in einer Art produktiver Wendung ein Stückchen weit aufzuheben.

(4) Ist Umgang mit Lied überhaupt anstrebenswert? Es gab eine Zeit in der Geschichte der Musikerziehung, in der Musikunterricht und Umgang mit Lied nahezu identisch waren. Die Ablösung solcher einseitigen Bindung geschah im Rahmen der Curriculumreform, vor allem aus der situationsbezogenen Überlegung, daß musikbezogene Lebenssituation heute vor allem und in ungeahntem Ausmaß Hörsituation sei. Hand in Hand damit ging eine Kritik am sog. Liedgut und Liederbuch, an der durch Inhalt, Ordnung und Zuordnung von Liedern transportierten Ideologie sowie eine Kritik an der bewußt-losen Art und gemeinschaftsbildenden (= entindividualisierenden) Zielrichtung des Singens.

Solche Kritik ging schnell über das ihr adäquate Ziel der Verbesserung der „Sache" hinaus; es wurde ihr leicht, die „Sache" selbst im ganzen zu stürzen, Lied und Singen aus der Musikerziehung zu verdrängen. Mit Lied war dies kein Problem; nur mit dem Singen wollte es nicht so richtig gehen. Der Grund, warum dies alles in allem aber so selbstverständlich vor sich ging, lag sicher an den inneren Widersprüchen der Lied- und Sing-Didaktik selbst. Diese Widersprüche lassen sich fokusartig auf den Punkt der Qualifikation des Lehrers zusammenführen. Lied und Singen wurden in der Mehrzahl von Lehrern unterrichtet, deren Kompetenz den Zielen solchen Unterrichts – u. a. ein Volk vermeintlich „wieder" herzustellen, das sich sein Lied „wieder" selber macht – nicht adäquat war. Das Defizit bezog sich zum einen auf Begriff und Sache des Singens in bezug zur Objektivation Lied und in bezug zu einem je personalen Kontext. Zum anderen bezog sich dieses Defizit auf eine künstlerische und wissenschaftliche

Kompetenz im Hinblick auf Text und Melodie, kurz gesagt auf ein Bewußtsein von Lied. Das Fehlen solcher Kompetenz, das jene schiefe Praxis schuf, die zu kritisieren und zu beseitigen Ende der 60-er Jahre nicht schwer fiel – jene Praxis mit der ungeheuren Differenz zwischen dem hohen gesellschaftsverändernden Anspruch und der auf plumpes Nachahmen und Reproduzieren sich stützenden Konkretion – das Fehlen solcher Kompetenz also wurde nirgends deutlicher als im oft beschriebenen blinden Umgang mit dem sog. Orff-Schulwerk.

Das immer mehr zur Welt- und Umweltkunde tendierende Ansatzdenken im Fach Musik bedarf der Alternative, die die Option des Faches Musik, ein künstlerisches Fach zu sein, aufrecht erhält, die also den Widerspruch artikuliert, den eine Musikerziehung als eine „Kunst"-Erziehung gegen die Tendenzen naiver Affirmation in der Kultur erheben muß. Es ist keine Frage, daß gerade musikalisches Produzieren die wesentliche Alternative darstellt, da sie die Rollenfixierung des musikalischen Konsumenten allein wirklich in Frage stellen und unterlaufen kann. Mit der radikalen Aufgabe von Lied und Singen aber begab sich der Musikunterricht in eines jener Aktivitätsfelder, auf dem die Alternative eines Selbst-Machens heute nicht nur möglich, sondern auch aussichtsreich zu sein scheint. Denn produktionsorientierte Arbeit in der Schule muß – will sie sich nicht in Utopie verlieren – selbst auf einen möglichen gesellschaftlichen Ort hin ausgerichtet sein. Liedmachen hat einen akzeptierten sozialen Hintergrund im sog. „Liedermachen"; es zu lernen kann von Schülern prinzipiell als für sie sinnvoll eingesehen werden.

(5) Warum dann nicht gleich lernen, ein Lied zu machen, wie Hannes Wader oder andere es machen (vorausgesetzt, man könnte es)? Wäre dies hochschuldidaktisch sinnvoll? Nach dem oben zur Qualifikation Gesagten aus zweierlei Gründen nur bedingt!

Zum einen erscheint es sinnvoll, sich zuerst gerade durch das eigene Bemühen hindurch Gesetze von Melodiebildung allgemein zu vergegenwärtigen. Wenn wir von Gesetzen sprechen, so meinen wir Prinzipien, die das uns vom Hören und eigenen Singen Geläufige repräsentieren. „Gesetze" sind sie z. T. sicher nur insoweit, als wir das durch sie Garantierte auch wirklich zuwege bringen wollen. Selbstverständlich kann man ihnen entgegenhandeln, wenn man prinzipiell andere musikalische Bildungen anstrebt. Doch sollte man so mit klarem Bewußtsein verfahren, was voraussetzt, auch das zu kennen, was man umgeht. Dies führt zum zweiten, gewichtigeren, personalen Grund. Denn Liedmachen im Sinne einer Selbst-Artikulation und als ein (im weitesten Sinn) künstlerisches Handeln lernt man nur über das Abarbeiten der eigenen melodischen Obsession. Mit dieser ist zuerst einmal umzugehen. Erst wenn uns klar ist, was wir warum schreiben, können wir darangehen, dies zu verändern, z. B. auch dadurch, daß wir uns andere Melodiemodelle suchen, an denen wir unser Arbeiten kritisch verbessern können.

Dabei ist nochmals auf die Möglichkeit, eigene Produkte auch kritisch wieder zu verwerfen, besonders hinzuweisen. Denn sie setzt den hier gebrauchten Begriff des „Liedmachens" vom Begriff der Lied-Improvisation im Sinne eines musikalischen Spielens ab. Tatsächlich liegt (für unsere quicken Didaktiker) der Gedanke nahe, Liederfinden als ein Spielen mit (verinnerlichten) melodischen Vorstellungen zu definieren und demgemäß als ein Spielen mit Formeln zu organisieren. Die Vorstellung von Lied als Form und als Idiom musikalischen Bildens übernähme die Funktion der entlastenden Regel im Spiel; die Gestaltung konzentrierte sich auf die textbezogene Konkretion der Vorstellung, die aber selbst der Reflexion notwendigerweise entzogen bliebe. Der hier gebrauchte Begriff des „Liedmachens" dagegen beinhaltet neben dem reflexiven Moment immer auch die Schriftform – was ihn vom Improvisieren abhebt –, die das eigene Produkt der kritischen Reflexion verfügbar macht.

Zur Frage, was denn an melodiebezogener musikalischer Gesetzlichkeit sich mit den oben beschriebenen Melodisierungen real kundtut, wäre zuerst auf die einen erfahrbaren melodischen Bewegungsraum definierende Rolle von Tönen im Oktavverhältnis (Oktavverwandtschaft) im Zusammenspiel mit einer festen Grundtonbezogenheit zu verweisen. Dann auf das melodisch vielfach sich niederschlagende Phänomen „Tonleiter", verstanden hier vor allem als Fixierung eines Tongeschlechts durch charakteristische Intervallfolge, unterschiedliche Bedeutungsgewichte der Töne und daraus resultierende Beziehungen zwischen ihnen. Sieht man die Melodisierungen daraufhin durch, so bevorzugen sie ein Spiel mit horizontalen, eher „objektiven" Bedeutungsgewichten, gruppiert um die Stufen I und V als melodische Gegenüber (vgl. „Ein Brief"), während ein Melodie „vertiefendes" Spannungsverhältnis zu harmonischen und (wohl nicht nur für mich) mehr subjektiv erlebnishaften Bedeutungsgewichten, die aus der mit Quintverwandtschaften korrespondierenden Tetrachordteilung (IV – I – V) resultiert, selten zur Gestaltung beiträgt (vgl. „Gelb und schön"). Hier, und d. h. konkret in der Frage nach möglichen Funktionen der IV. Stufe in der Melodiebildung, wäre kritisch anzusetzen, um im oben angedeuteten Sinn am eigenen melodischen Idiom weiterzuarbeiten. Solche Einsicht macht nun aber auch umgekehrt deutlich, daß das Ab- und Be-Arbeiten der eigenen melodischen Vorstellungen möglicherweise eine wirkungsvollere, weil erfahrungsbezogenere Einführung in das leistet, was wir Studierenden als „Elementare Musiktheorie" sehr mühsam und abstrakt beizubringen versuchen; wirkungsvoller schließlich auch deshalb, weil die Berufsfeldbezogenheit des Vermittelten quasi von selbst sich einsichtig macht.

Für das o. a. Abarbeiten der eigenen melodischen Obsession sollten die „Werkstattberichte" ein Beispiel sein. Sie stellen eine Art „befreiendes" Verfahren im Tertiär-Bereich praktisch vor. Sie wollen aufmerksam machen: Liedmachen-Lernen wird weder naiv über einen Lehrgang im Melodiemachen angegangen, noch per distanziertem Rückzug auf eine wissenschaftlich-reflexive Aufarbeitung von Melodie (anderer). *Am Beginn steht stattdessen ein Akt selbstreflexiven Lernens, bei dem es darum geht, auch immer sich selbst und das, was man tut, erklärend zu beobachten.* Es ist keine Frage, daß solches Lernen „dann" auch mit

Phasen/Exkursen vergleichsweise wissenschaftlicher Aufarbeitung gekoppelt werden sollte. Keine Frage ist es nun aber auch, daß solches Abarbeiten mit ganz anderen melodischen Vorstellungen (an anderen Texten) vor sich gehen kann, vorausgesetzt, es sind die „eigenen".

Aufzufordern, dies zu beginnen, das ist der Zweck der „Werkstattberichte".

(6) Bleibt zu fragen: Welche Texte nehmen und warum Gedichte von Josef Guggenmos?

Die Antwort: Weil ich sie gut finde und weil ich sie (deshalb) meinen Kindern schenke. Diese Erklärung klingt lapidar, hat aber Hintersinn. Die Texte sprechen mich an; sie artikulieren Geschehenes, Erfahrung und Denken in einer Weise, mit der ich mich bewundernd identifizieren kann. Mit ihnen sagt „sich" etwas, mit ihnen entdeckt sich mir durch den Dichter etwas als ein (mir und meinem Nächsten) Mitteilenswertes. Solche Aufdeckung ist aber ursächlich mit der Vorbildlichkeit der sprachlichen Gebilde verbunden: Die Rezeption richtet sich nicht nur auf die Aussage, sie erfaßt eben auch wesentlich das Zusammenstimmen von Idee, Aussage und beherrschter Sprache. Das Wahrnehmen solcher Stimmigkeit aber ist – für mich – eine wesentliche Komponente des Verstehens; sie und es gebären Bewunderung – und Mitteilungsbedürfnis. Die künstlerische Rezeption, die Umsetzung in Lied also ist Frucht des verstehenden Staunens und Weise bzw. Vehikel des daraus resultierenden Mitteilens.

Deshalb erscheint es – und das wurde oben bereits angedeutet – im Sinne dieser Konzeption nicht statthaft, Kindern, Schülern, Studenten Gedichte vorzusetzen und zu sagen: Nun macht mal eine Melodie dazu! Es erscheint auch kaum möglich, marktgängige Anthologien von Kindergedichten oder auch schulbezogene Sammlungen heranzuziehen, in denen die künstlerischen Maßstäbe allzu schnell didaktischen oder ökonomischen Erwägungen geopfert werden. Die künstlerische Qualität von Texten sowie die nur individuell sich eröffnende Möglichkeit des Sich-Einbringens bzw. Eindeutens sind unabdingbare Voraussetzungen für deren „produktive" Rezeption.

Quellen:

Josef Guggenmos, Was denkt die Maus am Donnerstag?. 123 Gedichte für Kinder ... , München ^{12}1981 (dtv)

Ders., Ich bin geboren mit langen Ohren. Erste Schritte in die Natur, München 1981 (dtv)

Ders., Mutzebutz. Gedichte für Kinder zum Vorlesen, Spielen, Melodien erfinden und Auswendiglernen, Recklinghausen 1977 (Georg Bitter Verlag)

Die Rechte an den Gedichten liegen beim Georg Bitter Verlag (Recklinghausen), mit Ausnahme von „Die Stare sind da!", „Gelb und schön", „Akelei" und „Was der Kuckuck noch nie gesehen hat" (Rechte bei Josef Guggenmos). Die Melodien sind Eigentum des Autors, D. S. Der Band „Was denkt die Maus am Donnerstag" ist 1985 als 10. Eigenauflage beim Georg Bitter Verlag erschienen. Das Gedicht „Wenn ein Auto kommt" ist in der Fassung verwendet, die sich in *Bilder und Gedichte für Kinder* (Braunschweig 1976, S. 6) findet.

... und ein Stück Theorie

Zu einigen Problemen hochschulischen künstlerischen Lernens

Ein Nachwort

Musikpädagogik ist nicht nur Fach an der Hochschule; sie ereignet sich dort auch.[1] Und mit dem, was sich da als Musikpädagogik abspielt, wird musikunterrichtliche Wirklichkeit in und außerhalb von Schule (und damit ein inhaltliches Moment eines Schulfaches Musik) oft wesentlich mitbestimmt. Deshalb erscheint es legitim, über musikbezogenes Lernen nachzudenken, das an der Hochschule selbst sich ereignet, über Lernprozesse innerhalb der Ausbildung von Musikpädagogen an sog. Wissenschaftlichen Hochschulen.

„Der ›geborene Erzieher‹" – stellt Werner Lauff fest[2] – „ist seit der Professionalisierungsdebatte so gut wie tot. Nun haben wir die ›professionellen Erzieher‹. Jeder kann Erziehung lernen, jeder kann Erzieher werden. Man muß nur das moderne Wissen studiert, die gängigen Verhaltensweisen trainiert, die richtigen Techniken probiert und seinen Lernerfolg attestiert haben. Erzieher von heute werden von außen präpariert. Was innen passiert, bleibt Privatsache. Ein solches Ausbildungsschema tut so, als könne man Erziehung objektiv richtig machen. Sollte es aber zutreffen, daß jeder Erzieher letztlich immer nur subjektiv richtig erziehen kann, so gewinnt die Erziehung der Erzieher als Subjekte eine zentrale objektive Bedeutung. Ziel pädagogischer Ausbildung hätte dann der ›erzogene Erzieher‹ zu sein."

Das Zitat dient hier als Motto, weil es aktuelle Probleme widerspiegelt, dadurch daß es selbst problematisch ist: sein Gebrauch des Begriffes „Erzieher" und das Gegeneinander von „Subjektivität" und „Professionalisierung" signalisieren eine möglicherweise unpraktikable Einseitigkeit.

Und wie sieht es in der musikpädagogischen Ausbildung aus? Da fällt zum einen das Zurückschlagen des Pendels hängengebliebener Professionalisierungsversuche auf, hin zu einer restaurativen Konsolidierung des Studienganges, in wel-

---

[1] Rahmen sowie die Abschnitte 1, 2 und 4 sind Teil eines Textes, der zur Kölner Tagung „Musikpädagogik als Hochschulfach" (1981) der Bundesfachgruppe Musikpädagogik vorbereitet worden war, aus persönlichen Gründen damals aber zurückgezogen werden mußte; Punkt 3 ist 1984 eingefügt.
[2] Vgl. W. Lauff, „Erziehung der Erzieher". Eine fortwährende Aufgabe, in: W. Lauff/H. G. Homfeldt (Hrsg.), Pädagogische Lehre und Selbsterfahrung. Erziehung der Erzieher mit pädagogischen Medien, Weinheim 1981, S. 25.

chem eher isoliert künstlerische und vorwissenschaftliche Studieninhalte maßgebend werden. Dafür mag es aktuelle Gründe und Zwänge geben. Die sich wieder in alte Rechte einsetzende „blinde" reproduktive Musikpraxis sowie die sich eigentlich erst sei den späten 70-er Jahren festsetzende Vermittlung eines Wissens von und über Musik und Musiklernen als von Problematisierung gereinigte „Kunde" verstärken gerade jenen vielkritisierten Objektivierungseffekt der Professionalisierungsversuche, nun in einer platten reflexionslosen Weise. Und da fällt zum anderen die zunehmende Weigerung der Studierenden auf, sich einer subjektiven Betroffenheit durch Studium und vor allem durch dessen Gegenstand Musik[1] noch auszusetzen. Das (nicht zufällige) Zusammenspiel beider Tendenzen ist es, was Sorge bereitet.[*] Der Rückzug der Studierenden von der Mitverantwortung dafür, was sie sind und werden, in einer Phase, in der Hochschule mangels weiterreichender Perspektive Studienorganisation tendenziell als Organisation sog. Sachzwänge betreibt, könnte die Lehrergeneration schaffen, die ein Fach Musik endgültig nur noch als einen Unterricht in musikalischer Sachkunde begreift.

Das Problem, um das es geht, besteht nicht nur darin, weiter und immer wieder Wege zu einer Professionalisierung[2] des Musiklehrers zu suchen. Das Problem besteht eben auch und gerade darin, den damit scheinbar notwendigerweise einhergehenden Verlust an Subjektivität abzufangen. Eine mögliche Perspektive erscheint dann im Begriff der „Professionalisierung" selbst angelegt, wenn man diesen nicht einseitig auf eine sachliche und instrumentelle Kompetenz eingeengt versteht; hierzu will ich in vier Punkten Anmerkungen machen. Dabei greife ich die glücklicherweise immer noch wache Option unseres Faches darauf, ein künstlerisches Fach zu sein, auf und stelle sie in einem ersten Punkt in den Vordergrund. Ein zweiter Punkt zieht daraus mögliche Folgerungen zur entsprechenden Qualifikationsstruktur des Musiklehrers. Während ein dritter Punkt die Frage nach einem zusätzlichen praxisbezogenen Paradigma hochschulischer Ausbildung stellt, versucht ein vierter Punkt schließlich auf Probleme der auf eine entsprechende Qualifizierung gerichteten hochschulischen Lernprozesse aufmerksam zu machen.

---

[1] Mit „Musik" gemeint ist hier in der Regel jene ernste Musik, an der teilzuhaben im 20. Jahrhundert die Legitimationsgrundlage für einen schulischen Musikunterricht bildet.
[*] Hat daran die Verwissenschaftlichung der Studienkompartimente innerhalb der Lehrerausbildung prinzipiell etwas verändert? Wohl kaum. Studieren gestaltet sich als weitgehend rezeptive Teilhabe am problemorientierten Denken und Forschen der Ausbilder, die selbst auf jene speziellen Gebiete bezogen sind, die sie im Namen ihrer wissenschaftlichen Selbstgeltung betreiben. Die Kunde ist ersetzt durch das aktuelle Forschungsergebnis; doch bleibt die Integration in einen eigenen (zukünftigen) Handlungszusammenhang ein noch schwieriger zu leistendes Problem, für das es im Studium keine Instanz gibt.
[2] Der Begriff der Professionalisierung beinhaltet zwar das Moment musikalisch-fachlicher Spezialisierung, ist aber vor allem an der Aufgabe von Musik-„Erziehung" in einem emanzipatorischen Sinn orientiert; vgl. hierzu: Richard Münchmeier/Hans Thiersch, *Die verhinderte Professionalisierung. Zwischenbericht zu Ausbildungsproblemen im erziehungswissenschaftlichen Hauptfachstudium*, in: H.-D. Haller und D. Lenzen, *Lehrjahre in der Bildungsreform. Resignation oder Rekonstruktion?* (= Jahrbuch für Erziehungs-wissenschaft 1976); Stuttgart 1976, S. 241 f.

... und ein Stück Theorie - Nachwort

1

Für eine Musikausbildung als Berufsausbildung gilt, daß sie sich in Ziel, Inhalt, Struktur und Organisation nach den Erfordernissen des Berufsfeldes zu richten hat. Erfordernisse des Berufsfeldes sind nicht nur aus dem jeweiligen Status quo derzeitiger Praxis abzuleiten, sondern auch und gerade aus jenen Entwürfen, die dazu dienen sollen, diese Praxis zu einem Anderen (Besseren) hin zu verändern. Als einen solchen Entwurf im weitesten Sinn kann man eine handlungsorientierte Konzeption des Musikunterrichts betrachten, wie sie seit der Formulierung durch Wilfried Ribke 1975 zum festen Bestand gehört.[1] Unter einer entsprechenden Konzeption (musikalischer Vermittlung) verstehe ich (im Gegensatz zur im Fach üblichen vorwiegend instrumentellen Adaption der Handlungstheorie[2]) eine Konzeption, die auf musikalische Tätigkeit im Sinne durchaus eines künstlerischen Tätigseins der Betroffenen gerichtet ist, und zwar auf ein vielgestaltiges Tätigsein innerhalb eines vor allem durch Musikhören und Musikerfinden abgesteckten Spielraumes. Und ich verstehe darunter eine Konzeption, der es über die Vermittlung einer Fähigkeit zu solchem Tätigsein unmittelbar gleichzeitig um die Vermittlung eines Konzeptes geht, um den Aufbau eines prinzipiellen Wissens vom Sinn entsprechenden Tätigseins im Lebenszusammenhang des Betroffenen und damit auch im gesellschaftlichen Zusammenhang.[3]

Tätigsein und Konzept bedingen sich gegenseitig: Während einerseits erst ein Sinnhorizont Tätigsein objektiv und subjektiv ermöglicht, da erst der Sinnbezug eine Tätigkeit sich aktualisieren läßt und in der Regel erst das Bewußtsein vom möglichen Sinnbezug jemanden tätigzuwerden wollen läßt, ist andererseits das, was wir Lebenszusammenhang nennen, im für den Betroffenen entscheidenden Maße (idealiter) Ergebnis eigenen Tätigseins.[4]

Grundsätzlich gilt wohl: Wer einem Schüler künstlerische Kompetenz vermittelt, der muß ihm gleichzeitig ein „Bild" von sich als musikalisch-künstlerisch Tätigen in dieser (seiner) Gesellschaft als tendenziell realisierbar vermitteln; und dies wiederum setzt voraus, daß ersterer nicht nur ein solches Bild nur theoretisch besitzt, sondern daß er es „vorzeigen" kann, idealiter: daß er es praktisch lebt.

---

[1] Vgl. Hermann Rauhe/Hans-Peter Reinecke/Wilfried Ribke, *Hören und Verstehen. Theorie und Praxis handlungsorientierten Musikunterrichts*, München 1975, S. 169-195.
[2] Vgl. ebenda, S. 196 ff.; sowie: Hermann Rauhe, *Wissenschaftstheoretische und hochschuldidaktische Grundfragen zur Musiklehrer-Ausbildung. Praxisbezogene Analysen und handlungsorientierte Perspektiven integrierter musikpädagogischer Studiengänge*, = Fachdidaktische Studien 18, München 1978.
[3] Vgl. Gisela Harras, *Handlungen begründen. Zur Entwicklung eines allgemeinen Handlungskonzeptes im Hinblick auf Begründungsmöglichkeiten von Handlungen*, in: Klaus Baumgärtner (Hrsg.), *Sprachliches Handeln* (= medium Literatur 7), Heidelberg 1977, S. 28-46.
[4] Vgl. Wolfgang Martin Stroh, *Künstlerische, und gesellschaftspolitische Bedingungen musikpädagogischen Handelns*, Zeitschrift für Musikpädagogik, Sonderheft Juli 1977, S. 7-14.

2

Eine für die Vermittlung einer entsprechenden Fähigkeit zum musikalisch-künstlerischen Tätigsein notwendige Qualifikation, die ich (abgekürzt) musikpädagogische Handlungsfähigkeit nennen will, besteht im wesentlichen aus der Fähigkeit, je situationsbezogen und selbständig mittels Erkenntnis didaktische (= handlungsleitende) Konsequenzen aus einem Bewußtsein von dem zu Vermittelnden zu ziehen, und dies stets unter Anlegung der Bedingungen der Betroffenen. Eine solche Qualifikation kann Hochschule – und gemeint ist hier vor allem musikalisches Fachstudium – nicht in allem und gleichsam endgültig aufbauen; sie kann und muß aber zumindest deren Entwicklungsvoraussetzungen erstellen.

Zum einen muß sie zum Beherrschen jenes vielgestaltigen künstlerischen Tätigseins führen, das es zu vermitteln gilt, zu einem Beherrschen in ernsthafter, möglichst vollendeter Weise. Der Musiklehrer hat selbst gleichsam „beruflicher" Musikhörer und/oder Musikmacher zu werden.[1] Dazu gehört, daß Hochschule im Ansatz den auf solches Tätigsein abgesteckten Raum gesellschaftlicher Praxis erschließt.

Die Fähigkeit zum künstlerischen Tätigsein allein aber „macht" nicht den Musiklehrer. Da künstlerisches Tätigsein, wie wohl jedes die eigene Identität betreffende Tätigsein, nicht nur und als solches nach Regeln und Schemata aufbaubar ist, die eine „deterministische" Theorie bereitstellte, erscheint es ebenso unmöglich, den Musiklehrer für sein Handeln dadurch zu qualifizieren, daß man ihm zusätzlich zu seiner musikalischen Kompetenz ein Wissen über Musiklernen vermittelte.[2] Das, was den künstlerisch Tätigen „andererseits" zum Lehrer „macht", was ihm die Fähigkeit vermittelt, musikalisch-künstlerische Lernprozesse zu initiieren und zu moderieren, ist – unter anderem, aber wohl zentral – die Fähigkeit des reflexiven Rückgriffs auf die eigene künstlerische Erfahrung. Solcher Rückgriff bedarf des Aufschließens durch (musikpädagogische) Theorie, die die eigene Erfahrung dem pädagogischen Bewußtsein verfügbar macht, durch eine Theorie vom künstlerisch Tätigen und vom künstlerischen Tätigsein i. S. einer musikbezogenen Anthropologie, ergänzt durch eine Theorie vom Lernen und vom Musiklernen. Eine solche Theorie ist notwendigerweise eine (auf Musik gewandte = angewandte) human- und sozialwissenschaftliche Theorie, und sie tritt ebenso notwendigerweise im Studienzusammenhang(!) als selbstreflexive auf.

So zustandegekommene musikpädagogische Handlungsfähigkeit ist ihrem Wesen nach „eine spezifische Form von erkennender Praxis und praktischer Erkenntnis [...], in der die Dialektik von Subjekt und Objekt Kern und Konstituens des Erkenntnisprozesses ist".[3] Johann Anton Schülein, von dem die vorgetragene

---

[1] Im Zusammenhang eines musikpädagogischen Qualifizierens wäre darunter zu verstehen, daß der zukünftige Musiklehrer etwas, was seine Identität (als Mensch) ausmacht, in einer sogearteten selbstreflexiven Weise betreibt, die diese Identität berufsrelevant ausbaut.
[2] Vgl. W. Lauff, *Pädagogische Ansprüche an erziehungswissenschaftliche Lehre und Forschung*, in: W. Lauff/H.G. Homfeldt, Pädagogische Lehre und Selbsterfahrung... , S. 155 f.
[3] Joh. Ant. Schülein, Selbstbetroffenheit. Über Aneignung und Vermittlung sozialwissenschaftlicher Kompetenz, Frankfurt/M. 1977, S. 86.

Definition stammt, beschreibt diese Dialektik so: „Das erkennende Subjekt muß sich nicht nur der Historizität des Erkenntnisgegenstandes, sondern auch der seiner Erkenntnis selbst bewußt werden in einem sehr konkreten Sinn. Es muß imstande sein, im Erkenntnisprozeß mitzureflektieren, inwiefern sein Erkenntnisinteresse und seine Erkenntnisweise durch die Struktur des Objekts, mit welchem es mittelbar und unmittelbar identisch ist, bedingt ist im lebensgeschichtlichen und gattungsgeschichtlichen Sinn und inwiefern seine durch seine Wahrnehmungsweise bedingte Praxis jenes Objekt reproduziert."[1]

Verdeutlichen wir dies in vereinfachender Weise an einem Beispiel aus dem Gebiet sog. „Musikalischen Produzierens", am „Liedmachen". Im Studium ginge es natürlich auch darum, die eigene Fertigkeit im Liedmachen zu verbessern. Im Hinblick auf Berufspraxis aber – und dies ist hier entscheidend – ginge es im Studium nicht (in erster Linie) um objektive Vermittlung einer in sich abgeschlossenen Theorie vom Liedmachen (verstanden beispielshalber als eine Theorie von den Bedingungen und Gesetzen subjektiver musikalischer Entäußerung innerhalb eines komplizierten Gefüges zusammenspielender musikalischer und sozialer Mechanismen), die notwendigerweise Alltagsbewußtsein der Betroffenen von der Sache ausgrenzt, sondern darum, dieses Alltagsbewußtsein (durch Theorie) zu transzendieren, und dies idealerweise in der eigenen Praxis selbst: Statt zu lernen, was Liedmachen „an und für sich" ist, erfährt der Studierende, was Liedmachen „für ihn" ist und sein kann, und durch dieses Begreifen hindurch auch, was Liedmachen „an und für sich" ist.[2]

Ziehen wir ein vorläufiges Ergebnis: Eine auf eine „künstlerische" Berufspraxis bezogene Erkenntnis- und pädagogische Handlungsfähigkeit im eben angesprochenen Sinn muß gelernt und d. h. durch Studium aufgebaut werden. Hierbei spielt Integration als Koppelung von (vor allem) sozialwissenschaftlicher Theorie und eigener künstlerischer wie sozialer Erfahrung eine zentrale Rolle. Solche Integration beruht aber auf funktionaler Zuordnung; sie ist kein neuer Inhalt von Studium, sondern ein Problem der hochschulischen Lernorganisation; sie realisiert sich im hochschulischen Lehr-Lern-Prozeß.

3

Zu zeigen ist nun zusätzlich, daß – verkürzt gesagt – die oben geforderte „gesellschaftliche" Praxis des Musiklehrers (vgl. 1) und die eben angesprochene Fähigkeit zur Selbstreflexion auch inhaltlich etwas miteinander zu tun haben könnten.

Unsere Ausbildung an Wissenschaftlichen Hochschulen ist – ohne daß wir uns das immer hinlänglich klarmachen – an Paradigmen orientiert, die aus dem Bereich professionellen künstlerischen und wissenschaftlichen musikbezogenen

---
[1] Vgl. ebenda.
[2] Vgl. Joh. Ant. Schülein, *Strukturelle Probleme sozialwissenschaftlicher Studiengänge*, in: Ders., *Monster oder Freiraum. Texte zum Problemfeld Universität*, Giessen 1979, S. 126 ff.

Handelns stammen, an den Paradigmen (kurz gesagt) „Vorspielen" und „Analyse".[1] Solche Paradigmen setzen nicht nur stets neu sich an gesellschaftlicher Entwicklung orientierende qualitative Maßstäbe, sondern sie transportieren auch Lebenskonzepte und damit Sinnperspektiven in die Ausbildung, die, wenn auch in auf die Ebene von Laien heruntersubtrahierter Form, Berufspraxis unmittelbar bestimmen und damit auch die Lebenskonzepte der letztlich Betroffenen. Gerade im Bezug zum Berufsfeld ist unser Verhältnis zur Musik demnach nicht nur, wie die musikpädagogische Ausbildung dies mit Recht immer wieder problematisiert[2], in ein Spannungsverhältnis zwischen Kunst und Wissenschaft einbezogen, sondern darin gerade auch in eines (vereinfacht gesagt) zwischen „Musik als Beruf" und sog. „Freizeit mit Musik". Die jeweilige Befindlichkeit des Einzelnen in diesem „Feld" zwischen (sinnvollerweise vorausgehendem) musikalischem Vollzug und wachsendem Bedenken dessen, „was" ich da vollziehe, sowie – auf einer anderen Ebene – zwischen „Zeitverbringen-mit-Musik" und musikbezogenem Professionalismus „als" Kunst oder Wissenschaft definiert sich stets im Verhältnis zu den aufgrund gesellschaftlicher Bewertung offenstehenden Möglichkeiten personaler Entwicklung im Kontext des eigenen lebensgeschichtlichen Entwicklungsprozesses.[3] Doch rechtfertigt darin der doch als (freilich willkommene) Ausnahme anzusehende Entwicklungsgang vom musikalischen „Laien" (als Kind, als Jugendlicher) zum musikbezogen Professionellen, die diesen generell durch Unterricht unterstützende Lehre ausschließlich an professionellen Paradigmen auszurichten? Ist es nicht eher die Regel, daß solcher Entwicklungsgang zum 40-jährigen Angestellten führt, der mit den Früchten seines schulischen und außerschulischen Musikunterrichts dann schon lange nichts mehr anfangen kann, weil jener nicht gezeigt hat, diese dauerhaft in ein „Leben (des Laien!) mit Musik" einzubringen? (An „Jugend musiziert" teilnehmen kann er dann ja wohl nicht mehr.)

Wie – so ist zu fragen – stellt sich künstlerisches Tätigsein eines heute 45-jährigen Beamten (z. B.) dar, der in seiner Jugend ausreichend Klavierunterricht hatte und der auch in der Lage ist, Musik zu hören und ab und an etwas von und über Musik zu lesen?

Eine entsprechende (jetzt betont erfahrungsbezogen formulierte) Situation wäre – um es zuerst per Negation zu sagen – nicht eine des „Vorspielens", sondern eine des *Für-Sich-Spielens*. Spielen (beispielshalber eines Tasteninstruments), nach

---

[1] Vgl. Thomas S. Kuhn, *Neue Überlegungen zum Begriff des Paradigma*, in: Ders., *Die Entstehung des Neuen. Studien zur Struktur der Wissenschaftsgeschichte*, hrsg. von L. Krüger, Frankfurt 1978, S. 389 ff.
[2] Vgl. z. B. H. Antholz, (Art.) *Musiklehrerausbildung an Wissenschaftlichen Hochschulen (WH)*, in: H. Hopf/W. Heise/S. Helms, *Lexikon der Musikpädagogik*, Regensburg 1984, S. 187 ff.
[3] Die Gleichung für die Feststellung der eigenen Befindlichkeit könnte etwa lauten:
   Bei gleichem technischen Vermögen wird ein Achtzehnjähriger in sein Klavierspielen andere Sinnperspektiven projizieren (können) als ein Fünfundvierzigjähriger.
 + Mit dem Vermögen, mit dem man um 1720 noch Geiger in einem Orchester werden konnte, war man nach Viotti nur noch ein besserer Dilettant.
 = Mit dem technischen und musikalischen Vermögen, mit dem ein Dreiundzwanzigjähriger vor 20 Jahren noch an einer geachteten Musikhochschule Flöte studieren konnte, bekommt man in diesem Alter(!) heute keinen Studienplatz mehr.

und außerhalb der Arbeit, geschieht nicht als Ergebnis eines vorausgehenden Übeprozesses, was umgekehrt heißt, daß es nicht durch einen über sich hinausweisenden Zweck disponiert ist. Es ist in der Regel relatives *Blattspiel*, bei dem es im Gegensatz zum professionellen Blattspiel um subjektive Prioritäten geht. Der Vorgang ist auf ein Allesspielen aus; Tempo und Art des Spielens, das nicht auf konditionierte Reflexe blind sich stützen kann, richten sich danach aus. Das persönlich definierte Tempo korrespondiert mit dem bewußten, körperlichen Setzen der Finger = Töne. Es ist dabei nicht nur Folge (begrenzter technischer Möglichkeiten), sondern ebenso sinngebende Voraussetzung: Indem wir nur so spielen, wie wir das, was wir spielen, körperlich, gedanklich und damit im gewissen Sinn musikalisch mitvollziehen können, bildet es die Grundlage eigenen Miterlebens. In solchem Spielen, das das Subjekt von Anfang an (und nicht erst „hinter" technischer Beherrschung) „ins Spiel" zu bringen versucht, sind Überzeichnungen mitunter notwendig und sinnvoll. Die schlechten Gewohnheiten klavierspielender Laien (zu schnell zu beginnen, in jedem Takt einige Töne falsch zu greifen, beständig „nachzuhaken" etc.) sind Kennzeichen nicht einer unzureichenden Technik (– unzureichend ist sie allemal –), sondern eines falschen Bewußtseins, aus dem man Technik einsetzt, und d. h. einer falschen Sinnperspektive (z. B. einer ins eigene Spielen hineinprojizierten Vorspielsituation). Solches Bewußtsein von dem, was für einen selbst sinnvoll ist, zu verändern, um zu einem „erlebnisbezogenen" Spielen zu finden, durch das hindurch sich schließlich auch die Spielmöglichkeiten erweitern, erfordert, aus dem situativen Zusammenhang(!) das Verhältnis von Spielen und Technik ein Stück weit umzudrehen: Statt (nur) zu spielen, was man kann und d. h. geübt, also gelernt hat, *kann man, was man spielt,* weil man dies in einer persönlichen Weise tut, die dann eben auch verbesserungs- und entwicklungsfähig ist. (Um nicht mißverstanden zu werden: Natürlich ist ohne technisches Vermögen Spielen nicht möglich; da hilft auch das schönste Bewußtsein nicht.) „Erlebnisbezogen" nenne ich solches Spielen, weil es, als Frucht gedanklicher Investition, (bewußt) mit sich durchlebte Zeit bedeutet, ein Sich-Erleben im Spielen. Solchem Spielen ist ein Moment der Selbst-*Reflexivität* konstitutiv.

Fortschritt in solchen Spiel bedeutet zuerst ein Fortschreiten in der Intensität und damit auch Reflexivität des Spielens, das (als Folge) auch ein besseres technisches Beherrschen mit einschließt, endlich aber auch zu einer Art „Verstehen" (des Spielens!) führen kann und soll. Durch das wache, auch körperliche Mitvollziehen geraten wir (u. a. über das Bemerken dessen, „was" wir wie vollziehen) in eine neue Dimensionalität, die wir mit dem Begriff des „Verstehens" belegen. Der Begriff meint (gem. meiner/unserer heutigen Erfahrung) nicht einen Endpunkt im Sinne eines Verstandenhabens, sondern eher den Beginn einer Kommunikation, in der man zu ahnen beginnt, was das eigene Spielen vorantreibt, warum es sich so und so gestaltet und wie es deshalb an dieser oder jener Stelle möglicherweise weitergehen wird. Aus solchem Ahnen entsteht Verständnis, Sympathie und Interesse, entsteht Anteilnahme an sich, aber auch Anteilnahme an dem, „was" man spielt, auch als Ausdruck einer Persönlichkeit „hinter" ihm. An diesem Punkt scheint eine Verbindung mit erhellender (vulgo wissenschaftlicher) Literatur sinnvoll und fruchtbar. Andererseits setzt solches Verständnis einer Musik als Vorwurf eines (und) eigenen Spielens ein quasi „menschliches" Verhältnis zum musikalischen Gegenüber ingang und voraus, das nicht durch „Größe" und „Bedeutung" mich hoffnungslos unterlegen erscheinen läßt. Miteinander-kommunizieren in diesem Sinn kann man nur, wenn man sich auf eine Ebene des gegenseitigen Achtens und Ernstnehmens begibt. Dies setzt (auch) voraus, daß ich überzeugt bin, daß auch (z. B.) Bach mich an- und ernstnimmt: daß die Musik meinen Willen, mit ihr in meiner Weise umzugehen, akzeptiert und erwidert und mich, wo ich irre, schon korrigieren wird. Dem entspricht die eigene Haltung der Wachheit und Offenheit.

Ein solches *angstfreies Verhältnis* zur Musik ist auch auf die Situation des Hörens zu übertragen, gerade, weil dieser der so wichtige Aspekt fehlt, einen Vollzug unmittelbar wiederholen zu können. Auch unser Musikhören leidet gerade dann, wenn es sich „entwickelt" gibt, unter verinnerlichten (nun) quasi wissenschaftlichen Ansprüchen. Dem wäre entgegenzuhalten: Hören ist dann und „zuerst einmal" richtig, wenn wir uns in die Lage versetzen, uns in dem, was da an unser Ohr tritt, uns selbst als Kommunikationspartner zu entdecken. Nicht objektive Richtigkeit ist der Maßstab, sondern subjektive Erfülltheit von Gefühlen und Gedanken, die „dann" auch solche über das sein können und sollen, „was" an unser Ohr tritt.

Es geht (in diesem Spielen) weder darum, Bach oder Mozart oder sonst wen zu verstehen, noch darum, sie „richtig" zu spielen. Es geht um die Ermöglichung eigenen Spielens oder Hörens im Sinne eines mit sich selbst in eine Kommunikation Kommens. Doch kann der Laie diese in der Regel nicht von sich aus leisten. Und hier spielen nicht nur die Autoren jener Entwürfe „meines" Spielens eine zentrale Rolle, sondern gerade auch deren künstlerische Qualität: Sie erlauben mir, mich in je einer besonderen Dimension des eigenen Auf-der-Welt-Seins wahrzunehmen. Dem eigenen Spielen oder Hören einen auf sich bezogenen Sinn verleihen, es als ein Umgehen mit sich selbst verstehen, entscheidend vermittelt freilich durch den Entwurf Bachs oder Mozarts oder eines anderen. Spielen oder Hören zielt (für mich) auf ein Sich-selbst-Erleben im Mitdenken, Mitfühlen des eigenen Spielens, in welchem ein (mit dem Vorwurf) gemeintes Spielen als Möglichkeit der je besonderen Selbstrealisation ergriffen wird.

Vielleicht wäre hier an hermeneutischen Theoriestücken der Musikpädagogik anzuknüpfen[1], anzuknüpfen freilich unter Betonung eines zur Auslegung komplementären Vorgangs, der Einlegung (oder Eindeutung). Dieser aus der Phänomenologie stammende Begriff bedeutet: in eine Tätigkeit oder Sache Sinn hineinlegen, sie mit Sinn versehen, – um sie zu „verstehen". Und er meint hier eine Art

---

[1] Vgl. z. B. K. H. Ehrenforth, *Verstehen und Auslegen. Die hermeneutischen Grundlagen einer Lehre von der didaktischen Interpretation der Musik*, = Schriftenreihe zur Musikpädagogik, hrsg. von Richard Jakoby, Frankfurt 1971.

imaginative Investition an musikalischer(!) Sinngebung, ohne die es gerade für den Laien kaum möglich scheint, mit Musik (und d. h. mit seinem Spielen oder Hören und damit schließlich mit sich selbst) in eine absichtsvolle Kommunikation zu treten. Dafür ist nicht nur jene Einsicht Voraussetzung, daß Einlegung und Auslegung von Sinn generell konstitutive Leistungen zwischenmenschlichen Verstehens sind (und wohl mit einigem Recht auch auf das Gegenüber des „Werkes" übertragbar erscheinen), sondern auch die Einsicht in die große Bedeutung solchen Einlegungsvermögens für Motivation und Selbsteinschätzung.[1] Doch bleibt gegenüber dem hermeneutischen Denken der Vorbehalt, daß es letztlich von einer Priorität des „Werkes" ausgeht; gerade ihr gilt es zu widersprechen.

Die Skepsis gegen eine schablonierende statt individualisierende musikalische Unterweisung darf freilich nicht blind machen. Auch ein Spielen (oder Hören) im Sinne des oben definierten Ins-Gespräch-Setzens mit sich im eigenen Vollziehen, kann keinesfalls voraussetzungslos geschehen; und die Vorstellung einer entsprechenden Musiksituation als orientierendes Paradigma schließt das wichtige Moment menschlicher (und geistiger) Reife mit ein. Immerhin lassen sich von hier grobe Ansätze einer musikalischen Bildung denken, die sich gerade nicht als eine nur-musikalische versteht und die die Fähigkeit, Schritte zwischen Tönen, (kleinste) musikalische Einheiten mitzuerleben und miterlebend zu gestalten, als Bestandteil einer (musikalischen) Meinensfähigkeit vermittelt und verbindet mit körperlicher Auffassungsfähigkeit, mit Verstehen-Lernen durch Sprechen-Lernen, mit Anlegen reflexiver Fähigkeit sowie schließlich auch mit objektiver Einsichtsfähigkeit in Kunst und Musik.

Das beschriebene Sich-Einlassen mit Musik, so könnte man zusammenfassen, ist von dem des professionellen Künstlers oder Wissenschaftlers grundsätzlich unterschieden aufgrund einer auf den Sich-Einlassenden selbst rückbezogenen Sinnperspektive, die in einem lebenslangen Lernprozeß erschlossen werden muß. Zwar schließt es Üben (um etwas zu lernen) oder Auseinandersetzung mit dem musikalischen Werk nicht aus; doch lassen sein Vollzug und seine Integration in das alltägliche Leben Musik keineswegs zu einer Hauptsache werden in dem Sinn, daß sie selbst die Identität des Betroffenen wesentlich bestimmte. Bestimmend sind vielmehr Fähigkeit und Konzept, mit sich und darin (erst und gerade) mit Kunst, hier als Musik, sich einlassen zu können und zu wollen.

4

Ziehen wir einige Folgerungen!

Eine wichtige Folgerung könnte sein, nicht blind sich darauf zu verlassen, daß eine an professionellen Handlungsmustern ausgerichtete und auf Musik als mögliche Hauptsache im Leben gerichtete musikalische Unterweisung dann, wenn sie

---

[1] Vgl. Werner Loch, *Anfänge der Erziehung. Zwei Kapitel aus einem verdrängten Curriculum*, in: Friedemann Maurer (Hrsg.), *Lebensgeschichte und Identität. Beiträge zu einer biographischen Anthropologie*, S. 52 f.; dort auch weitere Literaturhinweise.

aus lebensgeschichtlichen Gründen nicht zu diesem (implizierten) Ziel führt, wenigstens sich in „Musik als eine Leben mitbestimmende Nebensache" niederschlagen werde. Dies bedeutet kein Plädoyer für eine „andere" Unterweisung, sondern zuerst einmal für eine aus einer Ergänzung sich langsam entwickelnde Veränderung zumindest dort, wo lebensgeschichtliche Weichen gestellt werden. Ein solcher Ort aber ist die musikpädagogische Ausbildung im potenzierten Sinn. Folgt man der These, daß Lehren letztlich ohne selbstgelebte gesellschaftliche Praxis nicht möglich ist, so wäre auch vom Lehrer zu fordern, daß er (auch) *mit sich selbst musikbezogen umzugehen* zu lernen habe.

Damit hätte Hochschule einerseits soweit wie möglich ein eigenes (= „professionelles") wissenschaftliches und künstlerisches Vermögen der Studierenden anzulegen, durchaus im Sinne von „Vorspielen" und „Analyse". Und sie hätte andererseits eine Perspektive anzulegen, mit diesem Vermögen im Sinne der künstlerischen Praxis der Betroffenen umgehen zu lernen, d. h. Selbstreflexivität in der Ausbildung sowohl als „Teil" der berufspraktischen Erkenntnis- und Handlungsfähigkeit als auch als „Teil" eigener gesellschaftlicher Praxis zu verankern.

Es gibt gute Gründe, beide Vorgänge einander anzunähern und tendenziell als einen zu organisieren. Und dies umso mehr, als gerade Lehramtsstudenten für das Fach Musik an Grund- und Hauptschulen (im Unterschied zu sog. Schulmusikstudenten) nicht mit einem auf Musik als Hauptsache bezogenen Lebenskonzept das Studium antreten. Was das aber an vorläufig wohl gar nicht lösbaren Schwierigkeiten mit sich bringt, kann man sich (in aller gebotenen Kürze) am Beispiel „Hören" verdeutlichen: Studium besteht in postadoleszenten Lernprozessen, die in die beständige Reproduktion der Identität (des Studierenden) eingebaut werden müssen. Dies macht dort keine Schwierigkeiten, wo vorhandene Interaktionsformen gleichsam nur erweitert bzw. sekundär verändert werden müssen. Für den Studierenden, der bei uns ankommt, sind „Musik" und „Hören" völlig plausibel; sie sind Teil des Alltagsbewußtseins, Teil auch des normalen Interaktionssystems, aus dem der alltägliche Umgang mit Welt und Umwelt sich rekrutiert. „Hören" tut man und versteht man, wie man auch „Musik" versteht; der Studierende vor dem Studium hat einen unmittelbaren Zugang dazu, der der Reflexion kaum bedarf. Für ihn bereitet es aufgrund seiner Sozialisation auch keine Schwierigkeiten, in der Hochschule mit sog. Hörtheorie sich zu beschäftigen, um anschließend nach Hause zu gehen und genauso weiter Klassik oder Pop zu hören, so, als ginge ihn persönlich das Gelernte nichts an. Genau hier aber hätte Hochschule anzusetzen; sie hätte den Studierenden mit Theorie (vom Hören) in einer Weise zu konfrontieren, die die eigene alltägliche Praxis reflektiert, aufbricht und als solche in Frage stellt. Solche Konfrontation bedeutete fundamentale Verunsicherung: Die vortheoretischen Gewißheiten, aus denen Leben sich gestaltete, geraten ins Wanken. Die erste Konfrontation mit reflexiver Theorie, sagt Schülein, sei für den Anfänger ein Schock; die Theorie thematisiere Wirklichkeit, mit der jeder selbst Erfahrung hat, auf eine Weise, die unverständlich erscheine.[1]

Der Lernprozeß, auf den Hochschule abzuzielen hätte und den Schülein recht ausführlich beschreibt[2], greift fundamental in die Identität der Betroffenen ein. Er ist nicht linear (nach sachlogischen Gesichtspunkten) aufbaubar, sondern verläuft als ein individueller biographischer Vorgang über die Stationen Verunsicherung – Krise – Konsolidierung – Integration einer neuen Identität. Er ist auch nur begrenzt steuerbar, vor allem durch Anregung subjektiver Aktivität der Betroffenen, in welchem *Selbstlernen und Selbsterfahrung*, und dies vor allem in der Gruppe[3], eine wesentliche Rolle spielen. „Lernen", - so Carl R. Rogers - „das – in der eigenen Vorstellung – eine Veränderung in der Organisation des Selbst einschließt, wird als bedrohlich empfunden und hat die Tendenz, Widerstand hervorzurufen [...] Solche Lernprozesse [...] werden leichter verstanden und assimiliert, wenn äußere Bedrohungen minimal sind."[4] Die Organisation solcher Lernprozesse bedarf also bestimmter Rahmenbedingungen. So etwa einer *musikpädagogischen Praxis der Lehrenden*; und sie bedarf des *Aufbaus einer hochschulischen Lebenswelt*, die über die sachliche und technische Vermittlung hinaus ein persönliches Angenommensein des Studierenden und die Verbindung zu regionalen subkulturellen Ansätzen ebenso einschließt wie eine aktive Mitarbeit an Institutionen wie Jugend- und Stadtteilzentren.[5] Zu verweisen ist hier auf eine facheigene Tradition, auf jene Institutionen und Veranstaltungstypen, die – gestützt freilich auf die nichtreflexive Kategorie des „Erlebens" – musikbezogene identitätsverändernde Lernprozesse organisierten.[6] Auch an diese Tradition wäre, mit Hilfe ihrer historischen wissenschaftlichen Aufarbeitung, unschwer anzuknüpfen. Das Anknüpfen setzte aber das Nachholen einiger Reformen voraus, deren Versäumnis zum Riß der Tradition Ende der 60-er Jahre beitrug. Doch gibt es dafür heute ungleich bessere Voraussetzungen, da nicht nur breite Erfahrungen in gruppendynamischer Arbeit vorliegen, sondern auch Arbeitsergebnisse über Bemühungen zum Aufbau von Handlungsfähigkeit und zur Vermittlung von Selbsterfahrung im Lehrerstudium.[7]

---

[1] Vgl. Joh. Aug. Schülein, *Selbstbetroffenheit* ... , S. 17.
[2] Ebenda, S. 110-206.
[3] Vgl auch Wilfried Ribke, in: H. Rauhe/H.-P. Reinecke/W. Ribke, *Hören und Verstehen* ... , S. 187 ff.
[4] Carl R. Rogers, *Lernen in Freiheit. Zur Bildungsreform in Schule und Universität*, aus d. Amerikan. übers. von F. u. Cl. Höfer, München 1979, S. 158.
[5] Vgl. Ulrich Günther, *Musikunterricht in Musikschule und Musikhochschule*, in: H. Hoffmann (Hrsg.), *Perspektiven der kommunalen Kulturpolitik*, Frankfurt/M. 1974, S. 430-433.
[6] Vgl. z. B. den Brief der Leni Hütterott nach der Teilnahme an der Einweihung des Musikheimes in Frankfurt/Oder vom 16.10.1929: „Und mir selbst ist so, als ob ich nicht mehr von vorher bin. Ich kann so schwer über all das innerlich Erlebte sprechen, da sind Dinge aufgewacht, an die ich selbst nicht glaubte [...] Ich habe so das Gefühl, als ob ich einen Läuterungsprozeß durchmache ... " , abgedruckt in: *Das Musikheim Frankfurt/Oder 1929-1941 ... Ein dokumentarischer Bericht*, zusammengestellt von Erich Bitterhof, Burg Ludwigstein 1980, S. 67 f.
[7] Vgl. u.a. : Jens Sienknecht, *Selbsterfahrung im Lehrerstudium*, München 1976 (-> Gruppendynamik, Bibliographie); Bernhard Mack/Helmut Volk, *Handlungsforschung in der Lehrerausbildung. Entwicklung eines offenen Curriculums zur Vermittlung politischer Handlungskompetenz in der Eingangsphase*, Weinheim 1976 (-> Funktion arbeitsmethodischer und vor allem sozialer Kompetenz innerhalb der Vermittlung von Handlungskompetenz); Werner Lauff, Hans Günther Homfeldt, *Päd-*

... und ein Stück Theorie - Nachwort

Weitaus schwieriger vorstellbar zu machen ist dagegen paradoxerweise die inhaltliche Komponente mancher solcher Lernprozesse. Denn es gibt keinen wenigstens auf nur technische lehrgangsmäßige Vermittlung ausgerichteten musikpädagogischen Studiengang, bei dem ein Hör-Curriculum die zentrale Rolle im Aufbau künstlerischen Verhaltens spielt, die ihm zuzukommen hätte, nähme man einen auf „Hören und Verstehen" ausgerichteten Musikunterricht in Schulen wirklich ernst. Zählen wir hier unsere mangelhafte Kenntnis darüber dazu, wie (künstlerische) Ausbildungssituationen beschaffen sein müssen, damit krisenhafte Lernprozesse auch „bearbeitbar" sind (und nicht nur zufällig sich ereignen), dann wären die Schwierigkeiten etwa skizziert.

Aus dem Gesagten ist also keinesfalls zu folgern, daß Studium sich gleichsam (über Nacht) nur noch aus selbstreflexiven Lernprozessen zu organisieren hätte; hier sind eher vorsichtige inhaltliche Verschiebungen auch und z. B. hin zu einer mehr anthropologischen Akzentsetzung im Wissenschaftsbereich am Platze. Aber: Es muß einen zentralen Strang im Studium geben, in welchem die funktionale Bezugsetzung von Theorie, künstlerischem Handlungszusammenhang und Berufs- und d. h. Lebens-Perspektive nicht nur inhaltlich sich darstellt, sondern prozeßhaft sich ereignet. Denn das für ein musikpädagogisches Studium *charakteristische Spannungsverhältnis*, das darin besteht, dem Studierenden einerseits „Vorspielen" und „Analyse" beizubringen, ihm gleichzeitig aber beizubringen, daß es nicht um Vorspielen und Analysieren als Lebensperspektive derer geht, die man (später) unterrichtet, ja nicht einmal seiner selbst, sondern daß Vorspielfähigkeit und die Fähigkeit, begründet und fachlich einwandfrei über Musik zu sprechen, eingebracht werden müssen in eine in ihm selbst angelegte Funktionalisierung, – dieses Spannungsverhältnis muß gleichsam durchlebt werden zu einer produktiven Bejahung der eigenen (begrenzten) Möglichkeiten hin „im Dienste" am anderen Subjekt. Als Ort (u. a.) im Studium, an dem diese Rolle begriffen und akzeptiert und die eigene Begrenztheit unter Offenhaltung weiterer künstlerischer und wissenschaftlicher Professionalisierung relativ schadlos bejaht werden kann, sehe ich einen Studienstrang „Musikalische Produktion" an. In ihm wäre dem Studierenden das Finden/Erfinden von Musik durchaus als ein künstlerisches Handeln dadurch zu vermitteln, daß solche Vermittlung von Anfang an im Zusammenspiel mit einem reflektierten Sich-Einbringen geschieht.

Auf einen solchen Studienstrang bezieht sich der letzte der vorangestellten Texte (VII), das „Stück Praxis", *Singenmachen als Liedmachen*. Er demonstriert als Versuch(!) die selbstreflexive Funktionalisierung *analytischen Denkens* auf das eigene (begrenzte) künstlerische Handeln (hier) als Produzieren. Und er verweist auf mögliche wichtige Lernziele solchen Studienstranges, auf die Einübung des Musikpädagogen in professionelle Uneigennützigkeit sowie auf die Grundlegung einer Selbstlernfähigkeit.

---

agogische Lehre und Selbsterfahrung ... (-> Umfunktionierung künstlerischen Verhaltens zum ‚Medium' sozialwissenschaftlichen Lernens).

... und ein Stück Theorie - Nachwort

Worin liegt nun die Professionalität des Musikpädagogen? Ich meine: Der Grad der Professionalität des Musikpädagogen erweist sich nicht (allein) in seinem künstlerischen, wissenschaftlichen und didaktischen Vermögen, sondern letztlich im Grad der Reflexivität dessen, was er musikbezogen mit sich und anderen zu tun imstande ist. Ein solcher Musikpädagoge, bei dem wissenschaftliches Denken und künstlerisches Handeln sich pädagogisch relevant verbinden, mag als „konkrete" Utopie erscheinen. Tatsächlich ist er, als Idealgestalt, auch nur als eine Orientierungshilfe anzusehen. Der Weg zur Annäherung an die Verwirklichung eines solchen Lehrers bedarf nicht der radikalen Revolution, sondern der kleinen pragmatischen Schritte hin zu Veranstaltungen, die den Studierenden helfen, eine persönliche Beziehung aufzurichten zu dem, was ihnen Studium im Moment eben nur „sachlich" vermittelt.

Vor einiger Zeit forderte Norbert Linke „mehr Freiraum für Schulmusiker". „Der Schulmusiker" – heißt es – „sollte nicht länger >Pauker< sein, sollte sich vielmehr die Faszination zunutze machen und sie steigern helfen, die Musik zum unentbehrlichen Bestandteil von Lebensqualität hat werden lassen ..."[1] Dem ist nur zuzustimmen! Doch: Welcher unserer 6-Semester-Lehrer könnte solchen Freiraum wirklich nutzen, ohne selbst „fasziniert" zu sein?

---

[1] Norbert Linke, *Nur pauken für Zensuren?*, Vorwärts Spezial, Heft 7 (Juli 1981), S. 8.